西北民族大学重点学术资助项目

西北少数民族地区承接产业选择及对策研究

曹颖轶 著

中国社会科学出版社

图书在版编目(CIP)数据

西北少数民族地区承接产业选择及对策研究/曹颖轶著. —北京：中国社会科学出版社，2016.9
ISBN 978-7-5161-7866-9

Ⅰ.①西… Ⅱ.①曹… Ⅲ.①少数民族—民族地区—产业转移—研究—西北地区 Ⅳ.①F127.4

中国版本图书馆 CIP 数据核字(2016)第 063148 号

出 版 人	赵剑英
责任编辑	陈肖静
责任校对	刘 娟
责任印制	戴 宽

出　　版	中国社会科学出版社
社　　址	北京鼓楼西大街甲 158 号
邮　　编	100720
网　　址	http://www.csspw.cn
发 行 部	010-84083685
门 市 部	010-84029450
经　　销	新华书店及其他书店

印　　刷	北京君升印刷有限公司
装　　订	廊坊市广阳区广增装订厂
版　　次	2016 年 9 月第 1 版
印　　次	2016 年 9 月第 1 次印刷

开　　本	710×1000　1/16
印　　张	15.5
插　　页	2
字　　数	238 千字
定　　价	58.00 元

凡购买中国社会科学出版社图书，如有质量问题请与本社营销中心联系调换
电话：010-84083683
版权所有　侵权必究

目 录

绪论 …………………………………………………………………（1）

第一章　理论及文献基础 ………………………………………（1）
　　第一节　经济空间结构理论及文献 ………………………（1）
　　第二节　产业转移理论及文献 ……………………………（8）
　　第三节　产业选择理论与文献 ……………………………（24）
　　第四节　产业布局理论及文献 ……………………………（38）

第二章　西北少数民族地区经济空间结构演进及特点 ………（47）
　　第一节　新疆经济空间结构演变及特点 …………………（47）
　　第二节　宁夏经济空间结构演变及特点 …………………（54）
　　第三节　青海经济空间结构演变及特点 …………………（60）

第三章　西北少数民族地区产业结构演进分析 ………………（66）
　　第一节　新疆产业结构演进分析 …………………………（70）
　　第二节　宁夏产业结构演进分析 …………………………（75）
　　第三节　青海产业结构演进分析 …………………………（81）

第四章　西北少数民族地区承接国际产业转移的现状与竞争力分析 ……（89）
　　第一节　承接国际产业转移的必要性 ……………………（89）

第二节　西北少数民族地区承接国际产业转移的现状 …………（96）
第三节　西北少数民族地区承接国际产业转移竞争力分析………（111）
第四节　西北少数民族地区承接国际产业转移的制约因素分析……（129）

第五章　西北少数民族地区承接东部转移产业选择 ……………（140）
第一节　东部产业转移的趋势分析 …………………………（140）
第二节　西北少数民族地区承接东部产业转移的现状及存在的问题 ………………………………………………（153）
第三节　西北少数民族地区优势产业分析 ……………………（164）
第四节　西北少数民族地区承接东部转移产业选择 ……………（182）

第六章　西北少数民族地区工业布局现状及优化 ………………（190）
第一节　西北少数民族地区工业布局现状 ……………………（193）
第二节　西北少数民族地区的工业布局特点及存在的问题 ………（203）
第三节　西北少数民族地区工业布局优化思路与对策建议 ………（211）

参考文献 ………………………………………………………（229）

绪　　论

在金融危机冲击下，世界范围内的产业格局面临着新一轮的调整，加速了沿海地区的产业转移，这为西北少数民族地区承接产业转移创造了契机。金融危机下产业转移是产业布局重新调整的必然结果，也是一个促进产业结构优化的过程，即有利于东部沿海地区产业结构升级，发展高端服务业，也可以使西北少数民族地区通过承接加工贸易，扩大开放度，实现快速发展。

"产业是国民经济活动中按照一定社会分工原则，为满足社会某类需要而划分的从事产品生产和作业的各个部门。"[①] "产业指的是那些具有某种相同特征的经济活动的企业的集合或系统，具体来说，产业是指生产同类或者有密切替代关系的产品或服务的企业集合。"[②] 经济学家赫希曼指出，"各产业各部门的投入联系效应是不同的，有的后向联系强，有的前向联系强，有的前后向联系都强或都弱。要加快经济发展，只有集中力量，把资源投入到联系效应比较强的部门，由此带动其他部门共同成长"[③]。经济学家罗斯托也认为，"在任何时期，一个经济系统之所以能够具有或保持前进的冲击力，是由于若干主要成长部门迅速扩张的结果"[④]。

[①] 苏东水：《产业经济学》（第二版），高等教育出版社2009年版，第3—4页。
[②] 陈仲常：《产业经济理论与实证分析》，重庆大学出版社2005年版，第5页。
[③] 李悦：《产业经济学》，中国人民大学出版社2004年版，第27页。
[④] 刘家顺等主编：《产业经济学》，中国社会科学出版社2008年版，第203页。

在实施不平衡发展战略选择相关产业时，我们必须明确一组概念即什么是主导产业、支柱产业和重点产业。

根据罗斯托的阐述，主导产业是指能够依靠科技进步或创新获得新的生产函数，能够通过快于其他产品的"不合比例增长"的作用有效地带动其他相关产业的快速发展的产业或产业群。其特征如下：能够依靠科技进步或创新，引入新的生产函数；能够形成持续的快速的增长率；具有较强的扩散效应，对其他产业乃至所有产业的增长起着决定性的作用与影响。主导产业又称带头产业或领衔产业，它是指一个国家或地区在一定时期内，经济发展所依托的重点产业，这些产业在此发展阶段形成国民经济的"龙头"，并在产业结构中占较大比重，对整个经济发展和其他产业发展具有强烈的前向或后向推动作用的产业部门。由若干个主导产业组成的产业体系，就称为"主导产业群"。主导产业在一些国家和地区的经济"起飞"和经济增长中起到十分重要的作用。由于现代科学技术的迅猛发展和社会分工的深化，各产业部门之间及其他内部呈现出复杂的技术经济联系，使主导产业具有一些显著特征。① 第一，多层次性。一个国家或地区在优化产业过程中既要解决产业结构的合理化问题，又要解决产业结构的高度化问题。由于要实现的目标是多重的，故处在战略地位的主导产业群也呈现出多层次的特点。第二，综合性。一个国家或地区在经济发展中面临的问题是多样的。各产业部门在为发展目标服务时，其作用是各有侧重而又互为补充的。各产业部门的作用重点取决于产业部门的特性。部门特性主要有以下几方面的内容：增长特性，即某产业的发展对国民经济增长的贡献多寡；关联性，即某产业部门在整个产业链条中属于推动型还是属于诱导型；需求特性，即某产业部门是服务于最终需求还是服务于中间需求，是对积累贡献大，还是对消费贡献大等；资源特性，即某产业所体现的各种资源的密集程度。部门特性的差异及面临问题的多样性，要求在主导产业选择时，综合考虑多种因素，因此决定了主导产业群的综合性。第三，序列更替性。经济

---

① 邬义钧、邱钧：《产业经济学》，中国统计出版社 2001 年版，第 112—113 页。

发展的阶段性也决定了主导产业群的序列更替性。特定时期的主导产业，是在具体条件下选择的结果。一旦条件变化，原有的主导产业群对经济的带动作用就会弱化、消失，进而为新的主导产业群所替代。从经济发展的中短期考虑，由于"瓶颈"作用和"瓶颈"的更替性，主导产业群的选择也要具有序列更替性。不同发展阶段上的主导产业群，既存在替代关系，又存在相互作用。不同阶段上的主导产业群的选择不是随机的，前一主导产业群为后一主导产业群奠定发展的基础。

支柱产业是指在国民经济体系中占有重要的战略地位，其产业规模在国民经济中占有较大份额，并起着支撑作用的产业或产业群。这类产业往往在国民经济中起着支撑作用，但不一定起着引导作用；其一般由先导产业发展壮大达到较大产业规模时形成，或先成为主导产业，然后再发展成为只对国民经济起支撑作用的支柱产业。

重点产业是指在国民经济体系中占有重要的战略地位并在国民经济规划中需要重点发展的产业。一般说来，重点产业可以包括主导产业、先导产业、支柱产业、基础产业等，其概念比较模糊；对于主导产业与支柱产业来说，二者的相同之处在于二者在产业结构中的战略地位都非常重要。其不同之处是，第一，对于主导产业来说，它更多是表现在主导产业的发展对其他辅助配套产业的一种关联与带动效应上，在自身发展的同时带动整个产业结构的发展；对于支柱产业来说，更多的是表现在其对当地经济的支撑作用、财税的贡献上，对其他产业的发展无直接的影响。第二，主导产业是一种发展潜力很大的产业，代表着区域产业发展的方向，具有带动性，主导产业随其发展不断成熟，有可能发展成为支柱产业；而支柱产业处于产业发展的成熟期，其发展相对稳定，并且根据产业发展的程度，其慢慢会沦落为夕阳产业。

最早提出战略性产业概念的是美国经济学家赫希曼（A. O. Hirschman），他将处在投入—产出关系中关联最密切的经济体系称为"战略部门"。在此之后，"战略性产业"频繁见诸各种学术著作、研究论文、媒体以及政府研究报告之中。但是迄今为止，关于战略性产业的概念在理论界尚未达成共识。江世银指出"战略性产业是关系到国民经济发展和区域战略性产业结构合理化的关键性、全局性和长远性的产业"①。向晓梅认为,"地区战略产业是指那些能够反映地区经济发展战略需要、适应未来中长期需求结构变动趋势、代表未来经济发展方向和技术进步方向、能够支撑经济增长并对地区经济发展有重大影响和带动作用的产业,具有高成长性、高关联性、高渗透性、高创新性和高战略性的特征"②。根据战略支撑产业的内涵,战略支撑产业具有以下特征:第一,高关联性。战略支撑产业对其他产业发展具有较强的带动作用,具有同其他产业关联度大、带动系数高、生产链条长、对优化产业结构影响大的特点,从而形成了对其他产业乃至整个经济增长具有重要而且广泛的关联扩散效应。第二,前瞻性。战略支撑产业是面向未来的产业,它受经济发展阶段的制约。区域战略支撑产业不仅是今天对经济发展起主导作用,今后仍将继续起主导作用的那部分产业,而且也是虽然目前对区域经济发展不起主导作用,但未来将有望对区域经济发展起主导作用的产业。第三,高成长性。战略支撑产业能够迅速地吸收先进的技术成果,创造新市场需求,获得新的生产函数,促进产业结构的升级和发展,推动结构总量的扩张。第四,先进性。战略支撑产业代表着先进的生产力,具有较高的生产率,能够反映地区经济发展战略需要,适应未来中长期需求结构变动趋势,代表未来经济发展方向和技术进步方向。第五,持续性。战略支撑产业不仅仅在于它自身的发展能促进经济的发展,更重要的是它通过产业间的关联作用产生扩散效应,推动其他部门的发展,而不是孤立存在和发展的。在经济发展中,如果产业发展是以牺牲环境为代价,这样的产业就不能称之为战略支撑产业。

优势产业与产业自我发展、自我淘汰的良性循环与产业竞争力的内生更替密切相关,而产业竞争力是由比较优势和竞争优势两方面因素所决定。比较优势最终归结为一国或地区的资源禀赋,竞争优势则与产业技术水平及制度等因素密切相关。某地区的优势行业,应该是同时具有比较优

---

① 江世银:《区域战略性产业结构布局的模型建立和指标体系设计》,《云南财贸学院学报》2005 年第 12 期。

② 向晓梅:《地区战略产业特征与形成机理》,《广东社会科学》2006 年第 5 期。

势和一定竞争优势的行业。比较优势和竞争优势理论为地区产业选择和评价提供了理论依据。比较优势理论决定的产业具有的比较优势、竞争优势理论决定的产业具有的竞争优势都是产业优势的来源,二者本质上都是生产力水平的比较,既有联系也有区别。比较优势强调的是不同国家或地区不同产业之间生产力水平的比较。从劳动生产率的角度出发,比较各产业之间的相对成本,劳动生产率高、相对成本低的就形成比较优势;从资源禀赋的角度出发,比较国家或地区在各个产业之间生产要素的富裕程度,每个国家或地区生产并出口本地区资源丰富的产品,成本较低,在区际贸易中能够获得比较利益,形成比较优势。竞争优势强调的是不同国家或地区相同产业之间生产力水平的比较,在产业组织效率上,是否形成有效的竞争主体,是否形成规模效益,以及各地区政府政策行为是否更有利于该产业的发展,通过地区之间同一产业的比较,发现各地区在同一产业上是否形成竞争优势等。优势产业能够充分运用地区的自然和劳动力资源、技术和区位条件,发挥出本地区的特色和优势,因此它排斥广泛空间上产业结构和产品结构的趋同性,更多的是一个地区的拳头产业、重点产业、经济特色产业。优势产业对地区经济有着至关全局的重要影响。优势产业是地区特有的,不存在普遍适用的优势产业评价指标体系和方法。选择地区优势产业时应遵循比较优势原则。比较优势原则反映在特定地区进行优势产业选择时,应首先对地区内部各产业的比较优势进行评价。选择地区优势产业时还应当遵循竞争优势原则。竞争优势原则反映在特定地区进行优势产业选择时,应对地区间同一产业具有的竞争优势进行评价。

自20世纪50年代以来,国际产业转移活动频繁,我国逐渐融入国际产业转移的体系中,凭借资源、劳动力等的比较优势以及巨大的市场潜力,吸引了大量外资。金融危机下产业转移是当前的一个重要的经济现象,产业转移不仅发生在国与国之间,也会发生在一个国家的地区之间。中国改革开放30多年以来,经济持续高速增长,伴随着区域经济的不平衡发展。为了创建和谐社会,缓解区域间的不平衡发展,国家从20世纪末开始实施了一系列协调区域经济发展的战略性政策措施,主要包括西部大开发战略、振兴东北老工业基地战略和中部崛起战略等。美国的次级债危机所引起的全球金融危机给我国带来危机，但同时也带来机遇，带来产业转移新的动力和影响。

"产业转移是一个区域内经济发展过程中的一种经济现象，是在市场经济条件下，综合了区域间的投资和贸易活动、具有时间和空间维度的动态过程。"① 产业区域转移需要两个条件：一是经济发展达到一定阶段；二是市场机制发挥作用。卢根鑫认为"产业转移是由于资源供给或产品需求条件的变化引起的一个地区内部的某些产业由这个地区移向另一个地区的现象，它不仅发生在一个国家（地区）内部，还发生在国家（地区）之间"②。俞国琴认为"区际产业转移是指在市场经济条件下，发达地区的产业顺应竞争优势的变化，通过跨区域直接投资把部分产业的生产转移到发展中区域进行，从而使产业表现为在空间上移动的现象，产业转移分为扩张性产业转移和撤退性产业转移，具有综合性、阶段性和梯度性的特点"③。戴宏伟等认为"产业转移和地区间的产业梯度是密切联系的，由于各地区之间在劳动力、资金、技术（特别是技术）等生产要素禀赋上存在差异，从而决定了各地区在产业上也存在一定的梯度差，由于这种产业梯度差的存在以及各地区产业结构不断升级的需要，产业结构有着在地区间梯度转移的规律，即产业在地区之间可以进行梯度接力转移，一个地区相对落后或不再具有比较优势的产业可以转移到其他与该地区存在产业梯度的地区，成为其他地区相对先进或具有相对比较优势的产业，从而提高承接方的产业结构层次与水平"④。羊绍武认为"产业转移具有两种含义，一是产业的纵向转移，即生产要素的产业间转移；二是产业的横向转移，是指产业的区域间转移，它是某一产业从产业成熟区域向产业潜力区域转移，是某一产业在空间布局上的移动"⑤。

产业转移是由于资源供给或产品需求条件发生变化后，某些产业从某

---

① 杨公朴：《产业经济学》，复旦大学出版社 2005 年版。
② 卢根鑫：《国际产业转移论》，上海人民出版社 1997 年版。
③ 俞国琴：《中国地区产业转移》，学林出版社 2006 年版。
④ 戴宏伟、田学兵、陈永国：《区域产业转移研究——以"大北京"经济圈为例》，中国物价出版社 2003 年版，第 126—130 页。
⑤ 羊绍武：《产业转移战略论》，西南财经大学出版社 2008 年版。

一国家或地区转移到另一国家或地区的经济行为和过程。它是一个具有时间和空间维度的动态过程，其实质是资源和生产要素在区域内的重新组合和配置。产业转移是国家间或地区间产业分工形成的重要因素，也是转移国或地区与转移对象国和地区产业结构调整和产业升级的重要途径。产业转移的基础是产业梯度的存在，即由于国家、地区间经济发展水平、技术水平和生产要素禀赋的不同，形成了产业结构发展阶段上的相对差异。就像美国、日本等发达国家对亚洲新兴工业化国家的产业转移中，均存在着明显的产业梯度。

产业转移从宏观层面看是我国产业结构调整和区域经济整合的客观要求和必然趋势，从微观层面看是市场经济条件下的企业迁移行为。企业和政府是产业转移中的决策主体，产业转移能否顺利进行在很大程度上取决于这两个主体的决策结果。企业的区位选择决定了它在什么地方进行研发、生产、营销或者管理控制活动，在什么地方最有利于企业实现竞争优势，这是企业的发展战略布局，也是企业空间扩展的重要内容。当企业实施空间扩张战略时，区位选择问题就不可避免。而政府虽然不能改变产业转移的方向，但政府在产业转移过程中的作用越来越重要。

理论界对产业转移主体的理解有两种不同的看法，一些人认为产业转移的主体指的是在产业转移过程中转移的那些产业；还有的人认为产业转移的主体应该指的是产业转移的行为主体，即企业和政府，而产业转移的客体则指的是那些需要被转移的产业。

企业是组成产业的基本单位，一个地区产业群集聚的背后，必然有大批量企业的同向转移起支撑作用，企业迁移是产业转移最重要的实现方式，因此企业是产业转移中的基本主体。在市场经济下，企业在产业转移中的地位基本上走决策自主化道路。企业的产业转移决策是在政府有关政策的约束下进行的，所以政府也是产业转移中的重要主体，而在产业转移过程中涉及的政府包括了产业转出区政府和产业转入区政府。在向市场经济体制转变过程中，地方政府被赋予了对所辖地区相对独立的行政、经济等方面的管理职能，使地方政府成为区域内经济活动的独立的控制主体、地方政府为地区利益的代言人和实现地区利益的主体。政府在产业转移中主要是发挥组织、指导、协调、服务的作用，积极创造条件改善投资环境。

在国际金融危机背景下，世界范围内的产业格局面临着新一轮的调整，加速了沿海地区的产业转移，这为西北少数民族地区承接产业转移创造了契机。金融危机下产业转移是产业布局重新调整的必然结果，也是一个促进产业结构优化的过程，即有利于东部沿海地区产业结构升级，发展高端服务业，也可以使西北少数民族地区通过承接加工贸易，扩大开放度，实现快速发展。

承接"东部产业转移"对于优化西北少数民族地区投资和产业结构，缩小与其他地区经济发展差距，促进我国和谐社会的构建具有积极意义。引进"东部转移产业"有利于西北少数民族地区产业结构的升级，吸引跨区域投资，促进技术进步。西北少数民族地区虽然有着丰富的资源禀赋，但生产技术落后，劳动力素质不高，人才外流现象严重，资本积累不够。因此，依靠自身发展经济困难重重，在"贫困陷阱"中不能自拔，造成经济落后，经济基础薄弱，产业结构单一。顺利承接"东部转移产业"有利于农村剩余劳动力转移，促进城镇化建设。西北少数民族地区二元经济结构明显，顺利转移农村剩余劳动力是提高农民收入的手段之一，但二、三产业发展水平低，产业链短，产品附加值低，可吸收的劳动力有限，不利于劳动力转移。工业化是无法逾越的阶段，只有在工业化的基础上才能实现城市化，这是一个必然的过程；工业化没有取得较大发展的情况下，服务业无法取得很大的发展。东部地区的经济经过一段时间的运行，可开发利用的资源越来越少，人口密集，逐渐失去比较优势，现正处于产业结构调整的时期，东部地区迫切要求将正在失去比较优势的产业转移出去。产业转移为西北少数民族地区产业结构调整和升级提供了契机，有利于提高西北少数民族地区的科技总水平和形成产业规模经济，有利于缓解产业趋同现象。

在不同地理空间范围、不同层级的经济地域单元或行政区之间所发生的产业时空转移现象，主要表现在三个层次的区域之间发生的产业转移现象。发生在某一层次的经济地域单元或行政区内部的产业时空转移现象，主要表现为三个层次的区域内部发生的产业转移现象。总体上,域际产业转移与域内产业转移之间没有明确的分界线,例如我国"珠三角"地区的产业向东北地区转移时,中观上是经济区、行政区之间的域际产业转移,宏观上是国家内部的产业转移现象,属域内产业转移范畴。因此,本研究认为,区域产业转移根据其发生地域单元载体的层次与范围,既可以涵盖国际产业转移的内容、发展趋势,也包括国内产业转移的各种现象与规律,具有研究体系的复杂性,方法与手段的多样性,将构成21世纪产业转移研究的主要内容。本书研究的产业转移,即为产业的区域间转移,它是在开放的条件下,某些发达地区不再具有比较优势的产业,在市场机制的作用下,顺应梯度转移规律,把部分产业的生产转移到具有相对比较优势的欠发达地区进行,它综合了区域间的投资和贸易活动,是产业在时间和空间布局上移动的经济现象。

第一章

理论及文献基础

第一节　经济空间结构理论及文献

经济空间结构是指在一定地域范围内经济要素的相对区位关系和分布形式，它是在长期经济发展过程中人类经济活动和区位选择的积累结果。是经济活动的空间表现形式，它反映了经济活动的区位特点以及在地域空间中的相互关系。

一　古典区位论

（一）农业区位论

1826 年，杜能在其所著的《孤立国》一书中，对农业地域空间分异现象进行了理论性、系统性的研究，创立了农业区位论。他在一系列假设条件下，认为农产品生产活动的收益最大化不仅取决于土地的天然特性，还依赖于农业生产活动区位到城市（市场、消费地）的距离。正是这种收益的空间分异，导致了农业生产活动地域空间分异，具体表现为以城市为中心，各种农业生产方式在空间上呈现出同心圆结构，这就是著名的农业空间结构模式——"杜能环"。

（二）工业区位论

1909年，德国经济学家韦伯通过探讨工业经济的空间活动规律，创立了强调运输指向、劳动指向和集聚指向对工业空间区位选择影响的工业区位论。现在，区位指向理论已超越了原有仅仅论及的工业区位，而发展成了经济区位布局的一般理论，并且其中涉及了区域经济空间结构的核心问题之一"集聚与分散"，在某种程度上揭示了经济活动的基本规律以及经济空间结构形成与演变的机制。

（三）中心地理论

1933年，克利斯泰勒通过中心地与其商品市场供给区域之间的空间模式结构的研究，创立了"中心地理论"。中心地理论认为在市场因素、交通因素和行政因素的制约下，不同等级的中心地从上到下组成一个有规模递减的多级六边形空间模型。1940年，德国经济学家廖什发表了《经济空间秩序》一书，从市场角度研究城市空间经济活动及其结构，提出了与克里斯特勒中心地理论极其相似的中心地模型——经济景观论。

二 空间发展结构理论

空间发展结构与空间结构并非完全等同的两个概念，两者的含义存在一定的差异：空间结构所关注的是整个空间面域层面的整体空间性问题；而空间发展结构关注的则主要是具有发展潜质的部分区域，部分区域在增长极理论中表现为不同等级规模的"增长极"，在"点—轴"理论中表现为带动各级区域发展中心城镇。相对于经济空间结构的静态要素构成，空间发展结构更关注这些优势区域对整体空间的带动，因此空间发展结构理论更侧重于经济空间协调发展的研究，在空间发展战略、发展规划和政策的制定上具有重要作用。

（一）增长极理论

增长极理论由法国经济学家弗朗索瓦·佩鲁于1950年在其著名论文《经济空间：理论与应用》中首先提出。佩鲁认为，在经济增长过程中，由于某些主导部门或有创新能力的企业或行业在一些地区或大城市的聚集，形成一种资本与技术高度集中，具有规模经济效益，自身增长迅速并能对邻近地区产生强大辐射作用的"增长极",通过具有"增长极"地区的优先增长,带动邻近地区的共同繁荣。佩鲁的增长极理论所提及的本是抽象的经济空间,即"存在于经济要素之间的联系",与一般意义上的地理空间截然不同。法国经济学家J.R.布代维尔首先将佩鲁抽象经济空间转换成地理空间。他认为,经济空间是经济变量在地理空间的运用,增长极是在城市区配置扩大的工业综合体,并在其影响范围内引导经济活动的进一步发展。由于外部经济和集聚效益,形成增长极的工业在空间上集中分布,并与现存城市结合一起。自此增长极概念便与城市相联系,增长极的规模大小与城市等级体系相对应,增强了增长极理论在区域发展规划中的实用性。因此,增长极概念有两种内涵,一是特指某组工业或厂商,是经济概念;二是特指某个地理区位,是地理概念。与后者同义异名的还有增长点、增长极核、增长中心等。增长极概念至今仍没有一个十分精确的定义,它往往被不严密地应用到区域发展与规划中来,概指经济活动的空间集聚。有几个代表性的意义是:第一,增长极是相关产业的空间聚集;第二,增长极是包含有增长性、推进性单元的一组相关产业的空间聚集;第三,增长极是配置在城市中心的相关产业的空间聚集;第四,增长极是诱发周围腹地增长的增长型中心城镇;第五,增长极是增长的中心城市。

增长极理论的核心思想是:在地理空间中经济增长并非同时出现在所有地方,而是以各级中心城市为载体,通过发展优势产业形成集聚经济,通过以交通线路为代表的轴线向外扩散,进而带动整个区域经济的发展。在增长极的作用下,必然改变区域的原始空间平衡状态,使区域空间出现不平衡。增长极的成长将进一步加剧区域的空间不平衡,导致区域内经济发展差异。新的增长极的形成则会改变区域原有的经济空间结构,使之更为复杂。不同规模等级的增长极相互连接,就共同构成了区域经济的增长中心体系和空间结构的主体框架。不难看出,增长极的形成、发展、衰落和消失,都将引起区域经济空间结构的变化。

(二)"点—轴"理论

我国学者陆大道在中心地理论和增长极理论基础上,提出了"点—

轴"理论。"点—轴"系统中的"点",是各级中心地,即各级中心城镇,是各级区域的集聚点,也是带动各级区域发展的中心城镇。"点—轴"系统中的"轴",是在一定方向上联结若干不同级别的中心城镇而形成的相对密集的人口和产业带。轴线是区域经济设施、社会设施的集中地带,对附近区域的社会经济有集聚或凝集作用,通过影响范围内的客体带动区域的发展,轴线上集中的社会经济设施通过产品、信息、技术、人员等,对附近区域有扩散所用,扩散的物质和非物质要素作用于附近区域,与区域的要素相结合,形成新的生产力,推动社会经济的发展,因此轴线又被称为"发展轴"。根据中心地理论的基本原理,区域内大小中心城市是可以分等级的,同样,发展轴也是分等级的。确定各个阶段经济发展在空间上如何集中与分散,就在于规定各阶段重点开发的"轴线"和"点",即重点开发地带和中心城市,组成"点—轴"开发系统。"点—轴"理论将经济空间结构的演化过程视作"点—轴渐进式扩散"。具体而言,与自然界和社会的许多客观事物类似,生产力各要素在空间中相互吸引而集聚,同时又向周围辐射自己的作用力(物质流、人流和信息流等)。

在实践上,几乎所有的产业,尤其是工业、交通运输业、第三产业和城镇等都是产生和集聚于"点"上,并由现状基础设施(铁路、航道、公路、管道、能源和水源供应线、邮政通信线等)联系在一起;另一方面,集聚于各级"点"上的产业及人口等,又要向周围区域辐射其影响力(产品、技术、管理、政策等),取得社会经济运行的动力(原料、劳动力),表现为空间扩散运动。扩散的基本特点是在各个方向上的强度并不均等,其中沿着主要线状基础设施(主轴)方向的辐射强度最大,从而一起或加强在该方向上较大规模的集聚。因此国土开发和区域发展方式可以采用"点—轴"开发模式,是指在一定空间范围内,确定若干发展条件较好的线状基础设施轴线,重点发展轴线地带的若干个点。随着经济的发展,经济开发的注意力愈来愈多地放在较低级别的发展轴和发展中心上,同时发展轴线逐步向较不发达地区延伸。"点—轴"开发模式对区域发展和区域规划有着重要意义,国内外的大量实践证明,"点—轴"开发是解决经济布局集中与分散关系的重要原则,"点—轴"系统是最有效的经济空间组织形式。

三 二元空间结构理论

(一) 二元经济结构理论

二元空间结构理论所解释的是一种似乎只由两个单独的部分构成的社会经济结构,这种二元结构在发展中国家尤为明显。1953年荷兰社会学家J.伯克通过对印度尼西亚的调查研究,最早提出了二元结构的概念和理论。在他看来,一个社会及其基本特征是由相互依存的社会精神、组织形式和生产技术共同决定的。当传统社会引进西方工业化的同时,也引进了西方的社会精神、组织形式和生产技术,以往的经济结构和社会结构由于同质性的破裂而呈现出二元性。现代城市社会和现代工业部门同传统农村社会和传统农业部门,在经济制度和社会文化等各个方面,都存在着巨大的差别。这些差别直接或间接地导致了城市和农村、工业和农业中的资源配置方式、个人效用函数以及人的行为准则的迥然不同。

刘易斯完善了这种二元思想的分析以及在实践中的推行。他的二元经济结构理论包含以下思想:发展中国家的国民经济性质具有不同的结构或部门:一个是劳动力无限供给的、以传统方式进行生产的农业部门,另一个是以现代化方式进行生产的城市工业部门。劳动力的无限供给意味着农业部门的劳动者被动接受工资,其工资水平仅够维持最低生活水平;农业劳动的边际生产率为零(甚至为负),意味着农业部门存在大量过剩劳动力,实质上是隐蔽的失业。由于过剩劳动力实际上未能对生产起任何作用,他们的离开不会给农业部门的总产出带来任何影响,因此把这部分劳动力转移到生产率和工资水平高的工业部门中去,既能增加就业,更能增加产出和国民收入。

现代工业部分通过利润的再投资不断扩张,成为吸纳农业部门剩余劳动力转移的"蓄水池",农业部门仅仅担当着"提供积累"角色。直到农业部门剩余劳动力全部被工业部门吸收后劳动生产率提高,农业就业者收入改善,工农业得到均衡发展,二元经济结构转化为一元结构。

(二) 核心—边缘结构理论

核心—边缘结构就是二元经济空间结构的一个典型理论模式。关于二元空间结构的一个典型理论模式就是核心—边缘模型。在弗里德曼看来，一定的空间地域由核心区和边缘区组成，核心区是区域内具有较高相互作用潜力的创新变革中心，通常表现为工业发达、技术水平高、资本集中、人口密集的城市集聚区；边缘区是那些相对于核心区域来说经济较为落后的周边地区。在区域经济增长过程中，核心与边缘之间存在着不平等的发展关系。总体上，核心居于统治地位，边缘在发展上依赖于核心。在经济、社会和政体的权力不公平分配的情况下，因素集中在核心区，技术进步、高效的生产活动以及生产的创新等也都集中在核心区。核心区依赖这些优势从边缘区获取剩余价值，使边缘区的资金、人口和劳动力向核心区流动的趋势得以强化，构成核心区与边缘区的不平等发展格局。弗里德曼认为，核心—边缘的空间经济关系，既表现为城市与其腹地的关系，也代表中心与经济区的关系，以及发达地区与落后地区的关系。因此，任何一个区域都可认为是由一个或若干个核心区和边缘区组成。在核心—边缘模式中，区域类型包括核心区、扩散效应区、极化效应区、资源边际区、特殊问题区五种类型：第一，核心区。一般是具有很高经济增长潜力的大城市或中心城区。通过极化效应与扩散效应，这一核心区域将成为整个经济空间系统发展的原动力，周围其他区域的繁荣与该区域息息相关。第二，扩散效应区。这类区域相对于核心区域具有自然天赋和有利的区位优势，在资源方面有着集约化程度很高的利用可能。这类区域典型的现状特征是它的投资量不断增多，且农业集约化程度不断提高，净移民量也不断上升。第三，极化效应区。这是一类具有一定历史、呈传统状态的聚落区域，区域中必不可少的农业呈停滞状态，甚至趋于下降。区域内生产与资源的结合方式较为特殊，即较过去相比，已不能保证最优集约型生产方式。其他方面的典型特征是：人口净外流，而且呈"选择"的外流，产业结构与市场需求状况相比已显得陈旧，生产效率低，生活水平也较低。第四，资源边际区。指一些拥有丰富宝藏的待开发的处女地，人口密度较低。第五，特殊问题区。指由于地理位置或资源分布特殊，需要采取特殊发展措施的地区，如边境地区、水源开发区、旅游区以及军事区等。

(三) 中心—外围理论

中心—外围模型是空间经济学中最有代表性的一个两地区、两部门的一般均衡区位模型。该模型首先做出若干假定：第一，世界经济中存在两个地区和两个部门。一个是完全竞争的农业部门，生产大量、单一的同质产品，另一个是垄断竞争的制造业部门，生产大量的差异化制成品。这两个部门分别仅使用一种劳动力资源，即农业部门只使用农民、工业部门只使用工人。第二，农民在两个地区均匀分布，完全不能在地区之间流动，假设农产品运输成本为零且生产收益不变，各地区农民的工资率都相等；而各地区制造业工人的名义工资和实际工资都会有所差异，假设制造业工人可以在地区之间流动，那么工人肯定会离开实际工资低于平均水平的地区，转向实际工资高的地区。第三，制造业部门选择区位是为追求利润最大化，工人关注的是由名义工资除以生活费用指数得到的实际工资，制成品在运输过程中会有一部分成本被损耗，即冰山成本，每一个地区中都存在大量的制造业厂商，由于规模经济、消费者对差异产品的偏好等原因，每家厂商都生产一种特定产品。该模型通过将报酬递增条件下的制造业份额与工人的流动份额加以内生化，得出地区生产结构随运输成本的变化而呈现出非线性关系。高运输成本、微弱的规模经济以及低消费份额将阻止产业的地理集聚，刺激制造业部门选择靠近消费市场的区位进行产品的生产，所以产业将在两个区域均匀分布。当运输成本中等时，强大的前向关联和后向关联效应将拉大两地制造业的工资差距：若厂商有能力接近较大的市场，则巨大的需求使厂商有能力支付较高的工资；另一方面当地生产的较多种类的产品降低了价格指数从而进一步提高工人的实际工资；供需两方面作用累积循环增强了该地区的吸引力，使得该地区吸引更多的外地区工人和越来越多的制造业厂商入驻，最后制造业在两地区平均分布的格局被打破，经济空间演变为所有制造业都集中在一个地区，农业在两个地区平均分布的中心—外围模式。当运输成本进一步降低时，制造业是进一步的集中还是开始分散取决于离心力和向心力之间的平衡，当运输成本降到非常低，离心力占主导地位时，企业就不必接近市场布局，产业就可能出现分散化。

不难看出，空间经济学反复表达的中心—外围模型，虽然采用规模报酬递增和不完全竞争的迪克斯特斯蒂格利茨模型和动态模拟等研究方法，其理论推导过程另辟蹊径，但所陈述的含义仍反映了核心—边缘的基本思想。在规模经济、运输成本和关联效应的相互作用下，经济空间会演化为制造业"中心"和农业"外围"的格局：所有高等级的生产活动集中于中心地区，而外围只从事传统的农业生产。虽然这种完全的二分法在现实世界中未免太绝对，但无论是从世界经济格局，还是从某一特定区域内的空间结构来看，中心—外围或是核心—边缘的相对关系总是存在的。

第二节　产业转移理论及文献

产业的产生和形成是社会分工发展的结果，产业随着社会分工的产生而产生，并随着社会的发展而发展。产业是社会生产力不断发展的必然结果，随着生产工具的改进和生产力水平的提高，社会化大分工产生，农业、畜牧业、手工业、商业等产业部门逐渐从原始的狩猎和采集活动中分离出来形成新的产业。

一　国外理论综述

国外对于产业转移的研究已经相当深入了，并形成一定的理论和流派。对于产业转移的研究历史，最早可以追溯到古典区位理论和新经济地理理论。

（一）雁形理论

"雁形模式"概念最早是由日本学者赤松要在其《我国经济发展的综合原理》（1932年）一文中提出的。该理论阐释了日本经济通过外贸和替代性生产而不断由低级向高级波浪式发展的进程。工业化初期，日本主要出口丝绸、棉纱、棉布等消费品，换取工业发达国家的纺织机械等生产资料，以此装备本国的纺织品生产；继之，日本对进口纺织机械进行替代性生产，以此带动日本机械工业发展；机械工业的发展又依次带动钢铁、机电等产业发展；日本以在外贸中获取的外汇购买先进技术并予以消化、吸收和推广，逐渐建立起自主技术基础和研究开发体系；日本各产业顺次起飞的这一进程就被形象地称作"雁形模式"。

雁形模式（Flying Geese Pattern）理论，是指依据技术差距论，对于早期模仿国可能向后进模仿国发展贸易，形成与创新国相关对应的理论格局。在国际贸易具体实践中，发展中国家把从欧美等技术先进国家引进技术生产的商品，进一步向最不发达的国家转移。雁形产业发展形态说表明，后进国家可以通过进口利用和消化先进国的资本和技术、同时利用低工资优势打回先行国市场。这种由于后起国引进先行国资本和技术，扩张生产能力，使先行国已有产业受到国外竞争压力威胁的现象，叫作"反回头效应"。如果后起国善于把握好时机，就能在进口—国内生产—出口的循环中缩短工业化乃至重工业化、高加工度化的过程。雁形产业发展形态说主要用来说明日本的工业成长模式。赤松要先生认为，本国产业发展要与国际市场紧密地结合起来，使产业结构国际化；后起的国家可以通过四个阶段来加快本国工业化进程；产业发展政策是要根据"雁形形态论"的特点制定。人们常以此表述后进国家工业化、重工业化和高加工度化发展过程。在一国范围内，"雁形产业发展形态"先是在低附加值的消费品产业中出现，然后才在生产资料产业中出现，继而在整个制造业的结构调整中都会出现雁形变化格局。往后日本学者山泽逸平先生将赤松要先生的"雁形产业发展形态"理论进行了扩展，提出了引进→进口替代→出口成长→成熟→逆进口五个阶段。从而更加详尽地展示出后进国家如何通过进口先进国家产品和引进技术，建立自己的工厂进行生产以满足国内需求，不仅可供出口，而且后来居上取代"领头雁"地位并最终实现经济起飞。

后起国特定产业的生命周期一般由三个阶段构成。即：进口—国内生产（进口替代）—出口（后又扩展为五阶段，加上"成熟"和"返进口"两个阶段）。赤松要对日本棉纺工业从进口发展到国内生产，再发展到出口的历史性考察，认为后进国家的产业发展应遵循"进口—国内生产—出口"的模式，使其产业相继更替发展。第一，第一只雁是进口浪潮，由于后进国家的产业结构脆弱，国民经济体系不完善，而市场又对外开放，这就使国外产品大量涌入后进国家的市场，这里的市场基本上是进口产品。

第二，第二只雁是进口所引发的国内生产浪潮。国外产品的进入，使后进国家的市场得以扩大，这里后进国家可以充分模仿、引进和利用进口产品的生产工艺和技术，并使之与本国的廉价劳动力和优势自然资源相结合，不断增加某些进口产品的国内生产。第三，第三只雁是国内生产所引致的出口浪潮。后进国家生产达到一定规模后，由于本国的劳动力和自然资源优势，加上生产到了一定阶段，高新技术转化率和转化速度的提高，经营管理的改善，使原进口产品的生产具有比以往进口国更大的成本优势，使其产品的销售在国际市场上具有较大的竞争优势和市场地位，以至形成了原有进口产品开始占领国际市场的浪潮。

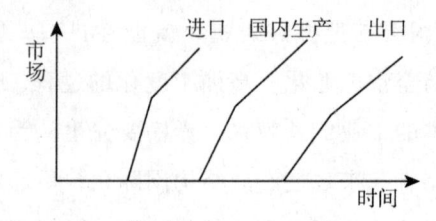

图 1-1 雁形模式产业发展形态示意图

国内各产业生命周期均经过上述各阶段，但次序由消费资料生产转向生产资料生产。或由轻工业转向重工业，进而转向技术密集型产业。随比较优势动态变化，通过直接投资等方式在国家间出现产业转移，东亚的后起国追赶先行国的进程具有"雁形模式"的特征。但"雁形模式"的形成是有条件的，当条件发生变化时，该模型也将转换。即这一模式可以说明过去，不一定能说明将来；可以适用于东亚中小国家和地区，但不一定适用于发展中国家。

后来，一些经济学家将这一理论应用于解释 20 世纪后半期东亚地区各国经济顺次起飞的态势，即日本——"四小龙"——东盟和中国东南沿海地区依次实现经济追赶的区域分工和贸易模式。领头雁日本依次把本国处于成熟期的产业如纺织、钢铁、化工、机械、造船、家电等产业通过贸易、技术转让和投资依次传递给"四小龙"和东盟国家及中国东南沿海地区，使这些地区的上述产业迅速成长和发展并形成了大量出口的能力。雁形模式对东亚地区的经济起飞起到了独特的作用。

1. 雁形模式到雁群模式

赤松要的"雁形发展理论"主要是针对发展中国家提出的，其主旨是发展中国家利用引进先进国家的技术和产品发展本国的产业，因此在贸易圈中势必存在不同发展层次产业结构的国家，这同时也是产业梯度转移的一个动力。但随着东亚各国经济的发展，"雁形模式"遇到了一系列的挑战。首先，"雁形模式"的挑战一方面来自于"领头雁"日本的投资策略。90年代以前日本对华投资主要集中在宾馆、办公楼等投资少、见效快的行业。90年代以后日本从自身利益出发，在技术转让方面持谨慎保守的态度，东亚国家引进日资，不仅没有吸收和引进日本先进的技术和管理，反而导致了东亚各国产业结构的偏颇，出口产品结构的单一，造成了该地区产品结构的同化，出口竞争的激烈及经济发展战略的单一化，加深了经济增长的对外依附性。另一方面日本对该地区的投资日趋类同，加剧了产业结构的单一化。并且有可能导致该地区国家之间的贸易摩擦加剧和对日资的依赖。另外，前面提到"雁形发展模式"的基础是各国产业梯度差的存在。这个梯度差正随着各国经济的发展和日本国内经济不景气的影响而日益缩小。"雁形模式"的危机不单来自于作为"雁头"、"雁身"、"雁尾"之间的矛盾。其所受到的挑战还来自于"雁身"和"雁尾"之间。应该说今后的一段时间东亚地区仍须保持"雁形模式"同时以创新发展模式跳出这个模式。随着中国经济的持续增长，"雁形模式"将被"大竞争格局"（也有学者称为"群马模式"）代替。仍处于"后雁形模式"阶段，但前景已日趋明朗，当中一个重要因素是中国经济的发展。就所谓的"群马模式"而言，在宏观上，日本、亚洲"四小龙"、东盟国家与中国之间相互的水平分割关系逐步增强；在微观上，以日本、亚洲"四小龙"跨国企业为核心，在东亚地区构建网络化跨国生产体系，即通过企业内部国际分割，将产品的设计、研究开发、销售等环节在本地区上的优化配置。以此达到各国相互超越、相互牵引的效果。"雁群模式"一方面强调各个经济体之间的独立性，使每一个经济体都有可能成为群雁中的一只大雁；另一方面又利用跨国生产体系进行资源的整合，使每一只大雁都不会脱离"雁群"而成为孤雁，特别是跨国公司的内部国际化。

2. 雁形理论国家经济发展战略的选择的启发

在国际上已有许多区域经济发展战略的理论模式，这些模式都是由各个国家、各个地区根据自身的制度和特点提出来的。理论模式，形式多样，就其类型来说，大体上可分为经济发展战略模式和空间发展战略模式两大类，而它们又是相互交叉和相互关联的。空间发展战略又分为平衡发展战略和不平衡发展战略，不平衡发展战略的思想基础是：平衡是有条件的、相对的和暂时的状态。地区之间经济发展不平衡是客观的、绝对的、永恒的。因此，每个国家都会有一些地区比其他地区更富裕，一些地区会比其他地区发展得更快。企图对全国各地都等同对待，或者对全国各地都投入等量的资本，若以此来编制规划，无疑是不合理、不经济的。因为这样的规划违背了经济不平衡发展的客观规律。在不平衡发展中，平衡的力量会发生作用，使地区发展不平衡趋向平衡。其中的一种重要的推动力就是区际产业的转移和结构的调整，推动地区平衡发展。而赤松要的"雁形产业发展形态学说"以及其他的一些相关的理论说明了一个共同的理论问题，即不断调整和优化产业结构，是区域经济增长的客观要求，也是区域经济发展的强大动力。发达地区某些曾经是优势的产业或产品，由于比较效益的变化，将逐渐丧失优势，向不发达地区转移，而这些产业或产品在不发达地区可以逐渐形成为优势，并将产品反出口到原来的发达地区。产业结构的这种变化，即区际产业的转移，生产布局在区际的调整，可以使不发达地区避免发达地区经济发展过程中曾经走过的一些路径，通过引进、转移，使经济快速增长，从而有利于缩小不发达与发达地区之间的经济差距，推动区际经济平衡发展。

3. 雁形理论到产业的转移

产业区域转移可简称为产业转移，是一种市场经济条件下的企业自发的行为，是由于资源供给或产品需求条件发生变化后，某些产业从某一国家或地区转移到另一国家或地区的经济行为和过程，这是一个包含国际与国家间投资与贸易活动的综合性的要素与商品流动过程，是一个具有时间和空间维度的动态过程，是国际或地区间产业分工形成的重要因素，也是转移国或地区与转移对象国和地区产业结构调整和产业升级的重要途径。

20 世纪 30 年代的日本经济学家赤松要提出的雁形发展模式,这一理论后来经过小岛清的发展成为 20 世纪 70 年代日本向亚洲新兴工业国和地区与东盟国家和地区进行产业转移,推动本国经济发展的重要理论根据。对产业转移理论做出贡献的还有弗农(1966),他在 20 世纪 60 年代提出了产品周期论,对地域间或国际产业与产品的周期性发展进程,以及由此导致的产业和产品的转移做了系统的描述和理论上的总结。20 世纪 90 年代以来,有关产业转移的理论有了新的进展,主要表现在产业转移理论与国际经济学及国际经营学理论的联系日趋紧密。在小岛清的"边际产业扩张论"(1978)的延长线上,一些日本学者强调,产业转移是产业结构调整国际化的载体(大西胜明,1999),因为产业结构调整总是伴随着产业跨国转移和企业跨国经营。牛丸元等(1999)进一步用国际贸易理论中的 H-O-S 模型来解释赤松要的雁形模式和弗农的产品生命周期理论,认为产业发展的雁形状态和产业的生命周期描述了一国或一地区的产业进化过程,但其实质是反映了比较优势的转移以及与此相关的产业转移。在产业转移的微观层面的理论研究上,邓宁(1988)认为产业组织决定的所有权优势(Ownership-specific Advantages,O 优势)、要素赋存结构决定的区域优势(Location-specific Advantages,L 优势)、交易成本决定的内部化优势(Internalization Incentive Advantages,I 优势),是解释企业对外直接投资和跨国经营的主要原因。

  平衡发展中,平衡的力量会发生作用,使地区发展由不平衡趋向平衡。其中的一种重要的推动力就是区际产业的转移和结构的调整,推动地区平衡发展。而赤松要的"雁形产业发展形态学说"以及其他的一些相关的理论说明了一个共同的理论问题,即不断调整和优化产业结构,是区域经济增长的客观要求,也是区域经济发展的强大动力。发达地区某些曾经是优势的产业或产品,由于比较效益的变化,将逐渐丧失优势,向不发达地区转移,而这些产业或产品在不发达地区可以逐渐形成为优势,并将产品反出口到原来的发达地区。产业结构的这种变化,即区际产业的转移,生产布局在区际的调整,可以使不发达地区避免发达地区经济发展过程中曾经走过的一些路径,通过引进、转移,使经济快速增长,从而有利于缩小不发达与发达地区之间的经济差距，推动区际经济平衡发展。

经济全球化的到来，中国要实现赶超的目标，仅靠传统意义上的资源禀赋和廉价劳动力成本优势是不够的。要从挖掘"后发优势"快速转移到努力实现国际经济博弈中的"竞争优势"。这种优势是产业和企业层面上的。因此，国际竞争力优势需要强大的"竞争力资产"和"优化的产业组织"作为支撑。在国际经济学中，关于发展中国家参与国际经济（国际贸易）和其经济发展（产业结构跃迁）之间的关系的研究已经得出较好的分析结论，有代表性的理论之一就是日本经济学家赤松要的"雁形产业发展形态说"。赤松要分析日本棉纺产业的发展创造了市场条件，规模从大到小，并最终使本国棉纺产业的规模经济得到充分利用，使产品成本大大下降。由于后起国具有低工资优势，因而使日本的棉纺产品获得了价格上的国际竞争力，开始迎来原本是"舶来品"的棉纺产品的出口，海外市场得以开拓，并进一步促进本国棉纺产业的发展，整个产业发展过程就像三只大雁在飞行，"雁形产业发展形态"由此而得名。在产业发展过程中，一般要经过三个"浪潮"：进口浪潮、国内生产浪潮以及出口浪潮。将赤松要理论和弗农理论两者加以整合可以发现，尽管发达国家的产业结构变迁总是先行一步，但如果发展中国家能够在激烈的国际竞争中制定正确的国际经济战略，采取切实可行的产业政策及相关支持政策，就可以求得所谓"后发优势"。此即利用国际分工与竞争，可以回避风险多、花费大的技术开发过程，可以利用先发国的资本和技术，也可以利用低成本优势打回先发国市场，从而顺利地实现其产业结构跃迁，乃至缩短工业化进程，完成其经济发展的目标。

（二）产品生命周期理论

这个理论由弗农（1966）提出，他主要以产品生命周期的变化来解释产业国际转移现象。他将产品生命周期分为新产品、成熟产品和标准化产品三个时期，不同时期产品的特性存在很大差别。他认为，随着产品由新产品时期向成熟产品时期和标准化产品时期的转换，产品的特性会发生变化，将由知识技术密集型向资本或劳动密集型转换。相应地，在该产品生产的不同阶段，对不同生产要素的重视程度也会发生变化，从而引起该产品的生产在要素丰裕程度不一的国家之间转移。除此之外,尼克博克(1973)提出了寡占反应理论;威尔斯(1983)进一步发展了弗农的国际产品生命周期理论,将其用来解释发展中国家的国际直接投资行为。Z. A. Tan（2002）在弗农的产品生命周期理论基础上,从产品系列的角度来解释产业内的国际转移现象,进一步使之动态化和系统化。产品生命周期（Product Life Cycle）,简称 PLC,是产品的市场寿命,即一种新产品从开始进入市场到被市场淘汰的整个过程。费农认为：产品生命是指营销生命,产品和人的生命一样,要经历形成、成长、成熟、衰退这样的周期。就产品而言,也就是要经历一个开发、引进、成长、成熟、衰退的阶段。而这个周期在不同的技术水平的国家里,发生的时间和过程是不一样的,期间存在一个较大的差距和时差,正是这一时差,表现为不同国家在技术上的差距,它反映了同一产品在不同国家市场上的竞争地位的差异,从而决定了国际贸易和国际投资的变化。典型的产品生命周期一般可以分成四个阶段,即介绍（引入）期、成长期、成熟期和衰退期。

第一阶段：介绍（引入）期。指产品从设计投产直到投入市场进入测试阶段。新产品投入市场,便进入了介绍期。此时产品品种少,顾客对产品还不了解,除少数追求新奇的顾客外,几乎无人实际购买该产品。生产者为了扩大销路,不得不投入大量的促销费用,对产品进行宣传推广。该阶段由于生产技术方面的限制,产品生产批量小,制造成本高,广告费用大,产品销售价格偏高,销售量极为有限,企业通常不能获利,反而可能亏损。第二阶段：成长期。当产品进入引入期,销售取得成功之后,便进入了成长。成长期是指产品通过试销效果良好,购买者逐渐接受该产品,产品在市场上站住脚并且打开了销路。这是需求增长阶段,需求量和销售额迅速上升。生产成本大幅度下降,利润迅速增长。与此同时,竞争者看到有利可图,将纷纷进入市场参与竞争,使同类产品供给量增加,价格随之下调,企业利润增长速度逐步减慢,最后达到生命周期利润的最高点。第三阶段：成熟期。指产品走入大批量生产并稳定地进入市场销售,经过成长期之后,随着购买产品的人数增多,市场需求趋于饱和。此时,产品普及并日趋标准化,成本低而产量大。销售增长速度缓慢直至转而下降,由于竞争的加剧,导致同类产品生产企业之间不得不在产品质量、花色、规格、包装服务等方面加大投入,在一定程度上增加了成本。第四阶段:衰退期。是指产品进入了淘汰阶段。随着科技的发展以及消费习惯的改变等原因,产品的销售量和利润持续下降,产品在市场上已经老化,不能适应市场需求,市场上已经有其他性能更好、价格更低的新产品,足以满足消费者的需求。此时成本较高的企业就会由于无利可图而陆续停止生产,该类产品的生命周期也就陆续结束,以致最后完全撤出市场。

产品生命周期是一个很重要的概念,它和企业制定产品策略以及营销策略有着直接的联系。管理者要想使他的产品有一个较长的销售周期,以便赚取足够的利润来补偿在推出该产品时所做出的一切努力和经受的一切风险,就必须认真研究和运用产品的生命周期理论,此外,产品生命周期也是营销人员用来描述产品和市场运作方法的有力工具。但是,在开发市场营销战略的过程中,产品生命周期却显得有点力不从心,因为战略既是产品生命周期的原因又是其结果,产品现状可以使人想到最好的营销战略,此外,在预测产品性能时产品生命周期的运用也受到限制。生命周期曲线的特点:在产品开发期间该产品销售额为零,公司投资不断增加;在引进期,销售缓慢,通常利润偏低或为负数;在成长期销售快速增长,利润也显著增加;在成熟期利润在达到顶点后逐渐走下坡路;在衰退期间产品销售量显著衰退,利润也大幅度滑落。该曲线适用于一般产品的生命周期的描述。

(三)国际生产折中理论

1977 年,英国学者邓宁首先提出了国际生产折中理论。该理论综合了已取得的成就,是一个解释国际直接投资的一般理论。国际生产折中理论直接沿用了区位理论,其核心是所有权特定优势、内部化特定优势和区位特定优势。1981 年,邓宁在国际生产折中理论基础上提出了国际投资发展周期理论。(The Eclectic Theory of International Production),又称"国际生产综合理论",企业对外直接投资所能够利用的是所有权优势、内部化优势和区位优势,只有当企业同时具备这三种优势时,才完全具备了对外直接投资的条件。邓宁认为其折中理论具有三个方面的特点:第一,它吸收了过去20多年中出现的各种直接投资理论的优点；第二，它与直接投资的所有权形式有关；第三，它能解释国际企业营销活动的三种主要方式，即出口、技术转让和直接投资。

折中理论的分析过程与主要结论可以归纳为以下四个方面：一是跨国公司是市场不完全性的产物，市场不完全导致跨国公司拥有所有权特定优势，该优势是对外直接投资的必要条件。二是所有权优势还不足以说明企业对外直接投资的动因，还必须引入内部化优势才能说明对外直接投资为什么优于许可证贸易。三是仅仅考虑所有权优势和内部化优势仍不足以说明企业为什么把生产地点设在国外而不是在国内生产并出口产品，必须引入区位优势，才能说明企业在对外直接投资和出口之间的选择。四是企业拥有的所有权优势、内部化优势和区位优势，决定了企业对外直接投资的动因和条件。第一，所有权优势理论是发生国际投资的必要条件，指一国企业拥有或是能获得的国外企业所没有或无法获得的特点优势。其中包括：技术优势。即国际企业向外投资应具有的生产诀窍、销售技巧和研究开发能力等方面的优势；企业规模，企业规模越大，就越容易向外扩张，这实际上是一种垄断优势；组织管理能力，大公司具有的组织管理能力与企业家才能，能在向外扩张中得到充分的发挥；金融与货币优势，大公司往往有较好的资金来源渠道和较强的融资能力，从而在直接投资中发挥优势。第二，内部化优势是为避免不完全市场给企业带来的影响将其拥有的资产加以内部化而保持企业所拥有的优势。其条件包括：签订和执行合同需要较高费用；买者对技术出售价值的不确定；需要控制产品的使用。第三，区位优势是指投资的国家或地区对投资者来说在投资环境方面所具有的优势。它包括直接区位优势，即东道国的有利因素；间接区位优势，即投资国的不利因素。形成区位优势的三个条件：劳动力成本，一般直接投资总把目标放在劳动力成本较低的地区，以寻求成本优势；市场潜力，即东道国的市场必须能够让国际企业进入，并具有足够的发展规模；贸易壁垒，包括关税与非关税壁垒，这是国际企业选择出口或投资的决定因素之一；政府政策，是直接投资国家风险的主要决定因素。

"折中理论"进一步认为，所有权优势、区位优势和内部化优势的组合不仅能说明国际企业或跨国公司是否具有直接投资的优势,而且还可以帮助企业选择国际营销的途径和建立优势的方式。表1-1是邓宁教授提出的选择方案。

表1-1　　　　　　　　　　邓宁的选择方案

方式	所有权优势	内部化优势	区位优势
国际直接投资	√	√	√
出口	√	√	×
技术转让	√	×	×

注:"√"代表具有或应用某种优势;"×"代表缺乏或丧失某种优势。

它的两层含义:第一,从选择某种营销方式的条件来看,表中说明国际企业要对外直接投资,必须同时具备所有权、内部化和区位三种优势;而出口则只需拥有所有权和内部化优势;如果企业只拥有所有权优势,那只能选择技术转让方式。第二,从建立某种优势的途径来看,也说明如果国际企业要同时拥有三种优势所带来的收益,那就必须选择国际直接投资方式;如果公司仅采用出口方式,就会丧失区位优势的收益;如果只采用技术转让的方式,那么企业就会丧失内部化和区位优势所能带来的收益。

(四)其他理论

企业迁移理论最早是美国学者 Melaughlin 和 Roboek(1949)提出的。在之后的60年代至80年代,企业迁移现象得到了众多学者的广泛关注,世界各地关于企业迁移的研究文献大量涌现,企业迁移研究也因此达到了一个鼎盛的时期。众多区域经济学家、经济地理学家和政策制定者参与到企业迁移研究的行列中来,企业迁移的决策问题也逐渐受到初步的关注。Townroe(1973)首先提出了一个决策过程的分析模型,包括五个连续的阶段:刺激,问题定义,搜寻,制定和比较可供选择方案,选择和实施。Townroe(1979)、Bade、Camagni、Soderman、Christianse 和 Pellenbarg 等人的研究都集中在识别影响企业迁移的推力、拉力和阻力因素以及区域政策对企业迁移的影响上。90年代后,企业迁移出现了新的研究领域。Martin(2000)提出制度文化因素,他强调正式和非正式网络对企业迁移行为的影响,认为"外部"或"制度"因素在企业的结构与功能、市场的运作以及政府干预形式等经济的各个层面都起着非常关键的作用。Pellenbarg（2002）认为企业迁移是一种促进落后区域繁荣同时又缓解核心区域拥挤、劳动市场和发展空间约束等问题的方式。

除了以上提到的各种理论，国外关于产业转移的研究还是很多的，主要有以韦伯（1909）、勒施、贝克曼等人为代表的区位理论以及以迪克斯特和斯蒂格利茨（1977）为代表的新经济地理理论。另外，巴克利（1976）、卡森（1956）于20世纪70年代中期提出了内部化理论。汤普森（1966）从"人性化"的角度，提出了区域生命周期论。刘易斯（1977）的劳动密集型产业转移理论主要研究了产业转移机制问题。Pennings和Sleuwaegen（2000）以比利时的大量企业和国际性跨国公司为研究对象，认为在工业化程度较高的开放经济体系中，劳动密集型产业比资金密集型产业更容易发生转移。

国外文献主要从宏观和微观两方面对产业转移展开探讨。虽然20世纪90年代以来，区际产业转移理论与国际经济学及经营理论的联系日趋紧密，其向微观领域发展的倾向越来越明显，但微观领域与宏观领域的研究相比还是不够的。此外，国外以往的产业转移理论多以国家为视角，研究国与国之间的产业转移很少涉及一国范围内的不同地区之间的产业转移问题。对区际产业转移的影响因素侧重于经济要素，而制度环境方面较少涉及。而国内关于区际产业转移的研究比较零散，分别从产业转移的不同方面去研究，没有一个系统的分析，缺乏对这些方面的整体思考。其研究大多侧重于定性描述，很少进行定量分析。而且，很多研究主要从产业发展的角度来分析，而较少考虑产业转移的微观机理，难以清晰地反映出区际产业转移对区域协调发展所起到的作用。虽然近年来开始研究政府、企业的行为对产业转移的影响，但都停留在定性描述，对于产业转移主体的行为研究不足。

二 国内文献综述

对于产业转移的研究在1997年，卢根鑫从马克思主义经济学理论的角度研究了国际产业转移问题，这是国内较早对产业转移问题进行的系统研究。

(一) 国内产业转移的研究

1. 产业转移的动因

国际直接投资和产业转移的普遍出现是在"二战"以后,且产业转移与产业的优化升级是密切相关的,产业结构的优化和调整对产业转移具有一定的促进作用(原小能,2014)。产业梯度差距是产业区域转移的深层次原因,这种"差距"源于不同区域间生产要素禀赋、发展战略、产业基础、产业结构现状等的不同,从而也使国际或区际在经济发展和产业结构水平上形成了差距(戴宏伟,2003;陈明森,2003)。随着研究的深化,有学者认为产业区域转移是在一定的"推力"和"拉力"的共同作用下发生的,推力主要来自产业梯度和产业结构升级,同时还存在着成本上升、市场因素、企业内在需求、科学技术水平以及区际产业竞争优势的消长转换以及来自欠发达地区的拉力,另外企业不断追求利润最大化,推动了产业的转移,优化产业结构(朱宜林,2005;余慧倩,2007;张婷婷、高新才,2009)。

2. 产业转移的模式

承接产业转移为发展中国家开辟了新的通道,学者们通过区位与经济条件差异的分析,以及国际产业转移新趋势的认识,从产业转移的具体途径、企业生产范式、优势产业培植等多视角切入,提出了较多的产业转移模式。如:低成本型产业转移模式、资源型产业转移模式、市场开拓型产业转移模式及产业链集群型产业转移模式,集群式产业转移是规模最大的产业转移模式;从产业转移途径上有区际直接投资转移模式、直接设厂转移模式、收购兼并转移模式、委托生产或生产外包转移模式、OEM转移模式、对外建立销售网点等;发展中国家在承接国际产业转移时应采用外商直接投资—外包模式,等等(陈刚、刘姗姗,2006;毕肖华、徐志耀,2008;徐鹏、孙继琼,2010;陶良虎,2010;曹慧平,2010)。

3. 产业转移的效应

对于产业转移效应的研究内容颇丰。既有对转移方的效应,又有对承接方的效应,既有产业转移的正效应,也有产业转移的负效应。现有研究更多地注重承接方的效应,同时还发现,发展中国家经济发展的关键,在于如何消除其负面效应和扩大其正面效应(卢根鑫,1997)。产业转移对承接方的效应主要有:要素注入效应、技术溢出效应、优势升级效应、关联带动效应、结构优化效应、竞争引致效应和观念更新效应等(陈刚、陈红儿,2001;刘斌,2008)。国际产业转移对中国产业的发展具有促进作用,但也对产业结构升级、产业体系发展、市场竞争和产业技术进步产生了负面影响,外商直接投资为主要形式的产业转移无论对于转出地还是转入地,都具有功能放大的效应,这种效应的程度取决于产业转移中转入地的能力结构差异,进而决定着产业转移的规模和范围(尚永胜,2006;杨俊生,2010)。

4. 产业转移的路径选择及特点趋势

区域产业转移的内容与路径,存在不同的组合方式:从产业的转移来看,除了工业,还应包括农业与服务业;转移的内容上,除了极个别城市的整个产业转移外,还应有行业的、企业的、企业内部的某一工序等的转移;产业转移的形态上还应有资本形态、知识(技术、专利、信息)形态的转移;转移的空间上除了从发达地区向欠发达地区的转移,还应有发达地区内部、欠发达地区之间及农村地带之间,应分层次、有重点地接受转移,选择适宜发展的产业,向区域性产业集群、集聚经济和循环经济发展(胡星,2007;陈鸿宇,2009;陈明生、康琪雪,2010;王小明,2008)。

(二)国际产业转移研究

国家间的产业转移和政府作用决定了我国产业转移的趋势,即不论是国际产业转移还是国内产业转移在我国都将长期存在,承接的国际产业转移多集中在服务业上,而国内产业转移仍以制造业为主,在后金融危机时期,经济的全球化趋势、信息化程度不断加深,劳动密集型产业将逐步移出(王然,2009;杜传忠、曹艳乔、李大为,2010)。

1. 国际产业转移的趋势与中国产业结构调整的关系

卢根鑫通过历史的和理论的分析,发现国际产业贸易与国际产业投资所形成的重合产业是国际产业转移的基础条件,而商品生产技术构成的相似性与价值构成的相异性则是国际产业转移的必要条件;同时还发现,发展中国家经济发展的关键,在于如何消除其负面效应和扩大其正面效应。陈明森(2003)通过研究国际资本流动的区位导向和产业导向,一方面,提出资本流动主要源于地区之间资本的边际收益率的差异;另一方面,又提出资本对区域不同产业的投资选择与产业导向又受到投资区域、产业结构现状、被投资区域资源禀赋与投资环境的差异以及被投资区域产业结构政策效应等方面的影响。朱宜林(2005)通过产业理论和国际产业转移趋势的研究,对我国各地区的产业定位、产业转移的实证分析方法、目标模式、影响效果、动力机制和阻碍因素的观点进行了综述。尚永胜(2006)认为国际产业转移对中国产业的发展具有促进作用,但也对产业结构升级、产业体系发展、市场竞争和产业技术进步产生了负面影响。应进一步完善市场竞争法律体系,扩大第三产业承接产业转移的规模,鼓励中国企业跨国经营,通过增强产业的自主创新能力来促进我国产业的发展和升级。王小明(2008)在对产业转移对产业转出区与转入区的影响、世界制造业的发展趋势等进行深入分析的基础上,提出了我国承接国际制造业转移的基本原则与战略思路、加快我国制造业又好又快发展的战略举措与对策建议。

2. 产业转移中的技术转移

技术转移是产业转移的重要内容,产业结构的更新是区域经济向高梯度发展的根本动力。王一夫(1995)对中国技术导向发展战略进行了分析,该战略的具体内容是:以技术引进、技术开发为战略手段,以技术迁移(即实现企业从传统技术领域向高技术领域的迁移;实现产业从劳动密集型向资本密集型、资本密集型向知识技术密集型的迁移)为战略思想,以实现我国在国际贸易中获得动态比较优势为战略目标,最终增强我国的综合国力,使我国经济能持续增长,健康发展。王述英(2001)认为当前全球范围内正在进行新一轮产业结构调整。我国当前的产业结构调整要与世界新一轮产业结构调整结合起来,把我国产业纳入世界产业分工体系之中,在充分发挥劳动力成本低的优势下,按照全球产业结构变动的趋势和特点,大力发展技术含量高的劳动密集型产业以及高技术产业。主要对策是:用产业全球化的思维,调整产业结构;借助于跨国公司的渠道,发展跨国经营；积极参与全球和区域产业合作；制定高效的产业技术政策；要在一定时期内保护重要战略产业。金雪军、何肖秋（2003）通过对当前国际产业转移相关理论的回顾和分析，认为国际产业转移的内在规律即为产业的核心技术在东道国的成功扩散过程。故而，要研究国际产业转移的变化规律就需要研究产业核心技术在不同国家的扩散轨迹。对此，他们从环境分割及产业主体行为两个方面进行分析，并用完整的案例加以论证。戴庆华、牟永红（2005）认为在承接国际产业转移的过程中，政府和企业过分注重引进国外资本的规模，忽视了技术的学习和自主创新能力的培养，使我国产业发展和国民经济运行陷入困境和面临潜在威胁。通过分析我国产业技术的现状及产业发展面临的困境，以及承接产业转移中存在的误区及潜在的威胁，提出了我国加强技术学习和提高自主创新能力的主要对策。

3. 国际直接投资与产业转移的关系

江小涓（2004）认为 2003 年，外商在华投资出现了一些新的特点和趋势：实际投资数量与上年持平；投资的行业和领域继续扩展，在制造业中的投资向重化工业领域延伸，服务业吸引外资增加；外资项目的技术含量继续提高，研发机构增加和研发水平提升，中国成为一些先进技术产品的全球制造中心，服务性专业岗位向中国转移的现象增加；一些新的利用外资的方式开始出现。胡星（2007）认为近年来，在跨国公司的投资区位决策中，聚集因素的作用日益明显，主要表现为产业转移与产业空间聚集度的一致性和产业扩散的双指向性这两大特征。产业转移与产业聚集具有互动关系：一方面，产业聚集引发产业转移；另一方面，产业转移可以加速产业聚集，促进产业集群的形成。中部地区应抓住产业转移的有利时机，采取有效策略，创造优势区位，通过建立多层次的城市经济圈网络、培育产业和区域增长极、大力发展产业集群等路径，以加速产业聚集，促进区域经济中心的形成，加快区域经济发展步伐。赵放、陈阵（2008）认为"入世"后，外商对华投资战略开始转型，中国产业转移趋势也初显端倪，引进外资环境正在发生变化。一方面，中国对外开放领域不断拓宽，国民收入显著增加，市场规模迅速扩大，产业结构逐步升级，外商在我国的直接投资战略正在发生变化。另一方面，由于国内各地区间在经济发展水平、产业结构层次、资源状况等方面存在差距,不仅导致国内产业发生转移,同时也给外商投资产业和区位选择带来影响。

总体而言,对于产业转移问题的研究,国内外学者还在一步步深入,理论也有待于进一步的深化。产业转移是一个具有时间和空间维度的复杂的动态过程,其转移的模式有很多种,目前在这些理论中,"雁形模式"与"梯度和反梯度转移模式"理论性较强外,其他的都比较表面化,没有系统的理论支撑,并且相关模式的差异性研究比较薄弱。产业转移多种多样,但其模式的选择对转出地的影响和转入地的效应产生很大的影响,以往的研究都是针对产业转移的效应而忽视了转移模式的作用。在我国,目前分析的角度多是从沿海发达地区如何通过产业转移促使产业结构升级,达到优化的目标。还没有从影响产业转移的因素、企业行为方式、地域空间角度等方面来探讨产业区域转移模式。西方国家对于产业转移的研究已经比较成熟了,但在我国,产业转移是在改革开放以后出现的现象。因此,对于它的研究可以说是刚起步的,也还未形成一定的系统,研究结果比较零散。对于西部地区产业转移相关研究较少,既缺乏这方面的实证研究,更是缺少理论分析上的构建。因此,应加强产业转移研究中的理论基石,分析并了解产业转移动因、机制,从而选择适宜的模式,推进产业转移步伐。

第三节 产业选择理论与文献

历史已经证明,很多国家或地区的崛起与发展几乎都与产业的正确选择息息相关。美国的产业研究为美国过去 100 多年的经济增长做出了巨大贡献;日本战后选择优先发展煤炭、电力、钢铁等基础产业,为日本经济迅速复苏奠定了坚实基础和有利条件;韩国在战后,通过不同阶段优先发展不同产业,在一穷二白的情形下迅速崛起;德国能在相当贫穷与落后的基础上迅速成为世界强国,很大程度上凭借其"流通"新产业优先发展战略的实施。从以上的事例可知,产业的正确选择与国家或地区的社会经济发展密切相连。

产业间存在着广泛的联系,但由于产业自身的特性使得不同产业间的联系存在着极大的差异,由此决定了各个产业在区域经济活动中的地位和作用千差万别。在不同的经济环境和条件下对区域产业进行选择,不仅有利于保持区域产业间的良性互动,更有利于调整经济规模和经济结构,促进区域经济有序发展。① 产业选择问题实际上就是根据各个产业在经济发展中的影响力来确定产业发展的时序,并制定相应的产业发展策略,而产业的经济影响力主要取决于产业间联系的广泛程度。

一 国外理论基础

(一) 主导产业的选择基准

所谓主导产业选择,就是政府根据产业结构的总体规划,确定一定经济时空下的主导产业,确定产业发展的序列,从而实现产业结构的合理化和高级化。主导产业的选择和建立,必须按照一定的标准进行,主导产业选择的基准即产业结构成长合理化的标准。确定产业结构的基准意味着确定产业结构的方向和基本态势,对基准问题的研究有以下两个重要的理论前提:第一,产业结构成长的基准并不是一个其内涵具有普遍正确性的标准。确定这种基准,在实质上是一个根据本国或地区经济发展的具体国情或区情,对不同角度和不同层次需要解决的经济问题,分轻重缓急的顺序做出取舍的过程。因此,所谓基准,也就是一种倾斜式的产业发展战略。由于不可能面面俱到,所以,对基准问题就不能从绝对均衡的意义上去理解。第二,产业结构成长的基准并不是一个规范产业发展的永恒标准。随着产业结构的成长经历不同阶段的变化,作为基准也应该(要求是超前)发生变化,但是这种运动规律的绝对变化并不影响一定时期内基准稳定作用的过程。

1. 赫希曼基准

美国发展经济学家艾伯特·赫希曼在其名著《经济发展战略》一书中,依据投入产出的基本原理,对产业间关联度与工业化的关系做了进一

---

① 刘宇:《产业的关联性分析及其产业选择》,《中国经济问题》2011年第3期。

步的研究，认为对资本相对不足和国内市场相对狭小的发展中国家来说，应当优先发展后向关联度较高的最终产品加工业，并提出了依后向联系水平确定主导产业的基准。其理由是：在发展中国家经济不发达，资本投资能力差，产业间相互依存度低的情况下，必须采取不平衡发展战略；向前连锁不能独立形成发展的诱导机能，它要伴随累计"需求压力"同时出现，向后连锁的效果则要强得多，因此，在初级产品（原料等）、中间产品产业未充分发展的情况下，优先建立从国外进口原件组装的最终产品加工业，既可以积累资本，又可以对其他产业产生关联诱发作用，为中间产品制造业规模经济的发展提供市场需求，因此，只要国内市场稳定，进口就会被逐渐取代。赫希曼指出，事实上许多国家的工业化正是从发展"最后的工业"阶段开始，继而从事中间产品制造，最后发展基本原料工业。显然，这是以需求带动供给增长（后向连锁诱发）的非均衡结构的选择战略。

2. 罗斯托基准

美国经济学家 W.W. 罗斯托认为，主导产业的建立，要有足够的资本积累和投资，这就要求一国净投资率（即投资在国民生产净值中的比重）从5%左右提高到10%。要做到这一点，必须鼓励和增加储蓄，减少消费，防止消费早熟，必要时应引进外资；要有充足的市场需求，来吸收主导部门的产出；要有技术创新和制度创新，拥有大批量具有创新意识的企业家，为主导部门的发展提供组织、管理和人力等条件。

罗斯托指出主导产业部门在经济起飞中有三个作用：后向联系效应，即新部门处于高速增长时期，会对原材料和机器产生新的投入需求，从而带动一批工业部门的迅速发展；旁侧效应，主导部门会引起周围的一系列变化，这些变化趋向于更广泛地推进工业化；前向联系效应，即主导部门通过增加有效供给促进经济发展。例如，降低其他工业部门的中间投入成本，为其他部门提供新产品、新服务等。可见，罗斯托基准是依产业部门供给和需要的联系程度来确定主导部门的。

3. 筱原基准

日本产业经济学家筱原三代平在20世纪50年代中期为日本规划产业

结构,于 1957 年在《经济研究》杂志发表了题为"产业结构与投资分配"的著作论文,提出了规划日本产业结构的基准。即"收入弹性基准"和"生产率上升基准"。

(1) 收入弹性基准

产品的收入弹性,就是指在价格不变的前提下,产业的产品(某一商品)需求的增加率和人均国民收入的增加率之比。

$$某一产业的产品收入弹性系数 = \frac{某一产业的产品需求增加率}{人均国民收入的增加率}$$

通过对收入弹性系数的观察,生产高收入弹性产品的产业由于人均收入的增加对其需求增加将较多,从供求关系同价格的关系看,需求高增长的产业就较易维持较高的价格,从而获得较高的附件价值。这必将使这些产业在产业结构中能够占有更大的份额。一般地说,农产品的收入弹性持续低于工业品的收入弹性;轻工业产品的收入弹性又不断低于重工业产品。在工业化的不同阶段不同产业的产品,其收入弹性是不同的。因此产品的收入弹性可以揭示:工业结构在某一点上变化的趋势和方向;各工业部门在不同时点上的阶段性和结构性的变化。因而产品的收入弹性是一个判定某产业发展前景和对经济牵动度的一个重要指标。

(2) 生产率上升基准

生产率上升较快的产业,即技术进步速度较快的产业,大致和该产业生产费用(成本)的较快下降是一致的。同时这一产业也是投入产出率较高的产业,其受有限资源的限制也较小,在这种情况下,这一产业就可能在相对国民收入上占有越来越大的优势,资源要向这个产业移动。因此,具有较高生产率上升的部门将在产业结构中占有更大的比重。一般来说,工业比农业,重工业比轻工业,组装加工工业比原材料工业在生产率上升上逐渐形成越来越大的优势。因而,生产率上升率是主导产业选择的另一个重要基准。

产品的收入弹性基准是基于社会需求结构对产业结构的影响而言的,生产率上升率是从社会供给结构对产业结构的影响来说,二者不是孤立无关的,而是有着内在的联系。首先,从供给方面看,如果仅有较高的技术进步率,未必能有较高的生产率上升率,较高的生产率上升率是以较好的销售条件为基础的,也就是说要以不断扩大的需求为基础。如果生产费用的下降与价格下降同步,则劳动生产率也不会上升。其次,从需求方面看,收入弹性较高的部门,意味着它有广阔的市场,广阔的市场是大批量生产的先决条件。而工业部门的技术进步和大批量生产存在着必然的联系。同时,大批量生产带来的生产成本下降又是扩大需求的必不可少的条件。也正因为两个基准之间这种内在联系,两者表现的特征是一致的。

20世纪70年代,日本规划产业结构的基准在保留产品的"收入弹性"和"生产率上升率"基准外,又加了两条。即:"防止过度密集基准"和"丰富劳动内容基准"。主导产业选择的基准可概括为:需求收入弹性大;供给弹性大;劳动生产率高;能体现技术进步的发展方向;对相关产业的波及带动作用强;较强的国际竞争力。某一产业如果大致符合这些基准,便有发展前途,才能成为"主导产业"。

4. 主导产业与其他产业的协调发展

主导产业与其他产业有着密切的技术经济联系,有着较强的引导性和制约性,主导产业与其他产业之间存在着相互促进、相互影响、相互制约的关系。主导产业的性质和发展水平,决定着整个产业结构的性质和发展水平,主导产业的变化发展,决定着整个产业结构的变化发展,从而对国民经济总体的发展水平具有相当大的制约作用,但是,主导产业作为国民经济链条中的一环,也离不开其他部门的支持而独自发展,而必须与其他产业部门保持协调。

(1) 主导产业的更替

产业结构成长的基准并不是一个规范产业发展的永恒标准,随着经济的发展和科学技术的进步,旧的主导产业带动整个经济发展的使命一旦完成,就要发生主导产业的更替。旧的主导产业的衰落和新的主导产业的形成,标志着产业结构成长的不同阶段,罗斯托把纺织工业说成是"起飞"阶段的古典式主导产业,钢铁、电力、煤炭、通用机械、化肥工业是成熟阶段的主导产业,汽车制造业是高额消费阶段的主导产业,可见,主导产业的更替呈现出有序的方向性,那么从这种主导产业更替的序列性出发,可以把产业划分为新兴产业、成熟产业和衰退产业。

新兴产业是在产业结构系统中处于形成和发展阶段的产业，它往往代表着科学技术产业化的新方向和新水平，满足或创造着最新的社会需求，有着正在形成或不断形成的市场前景。成熟产业是指结构系统中具有技术成熟性和市场成熟性的产业，该产业的生产和需要都具有相当大的稳定性，它们构成了一定时期内特定产业结构系统的主体和支柱。衰退产业也称夕阳产业，一般是市场需求处于饱和或衰退阶段，其生产技术主要是传统老技术的产业。

（2）产业间关联方式

产业关联说到底是投入产出关系，从投入产出看产业间关联方式，即在产业的投入和产出两端与其他产业形成的相互依存关系。从这个角度看，产业间关联可以分为以下两种方式：前向连锁，指一产业的产品在其他产业中的利用而形成的产业关联。例如对钢铁业来说，与汽车制造业的关联即是一种前向连锁关系；后向连锁，指一产业在其生产过程中需要投入其他产业的产品所引起的产业关联，如对钢铁冶炼业来说，与采煤业的关联即是一种后向关联。

一个产业的前向连锁和后向连锁关系一般是由其自身的技术经济特性决定的。钱纳里和渡边曾对各产业的前后连锁关系进行了研究，他们利用美国、日本、挪威、意大利等国投入产出表计算整理，根据各产业的中间需求率（各产业部门的中间需求与该产业部门总需求之比）和中间投入率（各产业部门的中间投入与总投入之比）的差异，将产业部门分为四组。中间产品型基础产业，是前向连锁能力高而后向连锁能力低的产业，即中间投入率小中间需求率大的产业。中间产品型产业，是前后连锁能力均高的产业，即中间投入率和中间需求率均大的产业。该产业部门的生产过程既显著依赖其他部门的投入，又依赖其他部门对本部门中间产品的需求。如钢铁、石油产品、纺织等。最终需求型产业，是后向连锁能力低的产业，即中间投入率大、中间需求率小的产业。该产业部门的发展主要依赖其他部门的中间投入量和社会最终产品需求量。如服装、机械、运输设备等。最终需求型基础产业，是前后连锁能力均低的产业，即中间投入率和中间需求率均小的产业。

该产业部门的生产过程既不显著依赖其他部门投入,也不显著依赖其他部门需求。如渔业、运输业、商业、服务业等。

实际经济生活中发生的产业关联,一般不单纯是前向关联和后向关联,而常常是环向关联或联合向前及向后连锁。例如"煤—钢—采矿设备—煤"这个循环就构成一个环向关联,也即环向连锁,而在"原煤—纺织—服装"这个单向连锁关系中,纺织业同时发生着前后向连锁关系。前、后向连锁的实质,是分别从一个产业对其他产业的投入(也即其他产业对该产业的需求)和该产业需要其他产业生产投入来分别考察产业关联链条的长短。如果在产业间投入产出的相互依存关系中,把一产业影响其他产业的程度称为影响力,也即把该产业最终需求的增加,对其他产业生产的冲击力,看成对其他产业的影响力;而把一个产业受其他产业影响的程度称为感应度,也即把其他产业产出的增加对该产业产生的诱发程度,看成该产业的感应度,那么,前、后向连锁能力不同的产业,其影响力和感应度是不相同的。一般来说,前、后向连锁力强的产业,即产业的需求部门多、中间产品率高的产业,感应度高,即易受需求拉动而增长;相反,后向连锁力强的产业,即来自各产业(包括本产业)的原材料投入率高的产业,则影响力较高,其推动其他产业发展的能力较强。而前后连锁能力均高的产业,其影响力和感应度都很高。

(二) 产业关联分析

产业关联分析又称投入产出分析,是由美国经济学家瓦西里·F.里昂惕夫(Wassily Leontief)在 20 世纪 30 年代首创的,现已在世界范围内得到普遍应用。投入产出法不仅可以用来研究产业之间的比例关系和关系结构的特征,还可以利用投入产出表推算出来的参数,研究表中某些数据发生变化时对其他数据发生的影响。这就是波及效果分析。这种分析主要有三个方面:一是当某个产业的生产活动发生变化时对其他产业生产活动所产生的影响,或某个产业生产活动受其他产业生产活动变化的影响。二是当某个或某些产业的最终需求发生变化时,对国民经济各产业所产生的影响。三是当某个产业的毛附加值发生变化时,对国民经济各产业所产生的影响。以下是研究波及效果的重要工具。

1. 产业感应度系数和影响力系数

任一产业的生产活动通过产业之间的相互关联，必然影响和受影响于其他产业的生产活动。我们把一个产业影响其他产业的程度叫作影响力，把受其他产业影响的程度叫作感应度。如果将各个产业对所有产业的影响力和受所有产业的感应度的平均趋势做一个比较，掌握各个产业在这一方面的特性，显然对分析现实的经济问题是大有裨益的。一般来说，在工业化过程中，重工业大都表现为感应度系数较高，而轻工业大都表现为影响力系数较高。

2. 产业的生产诱发系数与产业对最终需求的依赖度系数

我们不仅要了解最终需求总量的变化对各产业生产的影响程度，而且要进一步掌握最终需求各构成项目（投资需求、消费需求、净出口）分别对各产业生产的影响程度，或称之为对各产业的生产诱发额。最终需求依赖度系数，反映一个国家或地区各个产业的生产是主要依赖消费还是投资或是出口。据此，可把各个产业分类为"依赖消费型""依赖投资型""依赖出口型"产业等。

3. 综合就业需求量系数和综合资本需要量系数

综合就业系数是指某产业进行一单位产值的生产，在本产业和其他产业就是直接和间接地总共需要有多少人就业。综合资本系数是指某产业进行一单位产值的生产，在本产业和其他产业也就是直接和间接地总共需要多少资本。

（三）实业投资产业选择

实业投资，也称为实业资本投资，是指选择合理的投资方向，将资本直接投入到生产经营等实业中去，以实现资本增值目的的营运过程，实业投资主要发生在产业资本循环的生产和流通环节。较早的产业选择理论，是从一个国家经济发展的角度来考虑的。一国要发展经济，"首先遇到的问题是对哪些产业进行扶植，这就是产业选择问题"[①]。包括对幼小产业、主导产业、支柱产业、瓶颈产业的选择。一国投资者要建立一国新的企

---

① 周新生：《产业兴衰论》，西北大学出版社 2000 年版。

业,一个处于成长期的企业要发展壮大,同样面临着应该选择什么产业方向的问题,即在什么产业发展自己的企业。很多学者认为,在进行产业选择时,首先要考虑企业现有的资源优势能否转移到拓展的产业上,即是否能达到企业能力与所选择产业要求的一致性,这是企业能否产生竞争优势的关键。一般性的资源(如管理、设备、资金)往往容易转移,但真正能够成为企业竞争优势来源的独特资源(如秘方、专业技术等)往往较难从一个产业转移到另一个产业。

迈克尔·波特在其著作《竞争战略》《竞争优势》中都明确提出了企业成长中的产业选择标准。他认为,竞争战略的选择由两个中心问题构成,"第一个问题是产业长期盈利能力及影响因素所决定的产业的吸引力"。"第二个中心问题是决定产业内相对竞争地位的因素。"彭罗斯的理论强调企业内部资源决定企业的成长方向,产业的选择取决于内部不可分割的剩余资源。鲁梅尔特在他的著作《战略、结构和经济绩效》一书中通过实证研究后指出:"相关集约型企业的经营绩效最好,绩效最差的是无关多元化,因此多元化经营应严格限制在自己的中心技能或能力范围内。"

二 国内文献综述

我国对产业选择分析方法的研究近十多年来呈现快速发展趋势。董逢谷(2001)利用上海市1997年投入产出完全消耗系数表对上海支柱产业进行了选择分析,实际是关联分析法。郭克莎(2003)对我国工业化时期的新兴主导产业的选择做了深入研究,通过对增长潜力等六个指标的运用,得出了不同目的下的产业选择结果。他的研究是站在国家角度从宏观维度进行分析的。侯云先、王锡岩(2004)利用博弈论的理论与方法,对战略产业的演变、培育及发展进行了实证研究。杨嵘等(2008)从产业竞争力角度,利用主成分分析法对陕西省装备制造业大类中的各行业进行了实证分析,并做出选择。将产业选择分析法分为选择基准和选择技术两部分。

(一)产业选择基准

1. 产业关联度基准

产业关联度基准是根据产业投入产出理论提出的,它是以某产业的前后关联强度为标准来进行产业的选择。根据价值型投入产出表，产业关联度可以由以下基本系数来衡量：直接消耗系数、直接折旧系数、国民收入系数、劳动报酬系数、社会纯收入系数以及完全消耗系数等。产业关联度基准认为，产业关联度可以提供某产业与其他产业，产业与国民收入，产业与社会劳动报酬、产业与社会总收入之间的关联强度，关联强度大的产业，其发展对其他产业以及经济社会能产生更大的影响，应该作为重点发展的对象。

2. 产业盈利能力基准

产业盈利能力基准是根据会计学理论中反映盈利能力的相关会计指标提出的，它是通过比较不同产业在未来的盈利能力来进行产业选择。反映产业盈利能力的会计指标有很多，主要包括营业利润率、成本费用利润率、盈余现金保障倍数、总资产报酬率、净资产收益率和资本收益率六项。产业盈利能力基准认为，产业盈利能力能够提供某产业在可预见的未来时期内获取收益的能力证明，产业盈利能力越大，该产业越有可能成为投资者青睐的对象，产业的发展前景也就越光明。

3. 产业生命周期基准

产业生命周期基准是对不同的产业所处的生命周期阶段作出判断，然后以此为产业选择的依据。处于生命周期的不同阶段，产业所表现出的特征是不同的。这体现在产业产品的成熟性、产业规模、产业竞争程度、产业发展速度、产业产值比重以及产业在国民经济中的地位等方面。各阶段的特征如下：在投入期，由于是新事物，产业规模很小，不存在竞争，发展速度较慢，产值比重较低；在成长期，产品逐渐被接受，产业规模逐渐扩大，竞争力增强，发展速度较快，产值比重逐渐提高；在成熟期，产业规模最大，竞争最激烈，发展速度缓慢但稳定，产值比重达到峰值；在衰退期，产品逐渐被淘汰，产业规模逐步缩小，产业竞争减缓，发展速度停滞，产值比重降低。产业生命周期基准认为，产业选择主体可根据自身对处于某阶段产业的需要，选择处于该特定发展阶段的某些产业。

4. 产业技术密集度基准

产业技术密集度基准是根据产业结构高级化的相关理论提出的，它是根据产业技术含量来选择产业。产业结构高级化理论中，产业结构合理化与高度化是两个基本的内容，其中的高度化要求产业具有技术含量高的特点，也就是产业技术密集度高。产业技术密集度基准认为，产业技术密集度能够反映产业的技术进步、产业的技术构成，它们能够影响产业的生产率，从而提高产业增加值率，促进产业向高度化方向的快速发展。

5. 产业就业功能基准

产业就业功能基准是根据产业生产要素密集理论提出的，它是根据产业的生产要素密集类型来做出产业选择。根据产业实际生产特征，生产要素密集理论将产业划分为资源密集型、劳动密集型、资本密集型、技术密集型、知识密集型等几大类型。产业的实际就业能力取决于两个因素，一是产业的就业密度，二是产业发展规模。产业就业功能基准认为，相对于其他要素密集型产业而言，劳动密集型产业具有高就业密度的特性，具有更强的吸收劳动力的能力，如果产业选择主体以就业为主要目标，则劳动密集型产业应该作为发展的首要对象。

（二）产业选择技术

1. 头脑风暴法

头脑风暴法的特点在于通过对决策过程进行科学设计来消除群体决策容易产生的"群体思维"。一般在群体决策中，群体成员容易受权威人士的影响，从而影响他们在作出决策的过程中产生与权威人士相同的意见，头脑风暴法能够消除这种倾向，从而提升群体决策的创造性，提高决策质量。利用头脑风暴法进行产业选择分析的一般操作程序为：第一，准备阶段。准备阶段分两个任务：一是领导小组对产业选择问题进行一定的前期研究，明确产业选择的实质，并以此确定产业选择所要实现的具体目标。二是选定5—10人参加会议，并通知与会人员会议时间、会议地点、讨论的问题、可供参考的资料、需要达到的目标等，让参会人员做好准备。第二，热身阶段。首先由会议主持人对会议规则做简单说明，然后从产业选择相关的话题展开讨论。该阶段的主要目的是为正式的讨论开创一种自由与宽松的氛围与环境，使与会人员心情放松，进入畅所欲言的自由讨论状态。第三，明确问题。主持人简要介绍产业选择的问题。可以从产业选择的目的、意义及一般方法等方面进行介绍，尽量粗线条，不能过分细致，从而限制与会人员的思维，干扰创新性思维过程。第四，对产业选择进行重新表述。经过一次讨论后，与会人员对产业选择问题的认识由最初的感性认识逐渐深入到理性认识，并且有了自己的思考。第五，畅谈阶段。该阶段在于收集与会者的新想法。第六，筛选阶段。会议结束后的一二天内，主持人应向与会者了解大家会后的新想法和新思路，以此补充会议记录。然后将大家的想法整理成若干方案，再根据产业选择的一般标准以及产业选择的具体目标进行筛选。经过多次反复比较和优中择优，最后确定1—3个产业组合作为最佳方案。

2. 层次分析法

层次分析法是一种定性和定量相结合、系统化、层次化的分析方法。它将决策问题的众多元素分解成目标、准则、方案三个层次，用某种指标对人的主观判断进行量化，从而达到定性与定量分析法相结合的一种决策过程。该方法通过层次化和数量化人的思维过程，从而使判断过程更容易把握，使判断结果更加客观。它使我们在处理复杂决策问题时尽量减少主观意识对结果的影响，从而使该方法被广泛应用于企业兼并、风险投资决策、项目选择决策、企业技术创新能力评价等具体项目中。同样，此技术可用来进行产业选择分析。利用层次分析法进行产业选择的基本步骤如下：第一，构造层次分析结构。首先把产业选择问题条理化、层次化，构造出一个层次分析结构模型。通过对现实产业经营状况的分析，将影响产业选择的因素按照一定的属性划分为三个层次：第一层只有唯一的一个因素，为目标层。如选择产业综合品质为目标层。第二层为准则层，是影响目标层的主要因素，可选择产业的若干较粗的属性如产业产权性质、产业盈利质量、产业创新能力等作为准则层。当准则过多时（譬如多于9个）应进一步分解出子准则层。第三层为方案层或对象层，是具体的某些指标，如人均利润率等。第二，构造判断矩阵。在确定层次以后，就可以在各层次的元素中进行两两比较，构造出比较判断矩阵。判断矩阵主要用来确定针对上一层次的某要素及本层次的相关要素的相对重要性。第三，判断矩阵的一致性检验。为了保证层次分析法得到的结果科学、合理，要对判断矩阵进行一致性检验。其检验方法是，计算每一个比较阵的最大特征根以及对应的特征向量，利用一致性指标如 CI 值等进行一致性检验。若检验通过，特征向量（归一化后）即为权向量；若不通过，需重新构建成对比矩阵。第四，层次排序。层次排序分为层次单排序和层次总排序两种。首先计算出某层次因素相对于上一层中某一要素的相对重要性，即为层次单排序；根据层次单排序计算出最低层次要素相对于目标层的相对重要性，即为层次总排序。第五，决策。通过层次总排序可获得方案层各要素对目标层的相对重要性系数，据此根据具体的指标值进行计算，从而获得决策的结果。

3. SWOT 分析法

SWOT 分析方法是一种企业内部分析方法，即根据企业自身的既定内在条件进行分析，找出企业的优势、劣势及核心竞争力所在。与其他分析方法相比较，SWOT 分析从一开始就具有显著的结构化和系统性的特征。SWOT 应用于企业产业选择分析可遵循以下步骤：确认当前企业当前的战略；分析企业所处的外部环境变化；根据企业的资源禀赋、技术状况以及制度特征确认企业的优势和劣势；列出企业的 SWOT 分析图或分析表；对企业目前的产业按照选定的标准进行评价并排序；对比企业的产业排序与 SWOT 分析图；确定企业的产业发展战略。

4. 威弗-托马斯组合指数模型

在威弗-托马斯组合指数模型的基础上发展起来的一种综合打分排序法是产业选择分析的一种较好的方法。该方法利用一定的指标，并赋予相应的权重，能够对被选择的产业进行打分排序，从而为产业选择提供参考。

5. 主成分分析法

在研究多变量问题时，太多的变量会增加计算量和分析的复杂性。因此，在分析多变量问题时希望用较少的变量，但这些变量要能够体现大量的信息。而主成分分析法正是利用降低维度的思想，将多指标转化为少数几个综合指标。以产业竞争力为例来说明，反映一个产业竞争力的指标有很多，因此衡量一个产业的竞争力必须采用多指标综合分析。所以，对产业竞争力分析从而做出产业选择时，主成分分析法是一种实用的工具。这种方法能够消除指标样本间的相互关系，在保持样本主要信息量的前提下，将各样本间具有相对较大差距的那些指标抽取出来，作为构建综合评价指标体系的元素，而将样本之间差距不大的那些指标加以排除，从而构建一个综合评价函数。这样，既排除了在指标选择和权重确定时的主观因素影响，又可以消除指标间相互重叠的信息影响，使定量分析涉及的变量较少，而得到的信息量又较多，使得综合评价结果科学、客观、合理。

6. 因子分析法

因子分析的基本目的就是用少数几个因子去描述许多指标或因素之间的联系，即将相关比较密切的几个变量归在同一类中，每一类变量就成为一个因子，以较少的几个因子反映原资料的大部分信息。因子分析法进行产业选择分析的一般步骤如下：明确企业发展战略，根据企业发展战略来确定企业产业选择分析的目的；根据企业产业选择分析目的以及相关的经济理论来建立产业分析指标体系；在指标体系内，结合企业实际的经营数据的可获得性对产业指标进行调整，并赋予各指标数值；利用现有软件，如 SPSS 等中的因子分析程序，对以上指标进行因子分析；对结果进行解释，并得出结论。

(三) 承接产业选择研究

自 20 世纪中期，产业转移背景下国家和区域经济发展问题的研究得到了高度重视。历经多年的发展，形成了一系列的理论成果，在这些理论成果中应用较多的是产业梯度理论，梯度理论表明区域间经济发展水平的梯度差异是产业转移发生发展的客观基础。关于产业梯度的计算，许多学者提出了不同的计算方法。戴宏伟 (2003) 用产业梯度系数表示一个地区的产业是处于产业梯度的顶端、中层还是底层，产业梯度系数主要由比较劳动生产率和区位商的乘积来表示。熊必琳等人 (2007) 改进了产业梯度系数，认为除了劳动生产率和专业化程度，资本产出程度也会影响到产业发展水平，产业梯度系数是以上三者的乘积。欧阳朝旭 (2009) 从产业集聚的角度建立静态和动态集聚系数来分析产业梯度，进而确定所承接的产业。产业转移是推进产业结构调整、加快经济发展方式转变的必然要求。当前，我国东部沿海地区产业向中西部地区转移步伐加快。

第四节 产业布局理论及文献

产业布局是指区域内工业中各个产业类型的分布状况。无论是整个国家和社会的进步，还是某个区域和城市的发展，工业都起着至关重要的作用，工业中各产业的布局和整体工业的布局又对工业经济的发展有着重要的影响，工业产业布局合理与否将关系着整个区域和社会的发展状况与趋势。

产业布局就一个国家或地区而言，是指各个产业及产业内的各部门在整个国土范围内的分布与组合。它包含以下几个方面的。第一，产业布局是各个产业在地域上的分布状况。各个国家或地区在一定的自然条件下和社会发展的历史进程中形成的产业分布，是指已经形成的各产业在地域空间上的分布状态，是已经实现的格局，是以往不同发展阶段产业布局规划实施的结果，是今后新的产业布局调整的依据和出发点之一。而新的产业布局又会反作用于既成的产业分布状况。产业分布状态是产业布局的基本含义之一，它包括各产业在各地区的不同发展水平、密集与分散程度，主要产业基地的位置及它们之间的空间距离，产业的各种构成要素在各地区的分别状态。第二，产业布局是产业的地域分工与协作关系，是各产业的地域组合。产业的发展不仅在某一地域形成独立的产业部门，而且各产业部门在发展中会形成一个综合体，各产业部门不仅仅是生产各种具体的产品，同时也生产着一定的社会关系。因此，社会生产的布局，不仅仅会引起产业在空间的变化，也必须引起生产关系、经济关系在空间的变化。正因如此，一国或地区在一定的自然条件下和社会发展的历史进程中形成的产业分布状态，就决定了一国或地区的地域分工与协作状态。也就决定了各地区间内在的经济联系和数量比例关系，在产业布局的研究中，对地区经济结构的考察，对经济协作区的划分等主要是从这一含义出发的。第三，产业布局是对产业在空间上的协调与组织。在生产社会化的条件下，一国或地区为了使社会再生产顺畅地进行，一方面，应通过资产的重组，使资产存量重新优化配置；另一方面，应对资产增量，即对总投资在各地区进行合理分配，并对重大项目的分布和企业建设地点的选择进行宏观调控，在地区专业化协作的基础上，考虑发展地区间的经济联合，这种使产业在空间上的协调与组织的动力，不管是来自市场、政府还是企业，实质上都是对产业的空间布局的一种协调与组织活动。在产业布局研究中，对地区间经济联合化的形式和途径的研究，对物流的研究，对企业的指向研究等都是从这一含义出发的。第四，产业布局是对产业的空间转移的战略部署和规划。一国或地区所处的自然条件和社会发展的进程总存在着差异，各地区产业的发展总是处于不平衡—平衡—新的不平衡的运动状态中。在社会发展的进程中，人民不是消极被动地去适应这种运动，而是积极主动地揭示产业布局的内在规律，并依此进行有意识、有目的的经济活动。因此，从生态系统、社会系统与经济系统可持续发展的产业发展根本目标出发，对产业的空间转移做出长远的规划部署，也是产业布局的基本含义之一。

总之，产业布局包含分布状态、地域分工与协作、协调与组织和战略部署和规划四个方面的内容。因此，产业布局既是一个静态的空间立体概念，又是一个动态的与时间相联系的过程。

一　国外理论

区位论的思想起源于17—18世纪政治经济学对区位问题的研究。当时一些学者试图阐明农业土地利用的类型。系统的区位理论形成于19世纪。1826年J.H.V.杜能发表的《孤立国对于农业及国民经济之关系》中，从经济地租出发研究，创立了农业区位论，为区位论中两个重要规律——距离衰减法则和空间相互作用原理的出现提供了基础，从而奠定了区位理论的基础。以后A.韦伯1909年发表的《工业区位论》、W.里斯塔勒和A.廖什分别于1933年和1940年创立的中心地学说等，进一步发展了区位理论。这一时期的区位论被称为"静态区位论"，包括在一定的假定前提下对影响生产分布的某个或某方面因素做抽象和孤立的分析，进行理论演绎的微观静态区位论；以及把贸易理论看作区位论的一部分，从区域整体的宏观角度出发，研究一般性的区域经济结构的宏观静态区位论。这种扩展了的区位论被称为空间经济学。第二次世界大战以后，研究者开始从区域整体出发，对影响工业布局的各种因素应用数理统计、投入—产出、线性规划等方法进行全面的综合分析，建立可用于实际的区域模型，发展成为"动态区位论"。20世纪70年代以来，区位论的研究中还引进了行为科学方法，把居住、采购、出行、娱乐、心理等因素也作为影响区位决策的重要因素。

地域生产综合体理论（Territorial Production Complex 简称 TPC）。TPC 是一种按照一定地域范围组织生产的理论。这一理论起于苏联，在20世纪六七十年代被介绍到美国、英国等西方国家。TPC 理论是关于在一定地域是以一定的专业化部门为核心，能够充分发挥专业化部门在整个地域的生产联系的生产地域经济体系的形成机制与过程的理论，这里，专业化部门是指具有全国意义和影响始终与区域以外其他区域的产业发生紧密联系的产业部门。地域生产综合体理论包括三个分支理论体系：生产结构理论、综合体内相互联系理论和动态理论。

企业迁移理论研究始于 Mclaughlin and Robock（1949），进入20世纪60年代以后，企业迁移理论得到了快速的发展，美国经济地理学者普雷德（A. Pred，1967）提出了行为决策矩阵并用其来解释企业的区位选择的最优化问题。Schmenner（1982）认为企业迁移的动力是区位推力和吸力的合力，推力又可以分为企业的内因所致和外部环境所致。Nakosteen 和 Zimmer（1987）将影响企业迁移的因素分为推力、拉力和阻力，三种因素的相互作用，决定了企业最终的区位选择。在以上多种企业迁移行为理论的影响下，从20世纪70年代开始，工业产业布局的研究开始转向行为因素和信息因素对产业布局的影响。

空间结构理论是一定区域范围内社会经济各组成部分及其组合类型的空间相互作用和空间位置关系，以及反映这种关系的空间集聚规模和集聚程度的学说。是在古典区位理论基础上发展起来的总体的、动态的区位理论。任何一个区域或国家，在不同的发展阶段，有不同特点的空间结构。完善、协调、与区域自然基础相适应的空间结构对区域社会经济的发展具重要意义。该理论的主要内容是：社会经济各发展阶段的空间结构特征，合理集聚与最佳规模，区域经济增长与平衡发展间的倒"U"形相关，位置级差地租与以城市为中心的土地利用空间结构,城镇居民体系的空间形态,社会经济客体在空间的相互作用,"点—轴"渐进式扩散与"点—轴"系统等。主要包括增长极理论、"点—轴"理论、核心与边缘理论和梯度推移理论四部分。空间结构理论在实践中可用来指导制定国土开发和区域发展战略,为地理学和区域科学的重要理论基础。

保罗·F. 克鲁格曼(Paul F. Krugman,1991)等一批经济学家在20世纪90年代得出工业产业布局得特点是:该地区某种产业类型布局的越多,在规模经济和集聚效益的影响下,该产业将会在该地区形成更多的集中。新经济地理理论对规模报酬递增、集聚效益和不完全竞争的考虑使之成了工业产业布局理论当中"新的经济理论前沿"。丹尼·F. 库(Danny. Quah,1999)提出,由于网络经济时代的到来,软件等高科技产业的布局会出现不同于以往产业布局理论中所论述的特征,对包括新经济地理理论在内的诸多产业布局理论提出了挑战,研究网络经济下产业布局尤其是新兴产业的布局将是工业产业布局理论新的发展方向。Y. Hani 等人(2007)将蚁群优化算法和局部搜索过程引入到了工业产业布局当中,对基于工业产业布局的二次分配问题提出了一个较好的解决模型,给出了一个工业企业在拥有大量候选布局地点的情况下找出最优布局地点的方案。由此可以看出数理模型在工业产业布局中的应用将是未来理论发展的一个重要趋势。

二 国内理论

20世纪70年代末80年代初,陆大道(1980)、陈栋生(1980)、胡序威(1980)、刘再兴(1982)、邬翌光(1983)等是改革开放后我国最早研究工业布局的学者。陆大道(1980)认为工业布局是"根据自然资源的分布特点及地区乃至整个国民经济发展的需要,确定工业企业、工业基地配置的地区"。工业布局就是研究区域内工业中各个产业类型的分布状况,动态上说就是各个产业根据生产要素、地理环境、区域政策而进行的自发的或者被引导式的分布与组合,形成整个区域工业的整体面貌的过程;胡序威(1980)也较早地对工业布局与交通、电力、水资源和城镇化建设的关系与相互配合问题做了探讨；陈栋生从 1980—1987 年短短几年的时间当中，就对工业布局的问题发表了二十多篇文章，对我国工业布局的历史经验、现状、改革途径与方法、方针政策、发展战略与发展趋势等方方面面作了详细而权威的研究，为我国早期的工业布局理论奠定了坚实的基础。

进入 20 世纪 80 年代中后期，理论的研究方向转向了区域产业布局和行业产业布局的问题上来，陈栋生（1987）、蔡序珩（1987）、李为（1987）、马云昌（1986）、陈福祥（1988）等学者分别对我国有色金属、钢铁、水泥、乳品及化工等行业在全国的产业布局和问题进行了研究，针对我国当时行业布局中存在的大中型企业大部分集中在内地和中西部的问题提出了合理的建议。陈泽洪（1985）、尹俊骅（1986）、冯宗宪（1987）、彭永岸（1987）、赵建新（1988）、张德昂（1988）等学者就省级区域为界限分别对我国四川、浙江、陕西、云南、新疆、山西等省和自治区范围内的工业布局进行了分析，对于各省级区域中工业产业的合理布局与规划提出了基于实际数据和区域理论的合理化方案。

从 20 世纪 80 年代末到 90 年代中期，在国内外先进的区域理论和我国城市化进程的影响下，工业产业布局理论有了两个新的发展方向，即探讨区域理论在工业布局中的应用和城市的工业布局问题。刘再兴（1988）、王至元（1988）、王新坚（1994）分别对梯度理论、"点—轴"理论在工业布局理论中的应用给予了研究，对这些理论在工业布局实践中的指导作用进行了探讨。李秉毅（1990）、邵永昌（1990）、马连玉（1991）、聂剑玉（1991）、郭柏林（1992）、戴礼昌（1992）等人对襄樊、南京、兰州、天津、上海、武汉等城市内部的工业产业分布进行了分析，就各城市的特有情况对不同城市的产业选择和分布规划做了研究。20 世纪 90 年代中期以后，工业布局理论呈现出五大研究方向：环境协调与工业布局、城市发展与工业布局、产业园区与工业布局、城镇化与工业布局、大区域开发与工业布局。20 世纪 80 年代刘再兴等人就环境协调与工业布局问题做出研究。随着我国目前经济的快速发展，环境问题日益严重，社会对环境的保护也日益重视，工业又是污染的主要源头，合理的工业布局是减少污染的重要手段，通常的原则是因地置业、环保先行、企业自律、公众监督。从80年代开始，我国各等级各类型的产业园区遍地开花，作为工业布局的新式载体，产业园区的政策、规模、类型、位置及配套设施是影响业布局的关键因素。90年代以来我国大规模的城镇化建设提上日程，城镇化与工业化紧密联系，城镇化的建设过程与工业布局也紧密相关，刘慧晏（2007）将工业布局与城镇建设协调发展归纳为要处理好三个方面的问题：气候因素问题、空间间隔问题和地下水保护问题。

从2000年国家西部大开发战略开始实施到振兴东北老工业基地的提出再到中部崛起的政策出台，从80年代沿海经济特区的开放到90年代的浦东新区、新世纪的滨海新区实施再到国家的综合改革配套试验区的出台，刘希宋（2003）就针对十六大提出的振兴东北老工业基地，提出这是"对工业布局进行调整优化的重大举措，为老工业基地经济振兴提供了良好的契机"。魏后凯（2008）指出在西部大开发过程中，首要面对的和必须面对的问题就是产业支撑问题。主导产业和特色产业的选择和布局是西部大开发中的重要难题，研究大区域开发与工业布局将成为我国工业布局理论研究的新方向。

近几年应用定量分析产业布局规划也是研究的热点，胡赛全、詹正茂（2012）研究了中国31个省市的战略性新兴产业发展战略规划、具体措施、组织保障和政策支持等问题；刘红玉等（2013）从战略性新兴产业的形成与发展提出了不同的产业布局模式，尤其是在新兴产业方面；李勃昕、惠宁（2013）选取自然资源禀赋条件、科研创新能力、产业基础水平、市场需求潜力、政策保障力度五个维度的十项指标建立了新兴产业选择与布局的评价指标体系，将产业发展条件与现实基础的耦合情况作为产业选择的根本出发点，站在国家层面进行合理布局，取得了较好的结果。

对于工业布局的研究，国内外理论的发展历史和发展趋势还是有很大的不同。国外理论发展除了针对当时社会经济发展的问题外，从韦伯到马歇尔再到克鲁格曼都特别重视纯理论性质的研究，对现实当中的问题都是先进行理论上的抽象研究。反观国内的研究，基本上都是基于现实发展中遇到的情况，然后进行理论性的研究，虽具有很强的时代性和现实指导意义，对工业布局纯理论的研究却有所不足，今后我国工业布局理论研究要积极地进行纯理论的探索，一些数理模型的引入将可能会为现实中的实际问题的解决提供潜在的方案。

我国对于产业布局战略的研究随时间推移逐步深入。从研究方法看，学者大多采取定性描述的方法和列举例证的方法（简单归纳法），缺乏系统的理论阐释和统计分析。在现有文献中，可以发现国内的研究多运用的是产业区位理论、比较优势理论、增长极理论、产业集群理论和"点—轴系统"理论，但从研究对象来看，涉及少数民族地区工业布局研究的比较少，鉴于此，本研究着眼于西北少数民族地区，具体分析其工业布局中存在的问题，在此基础上提出优化布局的对策和建议。

三 相关文献

（一）产业布局现状研究

吉敏全（2010）通过对青海省产业布局概况的研究和对产业布局进行经济功能适应性的评价，全面把握青海产业分布状况及存在问题，有针对性地加强薄弱环节，提出优化产业布局的建设性建议，进而引导青海产业布局的经济性规划。张倩男（2012）首先分析了我国高技术产业发展的区域布局特点；其次利用行业集中度分析我国高技术产业五大细分行业的布局特点；最后针对目前我国高技术产业布局存在的问题，提出相关政策建议。黄辉（2001）通过研究我国新中国成立以来产业布局政策不断演变的历史，分析了现阶段产业格局现状和趋势，从产业政策角度提出了西部大开发战略的必要性和紧迫性，实施"倾斜"产业布局政策对实现全民族的经济腾飞有着至关重要的意义。黄蕙萍、杨肖（2008）叙述了在中部崛起战略提出的背景下中部地区进行产业结构调整和产业布局优化的重要性，并运用2001年和2005年的数据计算中部六省 GDP 总量以及三次产业占 GDP 的比重，分析了中部六省三次产业布局的状况以及中部地区产业布局面临的困境和主要问题，最后在分析中部地区产业布局所具有的优势条件和面临的机遇的前提下对中部地区产业布局的优化提出了若干对策和建议。刘浩、傅利平（2012）从知识获取能力、知识学习能力、知识整合能力和知识创新能力 4 个维度对战略性新兴产业的发展与布局进行了研究；刘红玉等（2013）从战略性新兴产业的形成与发展提出了不同的产业布局模式，尤其是在新兴产业方面。

（二）产业布局指标体系构建研究

李梦觉（2008）根据对省级区域工业经济的全面分析，确定对工业竞争力从显示性竞争力和驱动力竞争力两个方面综合考虑，设计竞争力模型，利用 SPSS 统计软件，对各省工业竞争力进行了评价测定。汪若君、张效莉（2009）以可持续发展为原则，针对海岸带区域独特的经济、社会和资源环境特点，设计出产业布局评价指标体系；将指标体系运用到对上海市海岸带区域 6 个区县的实证分析上。王虎、夏自谦（2010）基于区位商法分析了北京市农业各行业的比较优势，研究了农业各行业在北京 13 个区县的比较优势，结合北京市经济主要模式、北京市的资源禀赋、区位条件，采用定性分析和定量分析相结合的方法，提出了北京市经济发展产业布局规划。陈仲常、丁加栋、郭雅（2010）通过计算 1952—2008 年我国工业总产值地区变异系数，发现我国工业布局经历了"均衡—非均衡—收敛"的变动趋势。利用 1980—2007 年省际面板数据研究了影响工业布局变动趋势的主要因素。刘涛等人（2010）在综合性、典型性、独立性、可比性和可操作性原则的指导下，从中心性、分布集中性、空间集聚性和耦合关联性 4 个维度构建了表征产业布局模式的综合指标体系，综合使用相关分析、聚类分析、因子分析、图谱分析等多元统计方法，结合定性分析，从 4 个维度分别归纳了其产业布局模式，进一步总结了单中心极度集中型、"中心—外围"均衡簇群型、点状散布型和人口依赖均衡型 4 种产业布局的综合模式。

（三）产业布局优化研究

刘文桂（2011）提出新中国成立以来，河南形成了具有地方特色的工业布局，现有布局既有现实合理性，又存在着一定的不足。优化河南工业布局，要服从全国产业分工，积极承接产业转移，促进工业集聚发展、梯度发展和"点—轴"开发，将有限的财力、物力和人力优先放在对解决全省发展起主要作用的关键产业、关键环节和见效最快、效益最高、带动力最大的地区。张德升（2009）阐明了广西北部湾经济区工业布局的基本现状，即"产业集群"、"一轴两廊"的"干字型工业布局"和"四群四带"，并在工业布局最优化理论基础的支撑下，根据区位、资源、环境等功能定位，具体提出了广西北部湾经济区工业布局的优化措施。李松志、冯安峰（2010）提出优化工业布局是鄱阳湖生态经济区发展的一个重要战略问题。从经济联系度的角度，分析了目前鄱阳湖生态经济区工业布局存在的问题，结合未来发展提出了工业优化布局的重点与格局，对推进鄱阳湖生态经济区建设意义重大。卢玉山（2005）研究新疆兵团工业布局调整优化对策，建议根据兵团经济社会发展的总体要求，兵团工业布局应坚持集中力量重点做好"一个中心、二大产业带和三大园区"的建设开发。姜玉砚（2012）指出产业布局的优化和资源型城市经济转型及城镇化是互促互进的良性互动关系。在对山西产业布局和城镇化的现状及问题的研究基础上，认为应该通过以"一核一圈三群"的"人"字形城镇化格局为依托，选择具有区位优势的主导产业优先发展；优化三次产业布局，升级调整三次产业之间和各产业内部结构；以产业链延伸为导向进行多元化发展，加快资源型经济平稳转型；强化开发区和产业集聚区建设，增强城镇化产业布局的合理推动力等路径优化山西产业布局。

第二章

西北少数民族地区经济空间结构演进及特点

由于区域经济空间结构的演变有明显的时间性和空间性,地理学研究的方法也可以研究区域经济学。利用 Arcview 来表达地理空间模型中包含的区域经济特征,直接利用大量数据借助软件制图,通过图形思维来观察和分析区域经济空间结构的演变。以县(市)域为空间的点要素来研究,假定研究的空间单元都为均质的区域。通过研究 1995 年以来新疆、宁夏和青海经济发展过程中,各个县(市)域经济空间结构变化,从整体上分析西北少数民族地区经济的空间变化和特点。

选取人均 GDP 作为经济结构的评价指标,因为人均 GDP 可以反映人均经济增长情况,能够比较充分地反映区域间差异的程度,并且可以从现行的官方统计资料中获取数据,保证数据的可信度和完整度。选取第二产业产值占国内生产总值的比重作为工业布局演变的评价指标。

第一节 新疆经济空间结构演变及特点

选取新疆各县(市)1995 年、2000 年和 2006 年的人均 GDP(人均国内生产总值)数据,由于新疆行政区划发生了一些变化,以 2006 年的行政区划为准,将各地级市市区和各(县)市作为独立的研究单元,共 87 个研究单元。数据来源于《新疆统计年鉴》。

在 Arcview 中把该研究对应的属性值(人均 GDP、第二产业产值/国内生产总值)与图形相结合,对其经济空间结构、工业布局进行研究,对整个新疆经济发展的状况进行分析,进而深入分析新疆经济空间结构的特点。

一 新疆经济空间结构的演变

进一步观察 1981—2010 年新疆各产业总量和比重的变化,如图 2-1 和图 2-2 所示,自 2000 年以来,各产业产值大幅提高,其中第二产业的产值最高,其次为第三产业,最小的是第一产业。从产业比重来看,1981—1991 年期间,第一产业比重最高,其次为第二产业,第三产业的比重最小,不到 20%。1991—2001 年期间,各产业的比重出现变化:第三产业的比重逐渐提高,至 2001 年达到最大值,超过第二产业,位居第一;同时,第一产业比重下降到 20%左右。2001—2010 年期间,第二产业的比重再次超过第三产业,位居第一,比重增加至 50%左右;第三产业的比重稳中有降,保持在 20%—30%;第一产业的比重也基本在 20%左右徘徊。

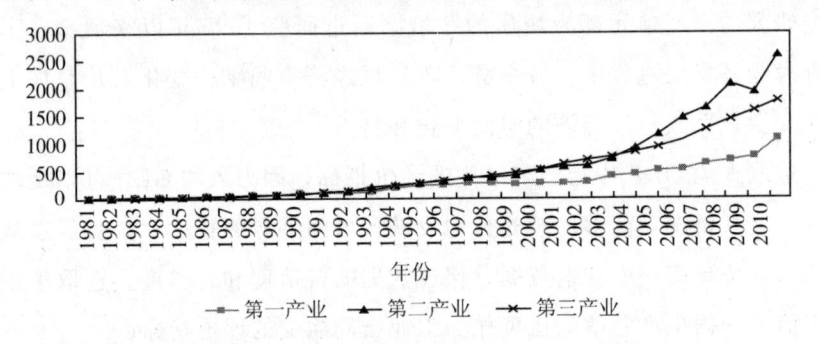

图 2-1 新疆维吾尔自治区 1981—2010 年各产业总量情况(亿元)

数据来源:《新疆统计年鉴(2011 年)》。

过程记述客体在 T_0,T_1,…,T_N 时的状况,即客体的时间结构。空间演变过程着眼于要素集合时空耦合的动态发展过程,研究它们沿时序轴的空间发生、发展、增长、扩散、演变过程,区域经济空间结构演变过程

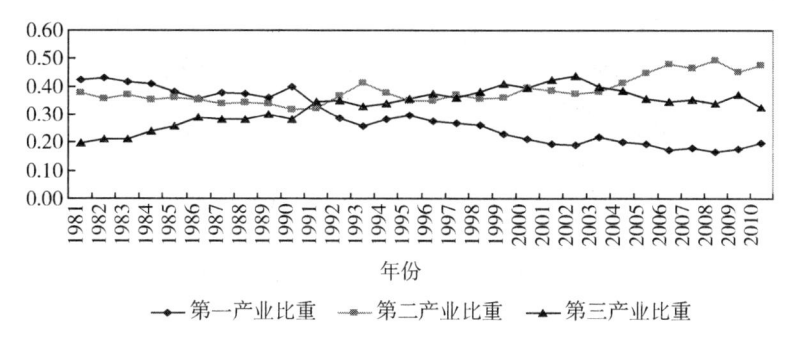

指区域经济活动的空间格局、空间联系在时间轴上的变化。

图 2-2　新疆维吾尔自治区 1981 年—2010 年各产业比重情况（％）

数据来源：《新疆统计年鉴（2011 年）》。

根据新疆维吾尔自治区 1995—2006 年历年各县（市）（包括地级城市的市区）人均国内生产总值（GDP），按全疆平均水平的 150％、100％、50％把各县（市）相对地划分为经济发达区、次发达区、欠发达区和落后区 4 种类型（见表 2-1）。

表 2-1　　　　　　　　新疆区域经济发展类型划分　　　　　　（单位：亿元）

区域类型	1995 年	2000 年	2006 年
发达区	[6336.74，30223]	[8930.44，42498]	[19717.7，96006]
次发达区	(4224.50，6336.74)	(5953.63，8930.44)	(13145.13，19717.7)
欠发达区	(2112.25，4224.50)	(2976.82，5953.63)	(6572.57，13145.13)
落后区	(1056，2112.25)	(1094，2976.82)	(2331，6572.57)

注：每对数字代表人均 GDP 范围，如 [19717.7，96006] 代表 2007 年经济发达地区人均 GDP 大于等于 19717.7 元而小于等于 96006 元。

如图 2-3 所示，总体上欠发达区构成全疆的基本经济空间格局，1995 年该类型的区域所占比例达到 44％，2000 年为 44％，2006 年下降为 37.7％。全疆经济发展水平空间差异较大，尤其是市区和县域经济之间，经济发达区集中在几个资源型城市克拉玛依市、库尔勒市、鄯善县及北疆的乌鲁木齐市、阜康市、乌鲁木齐县、呼图壁县、奎屯市，以及南疆的阿克苏市。2006 年新疆经济空间结构初现极化效应，以乌鲁木齐市、库尔勒市和克拉玛依市为中心的经济区开始显现，经济发达区或次发达的县域集中连片；天山北坡经济带作用加强。

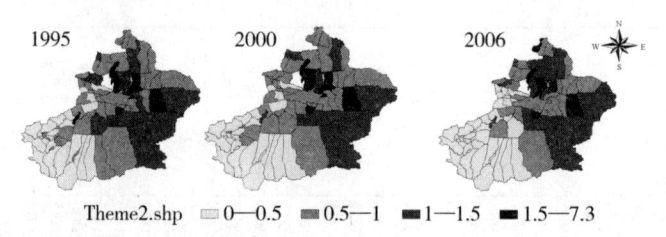

图 2-3 新疆经济空间结构演变（1995—2006 年）

20 世纪 90 年代以来，新疆经济空间结构在原有的经济高水平集聚区进一步加强；经济发展水平差距加剧，落后地区数量增加，且在和田地区、柯尔克孜自治州地区集中分布；阿克苏西部、伊犁地区经济衰退。目前，新疆经济空间结构已经形成了比较明显的中心—外围模式，形成了较明显的经济中心，其他周边地区成为外围地区。

二 新疆工业布局演变

根据新疆 1995—2006 年历年各县（市）（包括地级城市的市区）第二产业总产值占国内生产总值的比重来衡量地区工业化程度，分析新疆工业空间布局及其演变。

如图 2-4 所示，自 20 世纪 90 年代以来，新疆工业化程度（整体上）比较低，大部分县域第二产业产值比重小于 0.5%。工业化程度较高的地区主要是各个资源型城市及县，呈点状分布。随着工业化进程的加快，原来工业化程度高的地区进一步发展，并且向周边地区辐射，开始出现片状分布。工业化空间布局出现扩张的趋势，以原来工业化程度比较高的地区为中心，逐渐向相邻的县拓展，但有很大部分县域第二产业产值比重小于 0.5%。

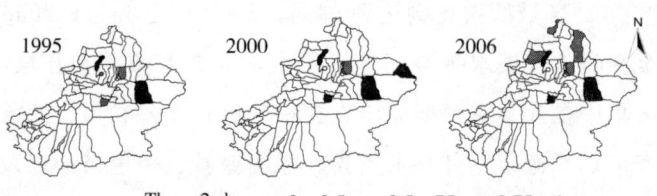

图 2-4 新疆工业化空间格局演变（1995—2006 年）

从上面的分析可知，新疆还处于工业化的初期阶段。在工业化的初期，矿产资源开发是区域发展的初始动力。矿产资源开发，可以直接增加收入，促进区域经济增长；可以吸引外部投资，改善交通运输、医疗卫生、公共服务等基础设施，为区域发展创造条件；可以通过前向、后向联系形成产业集群。随着区域经济发展的变化，各种矿产资源的重要性和经济意义会发生变化，将导致区域主导产业的变更，经济增长点的兴衰更替。因此，新疆矿产资源禀赋及其分布的空间差异是新疆经济空间结构形成和演变的决定因素之一。

如图2-5所示，2006年新疆工业行业中，工业增加值占前十位的行业依次是石油和天然气开采业、煤炭开采和洗选业、有色金属矿采选业、农副食品加工业、纺织业、食品制造业、饮料制造业、烟草制品业、黑色金属矿采选业、非金属矿采选业。这10个行业中石油和天然气开采业的工业增加值占全部工业增加值的73%。

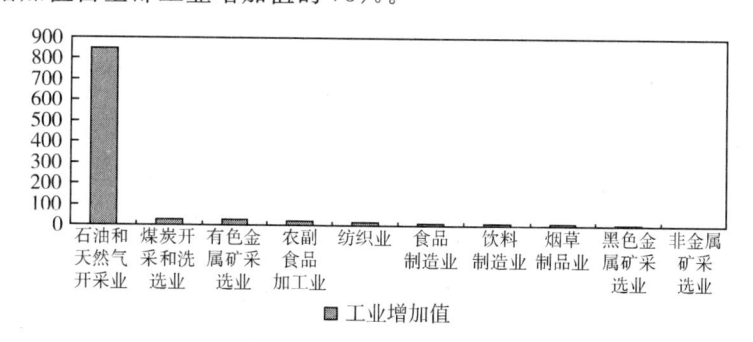

图 2-5 2006年新疆工业增加值的主要行业分布（亿元）

从以上分析可看出，自然资源空间分布及其开发对新疆工业经济增长起了重要作用，尤其是石油资源。因此，石油资源的空间分布和开发在一定程度上决定了新疆工业发展的空间差异。

三 新疆经济空间结构特点

根据经济空间结构理论，一个特定范围内的经济空间结构演变是与其经济发展的阶段密切相关的。我们以新疆维吾尔自治区辖18个城市为区域单元，依据新疆统计局编的《新疆统计年鉴》中的公开数据，使用

GDP 这一指标测算了 1996—2006 年期间各市经济总量及其在全疆经济总量中所占的比重的增减变化情况，可以看出用 GDP 总量反映的新疆范围内经济空间结构的演变特点如下（见图 2-6）：

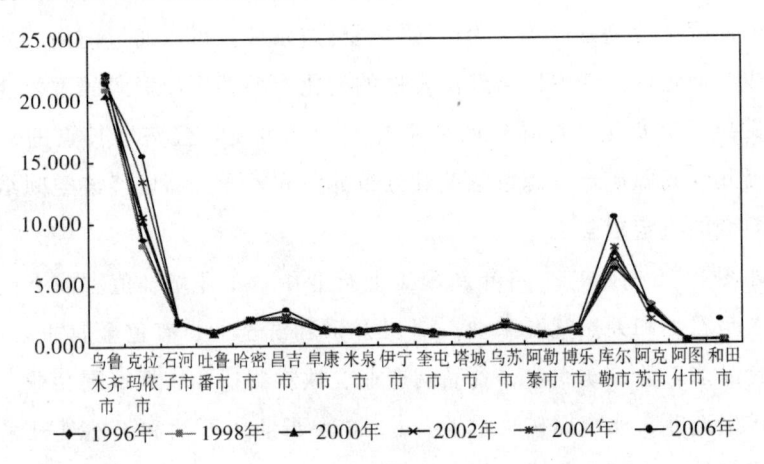

图 2-6　1996—2006 年期间各市经济总量及其在全疆经济总量中所占的比重的增减变化情况（%）

第一，经济要素在不同空间点之间重新配置。各市在全省 GDP 中所占的比重有升有降。克拉玛依市、昌吉市、库尔勒市 3 个城市比重上升；乌鲁木齐市、吐鲁番市、乌苏市、阿克苏市 4 个城市的比重略有下降。

第二，经济要素向少数空间点集聚，三大增长极初现。在 GDP 比重上升的 3 个城市中，克拉玛依市、库尔勒市是逐年上升的，而且升幅较大。克拉玛依市在全疆的比重大幅上升，提高了 6.8 个百分点；库尔勒市在全疆的比重提高了 4.2 个百分点；这两个城市显示了极强的要素吸引力和集聚能力。在近 10 年中，乌鲁木齐市、克拉玛依市、库尔勒市 3 个城市已在 18 个城市中成为新疆境内最具有活力的经济增长极。

第三，整个新疆经济出现多极核格局。"多极核"结构已经显现。在 2006 年乌鲁木齐市 GDP 占全疆的比重为 21.488%，克拉玛依市 GDP 占全疆的比重为 15.542%，库尔勒市 GDP 占全疆的比重为 10.352%。三大城市 GDP 总量占全疆的 47.382%。

第四，新疆经济发展水平的空间格局、工业化程度的空间差异与新疆矿产资源（特别是石油资源）的空间分布之间存在一定程度的关系。矿产资源的空间分布及其开发在新疆经济发展中发挥着重要的作用，主要矿产资源的空间分布和开发在一定程度上决定了新疆经济发展的空间差异。

研究表明，自1995年以来，工业经济增长是新疆经济增长的主要动力，工业发展的空间差异及其演变与新疆经济空间结构的演变存在着空间耦合关系，集聚效应对新疆经济增长具有推动作用。

按照弗里德曼等学者的研究，工业发展初级阶段的空间格局特点主要表现在：①强大的中心—外围阶段。在这一阶段，低水平经济空间均衡状态被打破，空间结构处于不稳定状态，大量企业家、知识分子、劳动力由外围地区向中心迁移，区域经济空间结构演变为中心—外围地区，社会经济发展不平衡。②以资源开发为主的工业发展迅速。矿产资源丰富、交通方便的地区，工业首先获得快速发展，成为区域的经济中心。经济中心进一步吸引大量流动人口在此聚集，使相关服务业得到发展，逐步成为城镇或工矿城市。新疆工业发展处于初期阶段，在这一阶段，若干封闭性的地方中心可能发展成为城市，也可能衰落或者发展缓慢。

新疆经济空间结构存在的问题有：第一，新疆各县（市）经济发展差距大，缺乏经济发展水平高、工业化程度高的县（市），不利于经济的集聚。第二，新疆经济发展水平较低、工业化程度较低的地区主要集中在南疆。第三，石油资源丰富的县（市）域发展水平相对较高，但沿边、沿线的经济发展水平和工业化程度都比较低。

因此，要加快新疆经济发展，必须对区域集聚效应给予充分的重视，要发挥各"点"的经济优势，形成区域经济增长的动力源，提高产业结构层次，强化集约开发。要对新疆工业内部结构进行调整，新疆重工业比重偏大，工业内部结构单一，主要是石油和天然气开采业、煤炭开采和洗选业、有色金属矿采选业等资源型工业，对产业结构进行提升，实现新疆经济空间结构升级的科学化和有序化。城市是区域发展的起点，同时也是区域经济的"极核",要选择发展较好和潜力较大的城市作为增长极,加强增长极点的投资,以点带线,以线带面。

第二节 宁夏经济空间结构演变及特点

选取宁夏各县(市)1995年、2000年和2005年的人均GDP(人均国内生产总值)数据,由于宁夏行政区划发生了一些变化,以2006年的行政区划为准,将各地级市和各(县)市作为独立的研究单元,共18个研究单元。其中惠农县1960年1月撤销,设立石嘴山市,1987年恢复建设。2003年12月31日,国务院批准(国函[2003]139号)撤销石嘴山市惠农县和石嘴山区,设立石嘴山市惠农区,以原惠农县和石嘴山区的行政区域为惠农区的行政区域。陶乐县民国建县到2003年撤县,现在是平罗县的陶乐镇(原陶乐县大部)。数据来源于《宁夏统计年鉴》。

在Arcview中把该研究对应的属性值(人均GDP、第二产业产值/国内生产总值)与图形相结合,对其经济空间结构、工业布局进行研究,对整个宁夏经济发展的状况进行分析,进而深入分析宁夏经济空间结构的特点。

一 宁夏经济空间结构演变

首先,从图2-7中可以看出全国的三大产业变动的过程中,自1981年到2010年第二产业产值所占全国生产总值的比重一直都是最大的。其次,第三产业产值所占全国生产总值的比重由1981年的22%增加到1985年的28.67%,即超越了第一产业在1985年的28.44%。也是从这一年开始,第三产业产值每年都呈现着快速的增长趋势。并且第三产业产值不断向第二产业产值靠近,两者之间的差距缩小,第三产业产值逐渐超越第二产业产值,为现代服务业成为主导产业而做铺垫。由于第一产业所存在的特性,当经济发展水平越高、发展速度越快,第一产业产值占全国生产总值比重不断下降。

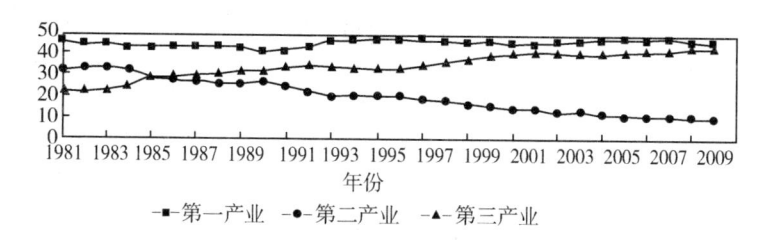

图 2-7 全国三大产业比例（%）

数据来源：《中国统计年鉴（2011 年）》。

在图 2-8 中可以看出，宁夏三大产业变动过程非常频繁。1981—1984 年，宁夏三大产业产值所占比重的结构为"二一三"与该时期的全国三大产业变动情况相一致；1985—1996 年，宁夏三大产业产值所占比重的结构改变为"二三一"；1997—2003 年，宁夏三大产业产值所占比重的结构改变为"三二一"；2004—2010 年，宁夏三大产业产值所占比重的结构又改变为"二三一"。宁夏三大产业波动幅度很大。2009 年，第一产业产值所占比重仅为 9.40%；2008 年，第二产业产值所占比重为 50.67%。第三产业产值所占比重曾经超过第二产业产值所占比重。

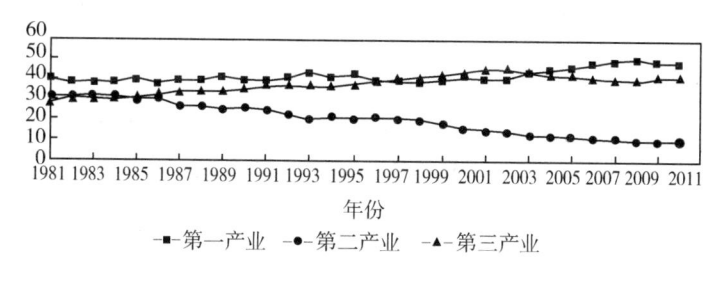

图 2-8 宁夏三大产业比例（%）

数据来源：《中国统计年鉴（2011 年）》。

根据宁夏回族自治区 1991—2005 年历年各县（市）（包括地级城市的市区）人均国内生产总值（GDP），按全自治区平均水平的 150%、100%、50% 把各县（市）相对地划分为经济发达区、次发达区、欠发达区和落后区 4 种类型（见表 2-2）。

表2-2　　　　　　　　宁夏区域经济发展类型划分　　　　　　（单位：亿元）

区域类型	1991年	1996年	2001年	2005年
发达区	[1834.14, 3708.6]	[4662.48, 9462.69]	[7275.96, 12779]	[13303.51, 26661.04]
次发达区	(1225.43, 1838.14)	(3108.45, 4662.68)	(4850.64, 7275.96)	(8869.03, 13303.51)
欠发达区	(612.7, 1225.43)	(1554.23, 3108.45)	(2425.32, 4850.64)	(4434.50, 8869.003)
落后区	(295, 612.7)	(657.82, 1554.23)	(1013, 2425.32)	(2220.03, 4434.50)

注：每对数字代表人均GDP范围，如[13303.51, 26661.04]代表2005年经济发达地区人均GDP大于等于13303.51元而小于等于26661.04元。

如图2-9所示，20世纪90年代以来，宁夏经济空间结构在原有的经济高水平集聚区进一步加强；经济发展水平差距加剧，落后地区数量增加，且在银北地区集中分布。目前，宁夏经济空间结构已经形成了比较明显的两极分化形式，经济水平较高的地区集中在银南。银南地区形成了较明显的经济中心，中心—边缘结构明显，其他周边地区成为外围地区。

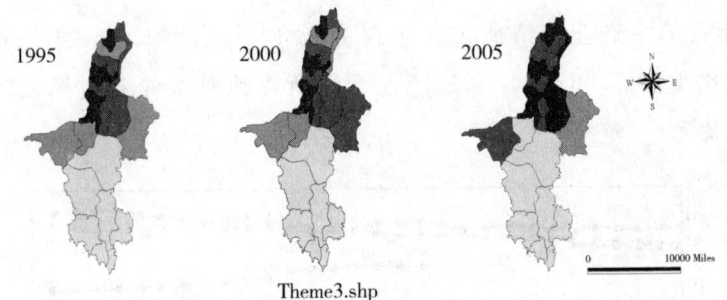

图2-9　宁夏经济空间结构演变（1995—2006年）

总体上落后区构成全区的基本经济空间格局，1995—2000年该类型的区为7个，所占比例达38.9%。全区经济发展水平空间差异较大，尤其是市区和县域之间，经济发达区集中在银南的几个资源型城市即石嘴山市、青铜峡市和省会银川市。2005年宁夏经济空间结构初现极化效应，以石嘴山市、青铜峡市、银川市和灵武为中心，经济发达区或次发达的县域集中连片，银南经济带作用加强。

二 宁夏工业布局演变

根据宁夏1995—2006年历年各县（市）（包括地级城市）第二产业总产值占国内生产总值的比重来衡量地区工业化程度，分析宁夏工业空间布局及其演变。如图2-10所示，20世纪90年代以来，宁夏工业化程度（整体上）比较低，1995年除了石嘴山和青铜峡（分别是0.69、0.62）工业生产总值占生产总值的比例大于0.5外，其他各县、市第二产业产值比重小于0.5。工业化程度较高的地区主要是资源型城市及县，点状分布。随着工业化进程的加快，原来工业化程度高的地区进一步发展，并且向周边地区辐射，开始出现片状分布。工业化空间布局出现扩张的趋势，以原来工业化程度比较高的地区为中心，逐渐向相邻的县拓展，2000年工业产值占总产值大于0.5的地区增加到4个，即石嘴山、灵武、盐池和青铜峡，其中盐池工业生产总值占总产值的比重高达0.76，但有很大部分县域第二产业产值比重小于0.5。与2000年相比，2005年宁夏各地区除了盐池的工业总产值下降0.3外，其余各地区的变化不大。

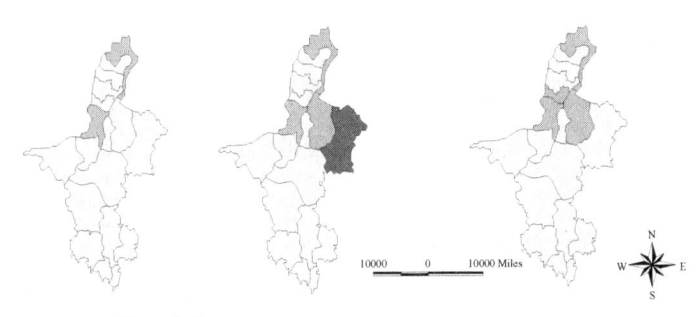

图2-10 宁夏工业化空间格局演变（1995—2006年）

从上面的分析可知，宁夏还处于工业化的初期阶段。石嘴山市是一座因煤而建、因工而兴的城市，建市以来，工业一直在全区经济发展中居于领先地位。青铜峡市拥有青铝集团、金昱元化工集团、大坝发电公司和青铜峡水泥集团。灵武矿产资源极其丰富：尤以煤炭、石油和天然气最为可观,煤炭储量为273亿吨,"西气东送"管线穿境而走,最新探明天然气储量8000亿立方米,1997年12月被自治区纳入宁夏经济核心区范围,2001年2月被规划为全区的能源重化工基地盐池是宁夏石油探明最多的县级市。已探明石油储量为4500万吨。

如图2-11所示,2005年宁夏工业行业中,工业增加值占前十位的行业依次是电力、蒸汽、热水的生产和供应业、有色金属冶炼及压延加工业、化学原料及化学制品制造业、煤炭采选业、石油加工及炼焦业、毛纺织业、黑色金属冶炼及压延加工业、造纸及纸制品业、橡胶制品制造业、通用设备制造业,这10个行业中矿业的工业增加值占全部工业增加值的70%。

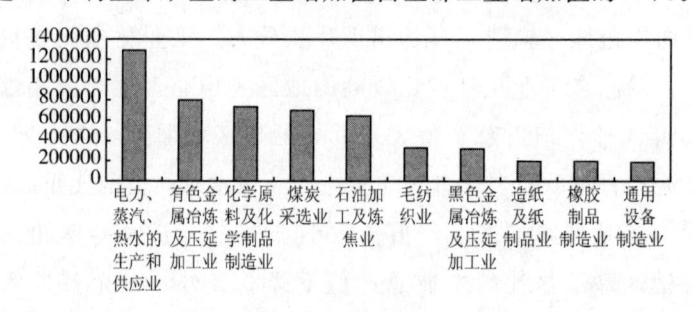

图2-11 2005年宁夏工业增加值的主要行业分布(亿元)

从以上分析可看出,自然资源空间分布及其开发对宁夏工业经济增长起了重要作用,尤其是天然气、煤炭等资源。因此,自然资源的空间分布和开发在一定程度上决定了宁夏工业发展的空间差异。

三 宁夏经济空间结构特点

根据经济空间结构理论,一个特定范围内的经济空间结构演变是与其经济发展的阶段密切相关的。我们以宁夏回族自治区辖18个城市为区域单元,依据宁夏统计局编的《宁夏统计年鉴》中的公开数据,使用GDP这一指标测算了1995—2005年期间各县、市经济总量及其在全区经济总量中所占的比重的增减变化情况,从图2-12中可以看出用GDP总量反映的宁夏区域内经济空间结构的演变特点如下:

第一,经济要素在不同空间点之间重新配置。各市在全区GDP中所占的比重有升有降。银川市、石嘴山市、灵武县3个县、市的比重略有上

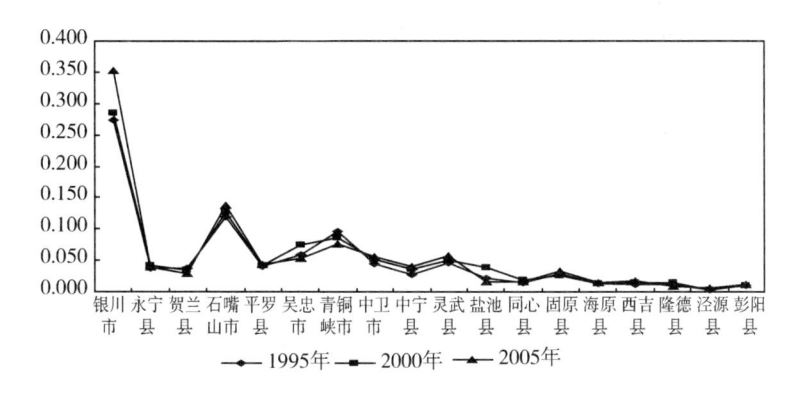

图 2-12 1995—2005 年期间各市经济总量及其在全区经济总量中
所占的比重的增减变化情况

升。青铜峡市、盐池县和隆德县的比重有所下降。

第二，经济要素向少数空间点集聚，四大增长极初现。在 GDP 比重较大的 4 个城市中，银川市、石嘴山市、灵武市是逐年上升的，而且升幅较大。这 4 个城市显示了极强的要素吸引力和集聚能力。在近 10 年中，银川、石嘴山、青铜峡 3 个城市已成为宁夏境内最具有活力的经济增长极。

第三，整个宁夏经济出现块状经济。"块状"结构已经显现。宁夏地区南北经济分布状况明显，经济较发达地区均集中在银南地区，且都是资源型城市，矿产资源丰富；而较落后地区均集中在银北地区，工业产值低，产业结构主要以农业为主。

第四，宁夏经济发展水平的空间格局、工业化程度的空间差异与宁夏矿产资源（特别是煤、天然气、石油资源）的空间分布之间存在一定程度的关系。矿产资源的空间分布及其开发在宁夏经济发展中发挥着重要的作用。但同时资源枯竭城市面临转型问题，不利于宁夏经济的可持续发展。

研究表明，自 1995 年以来，工业经济增长是宁夏经济增长的主要动力，工业发展的空间差异及其演变与宁夏经济空间结构的演变存在着空间耦合关系，集聚效应对宁夏经济增长具有推动作用。

要加快宁夏经济发展，必须对区域集聚效应给予充分的重视，要发挥各"点"的经济优势，形成区域经济增长的动力源，提高产业结构层次，强化集约开发。要对宁夏工业内部结构进行调整，宁夏重工业比重偏大，工业内部结构单一，主要是天然气开采业、煤炭开采和洗选业、有色金属矿采选业等资源型工业，对产业结构进行提升，实现宁夏经济空间结构升级的科学化和有序化。城市是区域发展的起点，同时也是区域经济的"极核"，要选择发展较好和潜力较大的城市作为增长极，加强增长极点的投资，以点带线，以线带面。

第三节 青海经济空间结构演变及特点

选取青海各县（市）1995年、2002年和2010年的人均GDP（人均国内生产总值）数据，由于青海行政区划发生了一些变化，以2010年的行政区划为准，将各县（市）作为独立的研究单元，共43个研究单元（由于1995年范崖行委、大柴旦镇、冷湖镇、班玛县、甘德县、达日县和久治县数据缺失，故1995年只有36个研究单元）。数据来源于《青海统计年鉴》。

如图2-13所示，"八五"时期，全省GDP年均递增7.6%，"九五"时期，经济增长速度加快，全省GDP年均增长速度达8.7%，"十五"期间，全省GDP年均增长速度高达12%；2010年全省地区生产总值1350.43亿元，比上年增长15.3%，增速为30年来最高。

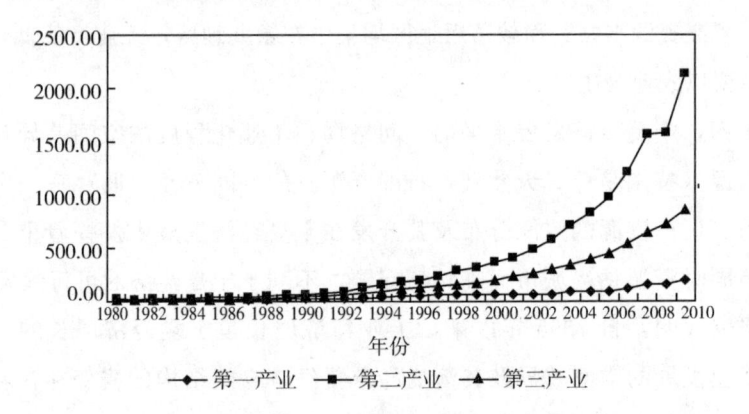

图2-13 1980—2010年青海各年份三产业产出值（亿元）

数据来源：《青海统计年鉴（2011年）》，中国统计出版社。

如图2-14所示，20世纪90年代以来，青海一、二、三产业增加值占生产总值的比重：一产呈逐年下降态势，从 1990 年的 25.3% 下降到 2007 年的 10.6%；二产呈逐年上升态势，由 1990 年的 38.4% 上升到 2007 年的 53.3%；三产呈先增后降态势，由 1990 年的 36.3% 上升到 2002 年的 43.7%，之后又逐年下降。

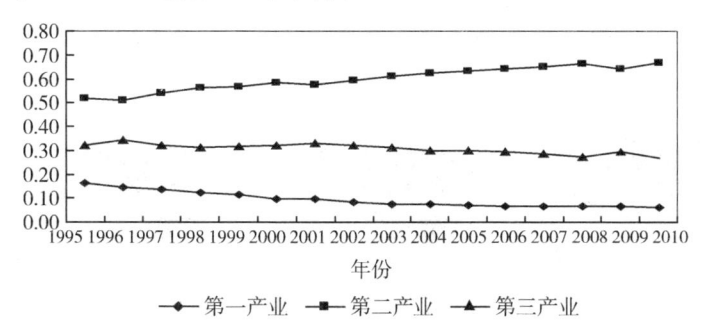

图 2-14 1995—2010 年青海三产业比重（%）

数据来源：《青海统计年鉴（2011 年）》，中国统计出版社。

一 青海经济空间结构演变

根据青海 1995 年、2002 年、2010 年各县（市）（包括地级城市）人均国内生产总值（GDP），按全省平均水平的 150%、100%、50% 把各县（市）相对地划分为经济发达区、次发达区、欠发达区和落后区 4 种类型。

表 2-3 青海区域经济发展类型划分 （单位：亿元）

区域类型	1995 年	2002 年	2010 年
发达地区	[3332.96, 8886.25]	[10709.18, 53080.78]	[46274.46, 187120.7]
次发达地区	[2221.98, 3332.96]	[7139.457, 10709.18]	[30849.64, 46274.46]
欠发达地区	[1110.99, 2221.98]	[3569.728, 7139.457]	[15424.82, 30849.64]
落后地区	[212.53, 1110.99]	[2078.099, 3569.728]	[3905.471, 15424.82]

注：每对数字代表人均 GDP 范围，如 [3332.96, 8886.25] 代表 1995 年经济发达地区人均 GDP 大于等于 3332.96 元而小于等于 8886.25 元。

根据相关数据计算结果如图 2-15 所示，1995 年，青海的发达地区有 7 个，分别是格尔木市、海晏县、天峻县、西宁市、天俊县、河南县、尖扎县和德令哈市；次发达地区有 8 个，分别是玛多县、玛沁县、同仁县、泽库县、同德县、贵南县、大通县和共和县；欠发达地区有13个，分别是平安县、都兰县、兴海县、曲麻莱县、乐都县、互助县、治多县、乌兰县、民和县、湟源县、贵德县、湟中县和循环县；落后地区有8个，玉树县、杂多县、化隆县、称多县、囊谦县、刚察县、祁连县和门源县。所占比例分别是19.4%、22.2%、36.1%和22.2%，全省经济发展水平空间差异较大。

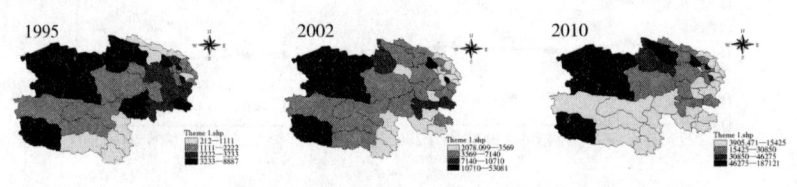

图2-15 青海经济空间结构演变（1995—2010年）

2002年，全省的基本经济空间格局为：发达地区有4个，分别是茫崖行委、大柴旦镇、格尔木市和尖扎县；次发达地区有4个，分别是海晏县、德令哈市、河南县和玛沁县；欠发达地区有18个，分别是天俊县、西宁市、共和县、祁连县、刚察县、平安县、杂多县、同仁县、大通县、冷湖镇、玛多县、曲麻莱县、治多县、都兰县、泽库县、久治县、兴海县和贵南县；落后地区有17个，分别是互助县、同德县、乐都县、循环县、乌兰县、门源县、班玛县、贵德县、湟源县、民和县、甘德县、称多县、湟中县、达日县、囊谦县、化隆县和玉树县。所占比例分别是9.3%、9.3%、41.9%和39.5%，经济发达区集中在海西州。

2010年，青海发达地区有6个，分别是冷湖镇、茫崖行委、格尔木市、天峻县、海晏县和西宁市；次发达地区有4个，分别是德令哈市、乌兰县、大柴旦镇和尖扎县；欠发达地区有11个，分别是玛沁县、平安县、祁连县、湟中县、共和县、大通县、兴海县、河南县、刚察县、都兰县和贵德县；其余22个县为落后地区。所占比例分别是13.95%、9.3%、25.6%和51.2%。经济发达区集中在海西地区，海西经济区作用加强。

20世纪90年代以来，青海经济高水平集聚区主要分布在海西州，与其他地区经济发展水平差距加剧。落后地区集中在玉树、果洛、黄南和海东地区。目前,青海经济空间结构已经形成了比较明显的两极分化形式。

二 青海工业布局演变

对大多数产业特别是制造业而言,在具有产业竞争力的地方,总是存在一定形态的产业集聚。从各个区域产业演化的过程来看,产业并非在所有的地区均匀地发展,总是聚集在某一个特定的地区范围内发展和壮大,其企业在一地集聚、转移和重新集聚,从而形成一定的产业集聚区。根据青海1995—2010年历年各县(市)第二产业总产值占国内生产总值的比重衡量地区工业化程度,分析青海工业空间布局及其演变。从图2-16可知,自1995年以来,青海各县(市)工业产值占国内总产值的比例逐年增加,工业成为拉动地区经济增长的主要产业。

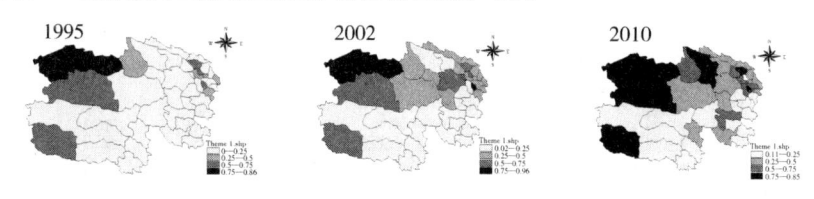

图 2-16 青海工业化空间格局演变(1995—2010 年)

20世纪90年代以来,青海工业化程度(整体上)比较低,1995年除了大通县、格尔木市、西宁市和尖扎县工业生产总值占生产总值的比例大于0.5%外,其他各县、市第二产业产值比重小于0.5%。工业化程度较高的地区也是资源丰富的地区,从图中2-16可看出这些地区呈点状分布。2002年工业产值占总产值大于0.5%的地区有7个,即共和县、格尔木市、西宁市、大通县、尖扎县和州直辖地区(大柴镇、冷湖),其中冷湖工业生产总值占总产值的比重高达0.96%,但有很大部分县(市)第二产业产值比重小于0.5%。2010年青海各地区工业产值占总产值大于0.5%的地区增加到14个。随着工业化进程的加快,工业化程度高的地区增多,从图2-16中可看出呈片状分布。工业空间布局出现扩张的趋势,以原来工业化程度比较高的地区为中心,逐渐向相邻的县拓展。

2010年青海工业行业中,从图2-17可知工业增加值占前7位的行业依次是有色金属冶炼及压延加工业,化学原料及化学制品制造业,石油和天然气开采业,电力、热力的生产和供应业,煤炭开采和洗选业,石油加工、炼焦及核燃料加工业,黑色金属冶炼及压延加工业。这7个行业中矿业的工业增加值占全部工业增加值的82.23%。黑色金属、有色金属等自然资源空间分布及其开发对青海工业经济增长起了重要作用。青海矿产资源大部分分布在高寒高海拔地区,地质环境十分脆弱,资源的开发不可避免地伴随着环境的破坏和污染,地质环境一旦破坏则难以恢复。

研究表明,1995年以来,工业经济增长是青海经济增长的主要动力,工业发展的空间差异及其演变与青海经济空间结构的演变存在着空间耦合关系。经济要素集聚效应对青海经济增长具有推动作用。

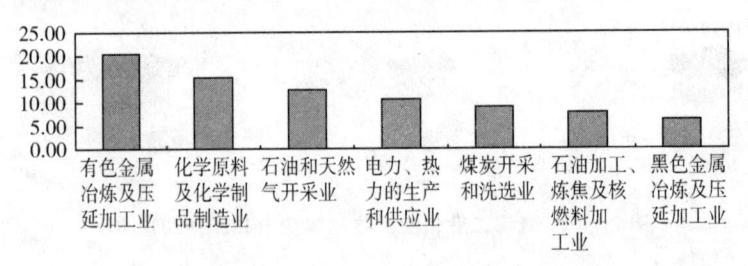

图 2-17　2010年青海工业生产总值主要行业分布(%)

从以上分析可看出,1995—2010年青海经济空间结构演变特点为:

第一,矿产资源开发是青海经济增长的主要动力。青海经济发展水平的空间格局、工业化程度的空间差异与青海自然资源的空间分布存在一定程度的关系。矿产资源的空间分布及其开发在青海经济发展中发挥着重要的作用,主要矿产资源的空间分布在一定程度上决定了青海经济发展的空间差异。资源型城市同时也面临生态环境保护问题,不利于青海经济的可持续发展。

第二,整个青海缺乏多极的经济增长点。青海经济较发达地区集中在海西地区,矿产资源丰富;选取经济较发达的县,建立海东、海北、黄南、海南、果洛及玉树地区的经济增长点,经济要素需在不同空间点之间配置，吸引生产要素的集聚，带动周围地区经济发展。

第三，青海草场面积大，畜牧业是优势产业。但从图 2-15 和图 2-16 可看出，畜牧业为主导产业的地区均为落后地区，未能发挥牧业的优势。如何合理利用好这些地区的自然资源，促进经济发展，提高农牧民收入，缩小地区发展差距，应该是重点思考的问题。

第四，青海各县、市人口密度较低。人口规模导致市场规模小，消费水平和消费结构较低。城镇分布较分散，不利于第一、第三产业的发展，如何做好城镇规划，集中连片居住，扩大城镇规模，提高城市化水平，是促进青海平衡发展的基础。

因此，要加快青海经济发展。第一，必须对区域集聚效应给予充分的重视，要培养经济增长点，发挥各"点"的经济优势，形成区域经济增长的动力源；第二，提高产业结构层次，强化集约开发。要对青海工业内部结构进行调整，青海重工业内部结构单一，对产业结构进行提升，实现青海经济空间结构升级的科学化和有序化；第三，优化产业结构。发挥传统畜牧业优势，改良品种，深化产业链，提高附加值；合理开发民族文化产业、旅游业，提高第三产业比重。第四，注意区域均衡发展，特别是经济发展策略的研究。

第三章

西北少数民族地区产业结构演进分析

产业结构是在一定历史条件与特定环境的产物。因此,研究产业结构的演变必须进行历史和环境的分析。我国的产业结构的演变过程中,由于受到我国工业化二元结构、经济体制、技术水平、工业化道路、自然条件和国际环境诸多因素的制约,经历了独特的历程,根据我国产业结构演变过程中的工业化的阶段性、经济体制和产业政策的变化,我国产业结构的演变可分为三个阶段:第一阶段,经济恢复和产业结构初建时期(1949—1957年)。旧中国留给我们的是一个带有明显的半殖民地半封建特征的产业结构,具体表现在:产业结构的工业化程度极低,包括手工业在内的工业产值,也只占工农业总产值的30%,现代化工业基础薄弱,生产资料工业只占工业总产值的26.4%;工业结构残缺不全,带有严重的半殖民地倚外性质;二元经济结构现象严重,发展很不平衡。从经济结构看,一、二、三产业产值结构约为58.5∶25.9∶15.6。针对旧中国残缺不全的产业结构,经过三年恢复期后,"一五"时期集中力量进行了以156个项目为中心,694个限额以上项目组成的工业建设,开始以工业化和重工业化的启动来推动我国产业结构的发展,1957年农轻重比例为43.3∶31.2∶25.5,工业总产值开始超过农业,为我国社会主义工业化奠定了初步基础。第二阶段,产业结构重型化时期(1958—1978年)。从1956年完成社会主义改造到1979年进行城市经济体制改革,这一时期我国处在高度集中的计划管理体制时期,产业结构的演变在"以钢为纲",优先发展重工业,以及独立自主、自力更生的经济政策的指引下,经历了曲折的发展道路。从1958年起开始了"大跃进",到1960年,重工业比重高达66.6%,达到历史最高峰,农轻重比例变成21.8∶26.1∶52.1,产业结构严重失调。国民经济遇到了严重的困难,从1961年起不得不开始实行"调整、巩固、充实、提高"八字方针,把农业放在首位,先农业后工业,在工业建设中,先轻后重,先生产后基建,同时采取了压缩积累、缩短基建战线、精简职工、压缩城市人口,实行"关、停、并、转"等一系列重大举措,工业生产1966年才恢复到1960年的水平,农业到1963年恢复并超过1959年的历史最高水平。农轻重开始同步增长,到1965年农轻重的比重为37.3∶32.3∶30.4。正当产业结构开始新的发展之时,1966年,"文化大革命"又开始了新一轮的重工业孤军深入,加之"三线"建设的过猛发展,国家经济再次承受了沉重的压力,产业结构又一次严重失衡,到1979年农轻重比重为24.8∶32.4∶42.8。第三阶段,产业结构转入协调发展时期(1979年至今)。1978年年底,党的十一届三中全会提出把党的工作重心转移到社会主义现代化建设上来。1979年4月召开的中央工作会议正式提出了对整个国民经济实行"调整、改革、整顿、提高"的方针,开始调整产业结构的重大比例关系。从1979年开始,我国产业结构开始由重型结构向轻型结构倾斜,即实行工业由重工业为主导向优先发展轻工业的转变,第三产业进入历史上最快增长时期。到1985年农轻重比重相对稳定在34.4∶31.2∶34.4的水平。从1985年开始,产业结构进入向高级化演进时期,在这一时期,国家在宏观经济管理上,产业政策成为调整产业结构和实现产业结构优化的基础政策和主要手段,促进了产业结构主要比例关系的协调发展。1988年与1978年相比,三次产业产值结构由28.4∶48.6∶23演变为18∶49.2∶32.8,第三产业得到了较快的发展。

产业结构是衡量区域经济发展的重要指标,作为以往经济增长的结果和未来经济增长的基础,成为推动经济发展的主要因素。产业结构同经济发展相互作用,这种变动主要表现为产业结构由低级向高级演进的高度化和产业结构横向演变的合理化。鉴于产业结构对经济增长的重要影响作用,对产业结构的分析和研究也越来越受到许多国家的重视。偏离份额分析模型是一种定量研究方法,能准确地评价经济运行成效,被广泛运用于产业结构演进对区域经济增长影响的分析研究。

产业结构是指生产要素在各产业部门之间的比例构成和它们之间相互依存、相互制约的关系,即一个国家或地区的能源、资源、财富劳动力在国民经济各产业之间的分配形态及其相互作用的方式。产业结构的演进是区域经济增长的主要推动力,反过来区域经济的增长也会促进该区域产业结构的演进。配第·F.克拉克分析了劳动力在三次产业中的分布规律,他认为:随着经济的发展,劳动力先由第一产业转向第二产业,再由第二产业转向第三产业;第一产业人口比重不断地减少,而第二、第三产业人口不断地增加。美国经济学家库兹涅茨提出:随着时间的推移,第一产业的国民收入在整个国民收入中的比重与该产业中劳动力相对比重都呈现出不断下降的趋势;第二产业的国民收入相对比重和劳动力相对比重是不断上升的;第三产业的劳动力相对比重,几乎在所有国家都呈上升趋势,但国民收入的相对比重并非与之同步。钱纳里认为:在工业化初级阶段,轻工业特别是纺织业、食品业处于重要地位,生产要素密集程度以劳动密集型为特征;进入后工业化、重工业化阶段,是以资本密集型、技术密集型为主。这一阶段,经济飞速发展,经济发展在完成工业化任务而进入到发达经济后,增速出现回落现象。德国经济学家霍夫曼认为工业内部的产业结构演进规律是:先从以轻工业为主导地位转向以重工业为主导;重工业发展中从以原料、采掘工业为主导转向以加工业组装制造业为主导。许多国内外学者研究集中于产业结构变动的影响因素,比如外资、贸易、制度、技术、区域要素等对产业结构演进的作用及其传导机制,演进模式与路径及产业结构演进的理论探讨等。

采用实证分析方法,主要从时间序列的纵向比较方法,即以1981—2010年的三大产业产值各占总生产值的比例,划分产业结构的演进阶段。

以偏离份额模型分析产业结构中三大产业的优劣程度和竞争力水平,分析改革开放以来产业结构变化与区域经济增长的关系。

偏离份额分析法(Shift - Share Method)是以一定时期内国内生产总量年增长率为基准,分别测算区域经济按全国平均增长率可能形成的假定份额,将这一假定份额与区域实际增长率进行比较,分析区域经济增长相对于全国平均水平的偏离情况。该方法是把区域经济发展看成一个动态的过程,将区域经济总量在一段时间内的变动分解为三个分量:份额分量(The National Growth Effect)、结构偏离分量(The Industrial Nix Effect)和竞争力偏离分量(The Shift Share Effect)。以此说明该地区产业部门结构是否优化,是否具备自身竞争力,并依据标准找出具备竞争力优势的产业部门,在今后的发展中重点扶持和发展该产业。

符号说明:

E ……表示全国 GDP

e ……表示区域 GDP

E_{j0}($j=1,2,3$)……表示全国三次产业在基期的增加值

E_{jt}($j=1,2,3$)……表示全国三次产业在末期的增加值

e_{j0}($j=1,2,3$)……表示区域三次产业在基期的增加值

e_{jt}($j=1,2,3$)……表示区域三次产业在末期的增加值

r_j($j=1,2,3$)……表示区域第 j 产业基期至末期的变化率

G_j($j=1,2,3$)……表示区域基期至末期每个产业的增长量

R_j($j=1,2,3$)……表示全国第 j 产业基期至末期的变化率

N_j($j=1,2,3$)……表示三次产业的份额分量

P_j($j=1,2,3$)……表示三次产业的结构偏离分量

D_j($j=1,2,3$)……表示三次产业的竞争力偏离分量

$(P+D)_j$……表示总偏离,即区域的实际增长与份额增长之间的差值

相关公式:

$$R_j = E_{jt} \div E_{j0} - 1 \quad (j=1,2,3) \qquad (3-1)$$

$$r_j = e_{jt} \div e_{j0} - 1 \quad (j=1,2,3) \qquad (3-2)$$

$$G_j = e_{jt} - e_{j0} \quad (j=1,2,3) \qquad (3-3)$$

$$N_j = e_{j0} \times R_j \quad (j=1, 2, 3) \quad (3-4)$$

$$P_j = e_{j0} \times (E_{jt} \div E_{j0} - E_t \div E_0) \quad (j=1, 2, 3) \quad (3-5)$$

$$D_j = e_{j0} \times (r_j - R_j) \quad (j=1, 2, 3) \quad (3-6)$$

$$G_j = N_j + P_j + D_j \quad (j=1, 2, 3) \quad (3-7)$$

$$G = N + P + D \quad (j=1, 2, 3) \quad (3-8)$$

$$N = \sum e_{j0} \times R_j \quad (j=1, 2, 3) \quad (3-9)$$

$$P = \sum e_{j0} \times (E_{jt} \div E_{j0} - E_t \div E_0) \quad (j=1, 2, 3) \quad (3-10)$$

$$D = \sum e_{j0} \times (E_{jt} - E_{j0}) \quad (j=1, 2, 3) \quad (3-11)$$

$$(P+D)_j = P_j + D_j \quad (j=1, 2, 3) \quad (3-12)$$

模型含义：

全国份额分量——N_j，表示该区域第 j 产业从基期到末期以全国该产业的增长率得到的增长量。N_j 为正则表示区域第 j 产业的实际增长率高于全国平均水平，反之则结果相反。

产业结构偏离分量——P_j，表示从基期到末期将全国第 j 产业的增长与全国所有产业的增长进行比较，说明区域产业部门比重与全国该部门比重差异引起的该部门增长相对于全国标准产生的偏差，偏差越大，说明该产业部门对经济总量增长的贡献越大，即 P_j 越大。

竞争力偏离份额——D_j，表示区域与全国相比在某一产业上具有比较竞争优势。若 $D_j > 0$，则说明 j 部门竞争力对经济增长的作用越大，产业竞争力越强；反之 $D_j < 0$，则结果相反。

总偏离——$(P+D)_j = P_j + D_j$，表示区域第 j 产业的实际增长与全国经济增长的总偏差。

第一节 新疆产业结构演进分析

选取 1981—2010 年全国三大产业的国内生产总值和新疆维吾尔自治区三大产业的国内生产总值作为研究数据。

一 产业结构演进分析

新疆 1981—1990 年、1991—2000 年、2001—2010 年各产业呈现出清晰的分层,前期十年的改革开放不完全,导致计划经济仍占总体地位;中间十年为市场经济逐渐成形的时期,这一时期新疆的经济逐渐落后于东部地区的发展水平;最后十年,由于国家西部大开发力度的加强,新疆的经济经历了一次快速发展。为了更清楚准确地表示和分析出新疆产业结构演进的过程,分别对 1981—1990 年、1991—2000 年、2001—2010 年的经济数据进行计算并得出如下表格。

(一) 计算结果

表 3-1　1981—1990 年全国 GDP 增长率和增长量及其他各个产业增长率和增长量　　(单位:亿元)

	增长率 r_j	增长量 G_j	全国增长率 R_j	基期 0	全国份额分量 N_j	结构偏离分量 P_j	竞争力偏离分量 D_j
一	313.38%	78.91	224.60%	25.18	70.91	-14.36	22.35
二	271.51%	60.79	242.16%	22.39	63.06	-8.84	6.57
三	526.44%	62.33	446.95%	11.84	33.34	19.57	9.41
合计	340.06%	202.03	281.63%	59.41	167.31	-3.63	38.33

资料来源:根据《中国统计年鉴(2011 年)》和《新疆统计年鉴(2011 年)》数据计算得出。

表 3-2　1991—2000 年全国 GDP 增长率和增长量及其他各个产业增长率和增长量　　(单位:亿元)

	增长率 r_j	增长量 G_j	全国增长率 R_j	基期 0	全国份额分量 N_j	结构偏离分量 P_j	竞争力偏离分量 D_j
一	157.63%	176.32	179.75%	111.86	397.66	-196.59	-24.74
二	397.81%	429.59	400.49%	107.99	383.90	48.58	-2.89
三	363.38%	421.74	427.65%	116.06	412.59	83.74	-74.59
合计	305.93%	1027.65	355.50%	335.91	1194.15	-64.27	-102.22

资料来源:《中国统计年鉴(2011 年)》和《新疆统计年鉴(2011 年)》,根据统计数据计算得出。

表 3-3　2001—2010 年全国 GDP 增长率和增长量及其他各个产业

增长率和增长量　　　　　　　（单位：亿元）

	增长率	增长量	全国增长率	基期 0	全国份额分量	结构偏离分量	竞争力偏离分量
	r_j	G_j	R_j		N_j	P_j	D_j
一	274.37%	790.51	156.85%	288.12	766.05	-314.14	338.60
二	351.66%	2018.24	278.86%	573.91	1525.91	74.49	417.81
三	180.62%	1137.12	290.17%	629.57	1673.90	152.92	-689.69
合计	264.54%	3945.87	265.88%	1491.6	3965.86	-86.73	66.72

资料来源：《中国统计年鉴（2011 年）》和《新疆统计年鉴（2011 年）》，根据统计数据计算得出。

(二) 结果分析

1. 全国份额分量

从表 3-1 可以看出，1981—1990 年，新疆第一产业的增长率为 313.38%，第二产业的增长率为 271.51%，第三产业的增长率为 526.44%，全国平均增长率 281.63%，从中可以看出新疆地区的国内生产总值的增长相比较全国来说比较快，也就是说经济处于快速增长期。从表 3-2 可以看出，1991—2000 年，第一产业、第二产业和第三产业的增长率分别为 157.63%、397.81%、362.38%，除第一产业外，其他两个产业都快于全国总的增长率 355.50%，根据配第·克拉克定理和库兹涅茨法则说明的三个产业之间的关系，说明了当时新疆地区产业结构正在发生改善，第三产业和第二产业都得到了相应的发展，第一产业的发展出现了下降，新疆国内生产总值的增量低于全国份额偏离分量，说明新疆产业结构虽然得到了优化，但是其经济增长速度逐渐变缓。从表 3-3 可以看出，2001—2010 年这十年期间，除第三产业为 180.62%，第一、第二产业的增长率分别为 274.37% 和 351.66%，都要高于同时期全国增长率 265.88%。

2. 产业结构偏离分量

从表 3-1 我们可以看出，新疆产业结构偏离份额总量为 -3.63 亿元，表明产业结构很不合理。从三大产业来看，第一产业的产业结构偏离份额为 -14.36 亿元，说明新疆第一产业的产业结构有待进一步发展，发挥其自身优势；第二产业结构偏离份额为 -8.84 亿元，也是为负，说明新疆地区第二产业结构不合理,有待于进一步发展;第三产业结构偏离份额为19.57亿元,产业结构偏离份额为正,第三产业对新疆的贡献最大。从表3-2中我们可以看出新疆产业结构偏离份额总量为-64.27亿元,数据为负,表明新疆地区产业结构不合理,并且与上一个时期比较,其偏离幅度还有扩大的趋势。从三大产业方面来看,第一产业结构偏离份额为-196.59亿元,表明在该时期新疆第一产业结构不合理,并且相对于上一时期其偏离份额有明显的扩大;第二产业结构偏离份额为48.58亿元,说明第二产业贡献比较大,并且相对于上一时期有明显的提高,第二产业优势渐显;第三产业结构偏离份额为83.74亿元,表明第三产业贡献很大。从表3-3中我们可以看出,新疆产业结构偏离分量为-86.73亿元,产业结构不合理,但与上一时期相比较其偏离幅度明显下降,产业结构正在进一步的优化。从三大产业方面来看,第一产业的产业结构偏离份额为-314.14亿元,依然为负,并且相对于前两个时期其偏离幅度出现了扩大,第一产业结构依然不合理;第二产业结构偏离份额为74.49亿元,贡献为正,并且与前两个时期相比较,高于前两个时期,第二产业的结构优势进一步发挥;第三产业结构偏离份额为152.92亿元,与前两个时期相比又有了进一步的上升,贡献越来越大。

3. 区域竞争力偏离分量

从表3-1中,在1981—1990年这个时间段,新疆地区第一、第二和第三产业的区域竞争力偏离份额分别为22.35亿元、6.57亿元、9.41亿元,都是大于零的,产业竞争力比全国要强一些,在竞争中处于较为有利的地位。从表3-2中,在1991—2000年之间,新疆地区的区域竞争力份额发生了变化,第一、第二和第三产业区域竞争力份额分别为-24.74亿元、-2.89亿元、-74.59亿元,都是小于零,各项产业竞争力水平低于全国水平。从表3-3中,在2001—2010年这个时期内,新疆地区的区域竞争力偏离份额又发生了新的变化,第一产业和第二产业的区域竞争力偏离份额分别为338.60亿元、417.81亿元,均大于零,说明在全国来说其竞争优势明显;其第三产业区域竞争力偏离份额为-689.69亿元,竞争力相对于全国来说十分弱。

二 新疆产业结构演进过程中存在的问题

（一）总体产业结构演化过程存在的问题

新疆经济增长率与全国增长率相比较，逐步地下降；新疆产业结构偏离份额总量在1981—1990年的时期内为-3.63亿元，在1991—2000年的时期内为-64.27亿元，在2001—2010年的时期内为-86.73亿元，新疆产业结构不合理；新疆竞争力偏离份额分量在1981—1990年的时间段内为38.33亿元，在1991—2000年的时间段内为-102.22亿元，在2001—2010年的时间段内为-66.72亿元，新疆产业竞争力明显下降，波动十分剧烈。

（二）第一产业结构不合理，竞争力不稳定

第一产业结构份额分量由1981—1990年的-14.36亿元，降至1991—2000年的-196.59亿元，在2001—2010年产业结构偏离份额为-314.14亿元，新疆第一产业结构一直恶化；其竞争力偏离份额在上述三个时期内分别为22.35亿元、-24.74亿元和338.60亿元，第一产业结构变化波动幅度较大，竞争力不稳定。

（三）第二产业增长速度缓慢

第二产业的产业结构偏离份额分量在1981—1990年为-8.84亿元，在1991—2000年为48.58亿元，在2001—2010年为74.49亿元，新疆第二产业结构偏离份额分量在逐步上升，但是幅度不大，说明在这段时期内，第二产业发展的困难很大；第二产业的竞争力偏离份额在1981—1990年为6.57亿元，在1991—2000年为-2.89亿元，在2001—2010年为417.81亿元，新疆第二产业竞争力增长迅速，但是出现了严重的波动。

（四）第三产业贡献率上升，但竞争力下降

新疆第三产业结构偏离份额分量在1981—1990年为19.57亿元，在1991—2000年为83.74亿元，在2001年—2010年为152.92亿元，对新疆经济增长的贡献很大；新疆第三产业竞争力偏离份额分量在1981—1990年为9.41亿元，在1991—2000年为-74.59亿元，在2001—2010年为-689.69亿元。新疆第三产业竞争力份额一直下降。

三 产业结构优化的对策建议

（一）提高第一产业竞争力

第一要重视水利方面的建设，新疆地区属于干旱半干旱地区，水资源十分缺乏，这也是新疆第一产业发展的最大障碍之一，要重视和建设大中型和重点小型水库，做好灌溉区的建设工作，大力发展节水灌溉项目，提高水资源的利用效率。第二，要重视农业生产科学化，加大农业科技投入，重点扶持一系列农业科研机构，对农民进行科普宣传，使其掌握先进的农业生产方法。第三，在加强农业生产的硬件和软件服务的同时，需要做好农村剩余劳动力转移工作，提高劳动力边际生产率。

（二）促进第二产业稳定发展

新疆第二产业属于粗放式产业，主要从事矿产品的开采。首先国家应加强第二产业的投入，进行科技支持和资金支持，加快其转型，由粗放式增长转为集约型发展。其次，新疆自身也应加强投资，以市场为导向、企业为主体、政府为主动力，发展最具有潜力的产品，以科技创新、金融创新和企业家的激励机制创新为支撑，大力扶持优势产业、优势企业、优势产品，促进第二产业的升级。

（三）大力发展第三产业

大力发展第三产业，提高第三产业投资效益。抓住我国加入世界贸易组织和西部大开发的机遇，采取多种多样的方式高效率地利用国内外资金，实现第三产业特别是服务业发展的新突破，扶持和发展金融保险、旅游、房地产、社会服务和信息咨询等行业，提高第三产业对新疆地区的经济增长的贡献率，最终成为新疆经济发展的主体。

第二节 宁夏产业结构演进分析

从各产业产值占全国总值的比重来看，1981—2010 年第二产业产值占全国生产总值的比重一直都是最大的。第三产业产值占全国生产总值的比重由 1981 年的 22% 增加到 1985 年的 28.67%，超越了第一产业在 1985

年的 28.44%。也是从这一年开始,第三产业产值每年都呈现着快速的增长趋势。第三产业产值不断向第二产业产值靠近,两者之间的差距缩小,第一产业产值占全国的生产总值不断下降。宁夏三大产业变动过程非常频繁,在1981—1984年里,宁夏三大产业产值所占比重的结构为"二一三",与该时期的全国三大产业变动情况相一致;在1985—1996年里,宁夏三大产业产值所占比重的结构改变为"二三一";在1997—2003年里,宁夏三大产业产值所占比重的结构改变为"三二一";在2004—2010年里,宁夏三大产业产值所占比重的结构又改变为"二三一"。宁夏三大产业变动波动幅度很大。宁夏三大产业变动过程中,2009年第一产业产值所占比重仅为9.40%,2008年第二产业产值所占比重为50.67%。

一 宁夏产业结构演进分析

（一）划分宁夏产业结构演进的阶段

将宁夏的产业结构演进过程划分为三个阶段,第一阶段,即1981—1990年。第三产业所占比重增加,替代了原先在第二位的第一产业,宁夏的产业结构,由"二一三"调整为"二三一"。第二阶段,即1991—2000年。第三产业所占比重增加,替代了原先在第一位的第二产业,宁夏的产业结构由"二三一"调整为"三二一"。第三阶段,即2001—2010年。第二产业所占比重增加,替代了原先在第一位的第三产业,宁夏产业结构由"三二一"调整为"二三一"。

（二）各阶段偏离份额模型分析结果

下列计算结果均由相关数据计算所得,具体如下:

表 3-4　　　　1981—1990 年宁夏三大产业的偏离份额模型分析结果

（单位:亿元,%）

产业	a'_{ij}	r_{ij}	R_j	N_{ij}	P_{ij}	D_{ij}	S_{ij}	G_{ij}
一	5.55	2.08	2.25	12.47	-0.19	-0.91	-1.10	11.37
二	8.03	2.64	2.42	19.45	-2.57	1.49	-1.08	18.37
三	3.83	3.55	4.47	17.14	5.12	-4.58	0.534	17.68
总计	17.41	8.27	9.14	49.06	2.36	-4	-1.64	47.42

数据来源:根据《宁夏统计年鉴(1997年)》《宁夏统计年鉴(2011年)》《中国统计年鉴(2011年)》数据计算所得。

表 3-5　　1991—2000 年宁夏三大产业的偏离份额模型分析结果

(单位：亿元，%)

产业	a'_{ij}	r_{ij}	R_j	N_{ij}	P_{ij}	D_{ij}	S_{ij}	G_{ij}
一	17.60	1.57	1.8	31.64	0.54	-4.06	-3.51	28.13
二	29.99	3.37	4.00	120.13	-8.91	-17.55	-26.46	93.66
三	24.18	3.89	4.28	103.40	8.24	-10.18	-1.94	101.45
总计	71.77	8.83	10.08	255.17	-0.13	-31.79	-31.91	223.24

数据来源：《宁夏统计年鉴（2011 年）》《中国统计年鉴（2011 年）》。

表 3-6　　2001—2010 年宁夏三大产业的偏离份额模型分析结果

(单位：亿元，%)

产业	a'_{ij}	r_{ij}	R_j	N_{ij}	P_{ij}	D_{ij}	S_{ij}	G_{ij}
一	48.56	2.21	1.57	76.17	1.73	31.72	33.45	109.62
二	152.37	5.09	2.79	424.88	-45.96	313.09	267.14	692.02
三	136.52	3.62	2.90	396.13	44.62	109.81	154.43	550.56
总计	337.45	10.92	7.26	897.18	0.39	454.62	455.02	1352.20

数据来源：《宁夏统计年鉴（2011 年）》，《中国统计年鉴（2011 年）》。

(三) 结果分析

第一阶段，1981 到 1990 年，第一产业产值增长率为 208%，低于同期全国第一产业产值增长率 225%；第二产业产值增长率为 264%，高于同期全国第二产业产值增长率 242%；第三产业产值增长率为 355%，低于同期全国第三产业产值增长率 447%。宁夏第一产业、第二产业和第三产业的地区份额分量分别为 12.47 亿元、19.45 亿元、17.14 亿元；其产业结构偏离分量：第一产业为 -0.19 亿元，第二产业为 -2.57 亿元，第三产业为 5.12 亿元；其竞争力分量：第一产业为 -0.91 亿元，第二产业为 1.49 亿元，第三产业为 -4.58 亿元；总偏离分量：第一产业为 -1.10 亿元，第二产业为 -1.08 亿元，第三产业为 0.534 亿元。在这一阶段中，宁夏凭借着其丰富的煤炭等矿产资源优势为支柱的第二产业拥有较强的竞争力，推动宁夏经济快速增长，增速高于全国第二产业的增速。

第二阶段，1991 到 2000 年，第一产业产值增长率为 157%，低于同期全国第一产业产值增长率 180%；第二产业产值增长率为 337%，低于同期全国第二产业产值增长率400%；第三产业产值增长率为389%，低于同期全国第三产业产值增长率428%。宁夏第一产业、第二产业和第三产业的地区份额分量分别为31.64亿元、120.13亿元、103.40亿元；其产业结构偏离分量：第一产业为0.54亿元，第二产业为-8.91亿元，第三产业为8.24亿元；其竞争力分量：第一产业为-4.06亿元，第二产业为-17.55亿元，第三产业为-10.18亿元；总偏离分量：其第一产业为-3.51亿元，第二产业为-26.46亿元，第三产业为-1.94亿元。在这一阶段中，宁夏三大产业产值增长率均低于全国水平，而且其实际增长量也低于全国平均水平的增长量。第二产业虽然仍以煤炭资源产业为支柱产业，但其竞争能力已经明显下降。第二产业内部结构不合理，竞争力差，制约了宁夏经济的增长。

第三阶段，2001到2010年，第一产业产值增长率为221%，高于同期全国第一产业产值增长率157%；第二产业产值增长率为509%，高于同期全国第二产业产值增长率279%；第三产业产值增长率为362%，高于同期全国第三产业产值增长率290%。宁夏第一产业、第二产业和第三产业的地区份额分量分别为76.17亿元、424.88亿元、396.13亿元；其产业结构偏离分量：第一产业为1.73亿元，第二产业为-45.96亿元，第三产业为44.62亿元；其竞争力分量：第一产业为31.72亿元，第二产业为313.09亿元，第三产业为109.81亿元；总偏离分量：第一产业为33.45亿元，第二产业为267.14亿元，第三产业为154.43亿元。2000年国家提出"西部大开发"政策，2003年"科学发展观"的思想，宁夏依靠政府的资金和政策的支持，三大产业全部实现高速增长，高于全国三大产业的增长率。宁夏三大产业的竞争力大大的提高，推动了宁夏经济快速增长。宁夏第三产业具有较好的产业结构，继续保持对其经济总量的积极推动作用，第一产业的产业结构明显的优化，第二产业的产业结构调整没有效果。

二 宁夏产业结构存在的问题

（一）第一产业结构存在的问题

第一产业结构调整优化程度小幅提高，产业竞争力增强，但其发展水平相对滞后、发展速度缓慢。从偏离份额模型分析结果来看,第一产业的结构偏离分量由第一阶段的-0.19亿元,到第二阶段的0.54亿元,再到第三阶段的1.73亿元,说明第一产业的结构调整正逐步趋向优化、合理,虽然只是一点一点地缓慢改变。而竞争力偏离分量方面,第一产业由第一阶段的-0.91亿元,到第二阶段的-4.06亿元,再到第三阶段的31.72亿元,显示第一产业竞争力大幅度地增强。主要原因为:(1)大多数农户生产经营的农产品多样且分散,种植规模小,没有形成特色农产品品牌以及集中统一的规模发展方式。(2)农户的生产、管理方式较为落后,导致农产品的收成低、效益低、抵抗风险能力低和竞争力低。(3)农产品产销体系落后,即农产品在保鲜、包装、储运、销售的四大环节上发展不完善,且它的加工工业发展滞后,初级产品转换为加工品的增加值较低,比例不协调。

(二)第二产业结构存在的问题

第二产业结构调整的步伐滞后,产业竞争力呈现波折增长。从产业结构偏离分量上看,宁夏第二产业的结构优化程度始终都是负值。即第一阶段为-2.57亿元,第二阶段为-8.91亿元,第三阶段为-45.96亿元,这说明该产业的结构调整面临巨大的压力,使该产业的结构难以达到调整优化的目的,不断制约宁夏经济的增长。从竞争力分量上看,宁夏第二产业由第一阶段的1.49亿元,到第二阶段的-17.55亿元,再到第三阶段的313.09亿元,宁夏第二产业竞争力经历着较大幅度的波动,且该产业的竞争力正步入最高值,并成为宁夏三大产业中竞争力最强的支柱产业。主要原因为:1. 宁夏的矿产资源中煤炭储量占有相对大的优势,所以以煤炭为主要原料生产形成的产业成为宁夏工业发展的支柱。因此,像这样以资源优势形成的产业实现结构优化面临困难。2. 宁夏工业研究开发的能力不足,且产品创新能力差、技术含量低。3. 工业结构的滞后导致它的资源利用效率低,从而形成"高能耗、高污染、低效益"的局面。4. 第二产业中的产业聚集程度较低,大型企业集团非常少。

(三)第三产业结构存在的问题

第三产业拥有结构优势,但其产业竞争力不足。首先,宁夏第三产业的结构偏离分量由始至终都保持正值,并且在第三阶段其结构偏离分量为 44.62 亿元,是三大产业中最高的。该产业拥有较高的产业优势,对经济总量增长贡献巨大。其次,宁夏第三产业的竞争力分量在第一阶段为 -4.58 亿元,第二阶段为 -10.18 亿元,第三阶段为 109.81 亿元,产业竞争力增强。第三产业中绝大多数都属于新型小型服务业,服务水平和整体规范程度还不是很高,竞争力的增加幅度不大。主要原因为:①宁夏的商业餐饮、交通运输、批发零售等传统服务业中小型企业占比重较大;邮电通信、金融服务、保险等基础性服务业以及信息咨询、科研开发、旅游、新闻出版、广播电视等新兴服务业占比重不高。②新兴小型服务企业缺乏规模效益,发展水平不高、服务功能弱、服务领域窄、不够规范。

三 优化宁夏产业结构的对策建议

(一)加强第一产业发展的措施

结合宁夏地区农业生产条件,根据因地制宜的指导思想,将宁夏全区按照其地区优势和农业特色划分区域特色农业。努力培育奶产业、清真牛羊肉、马铃薯、枸杞、设施蔬菜和灌区优质粮食等农产品,打造具有高质量、好口碑、纯绿色的地区著名农产品品牌。

建立农业龙头企业,发展现代化农业。首先,政府利用政策和资金对龙头企业进行重点扶持,指导企业的技术改进、创新,产业升级和扩大规模。其次,龙头企业将特色农业组织为统一、集中的大规模生产方式,并利用其先进的生产管理技术,提高农产品的收成、效益,增强产品的竞争力。

完善农产品产销体系,发展农产品深加工工业,增加农产品附加值。首先应当积极地完善农产品产销体系,对保鲜、包装、运输和销售四大环节进行改善,简化农产品的流通环节,使农产品品质得到保证,降低农产品的价格。其次是通过发展农产品深加工工业,将初级农产品加工为更具有价值的产品,延伸农业产业链条,最终实现农业经济总量的增长,提高第一产业的比重。

（二）优化第二产业发展的措施

对工业产品结构调整。一是对发展低能耗、低排放、高效益的"两低一高"工业，以一定的政策优惠，提高它们调整积极性。二是走新型工业化道路，发展循环经济。首先，低加工工业可以在技术上加以改进，以节约能源，减少污染。其次，对那些拥有产品链条较长、经济实力较强的企业，如有色、冶金、电力、煤炭、石化、建材等重化工行业可以倡导它们发展循环经济。

创建工业产业园区，加快工业优化升级的步伐。将工业企业集中到一起，优化配置资源，以及节约生产成本。利用合作研发和创新或者引进先进技术等手段，增强产业园区的创新研发能力，通过技术扩散的方式，推进产业园区产业结构优化升级。

研发新型能源利用技术，提高能源利用效率。开发绿色能源如风能、太阳能、水能、地热能等的利用，改变以煤炭为主的单一能源消费结构，提高宁夏能源利用率。

（三）推进第三产业发展的措施

完善服务业产业结构，加强新兴服务业的发展，提高服务业整体发展水平。一是对新兴的金融服务、物流、旅游等服务业，利用现代化的经营方式和高新技术的投入加快这些服务业的发展，提高服务水平。二是以工业产业园区为中心，大力发展生产性服务业。三是提高传统服务业的服务质量。如商业餐饮、批发零售等。实行规模化经营，统一规范。对交通运输、邮电和仓储则实行竞争经营，提高自身服务水平和质量。

建立服务业龙头企业，创造地区服务业的品牌企业。扶持具有较好条件的企业，通过引进技术和创新来提高自身服务水平，形成具有多元品牌拥有先进服务与管理技术的大型集团，推动宁夏第三产业的发展。

第三节　青海产业结构演进分析

数据显示，"八五"时期，全省 GDP 年均递增 7.6%，"九五"期间，经济增长速度加快，全省 GDP 年均增长速度达到 8.7%，"十五"期间，全省 GDP 年均增长速度高达 12%；2010 年全省地区生产总值 1350.43 亿元，比上年增长 15.3%，增速为 30 年来最高。

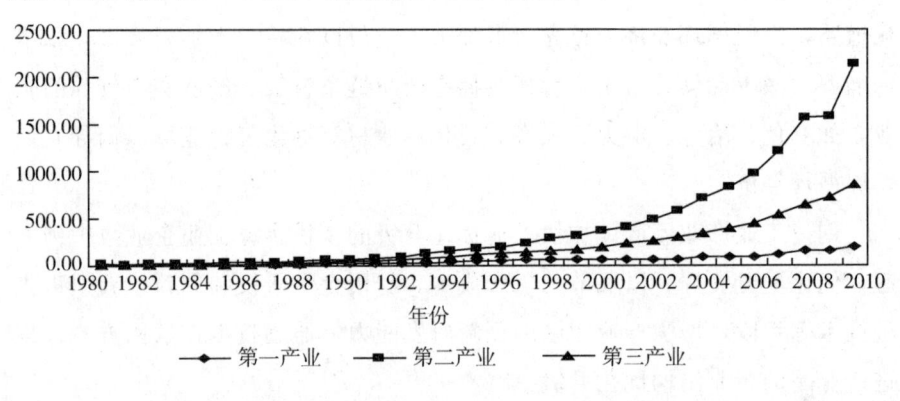

图 3-1　1980—2010 年青海各年份三产业产出值（亿元）

数据来源：《青海统计年鉴（2011 年）》，中国统计出版社。

由图 3-1 可知，近 30 年来，青海第一产业在国民生产总值中的比重不断下降，青海天然草原辽阔，是我国五大牧区之一，可利用草场面积 5 亿亩，占全区总面积的 74.4%，农牧业条件非常优越。至 2010 年青海省第一产业增加值在国民生产总值中的比重下降到 9.5%，农业种植业、畜牧业所占比重大，而林业、渔业所占比重小；粮食作物比重大，经济作物比重小。农林牧渔的结构依赖一定的自然条件，但是单一的粮食生产妨碍了资源利用效率的提高，阻碍了比较经济效益的发挥，同时也是农民收入水平难以提高的主要原因。青海第二产业中，资源型产业发展过快，非资源型产业发展落后。2010 年在国民生产总值中，青海省第二产业增加值所占比重为 52.5%，工业成为拉动该地区经济增长的主要产业。青海省有非常丰富的煤炭、石油、天然气和风能资源，并建立起了以煤炭开发、电力生产、风力资源开发和利用为主体的能源经济体系。相对能源产业经济的迅速发展，非能源产业的发展无论是规模还是发展速度都要落后很多。青海第三产业发展速度很快，但增长质量不高。近年来，第三产业的发展对国民经济的拉动作用明显不断增强，也成为解决就业，提高人民收入水平的主要途径。2010 年青海省第三产业增加值在国民生产总值中所占比重为 38%。

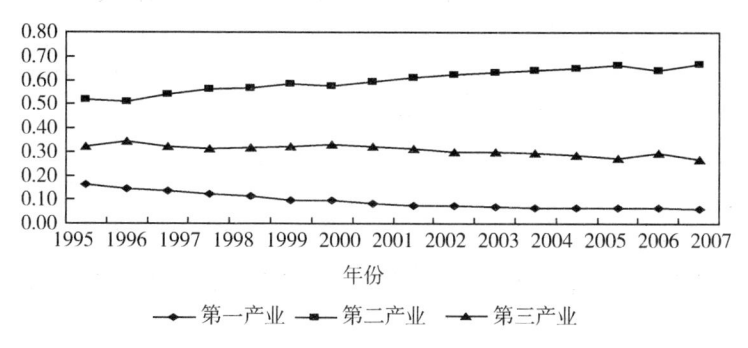

图 3-2　1995—2010 年青海三产业比重（%）

数据来源：《青海统计年鉴（2011 年）》，中国统计出版社。

一　1980—2010 年青海产业结构演进分析

（一）计算结果

根据青海产业结构的变动趋势，将青海产业结构的演进划分为三个阶段：1981—1990 年、1991—2000 年、2001—2010 年。将各年份数据代入偏离份额模型计算结果如表表 3-7 所示：

表 3-7　1981—2010 年青海偏离份额模型分析结果（单位：亿元，%）

时段	产业类型	总增长 G_J		全国份额分量 N_J	结构偏离分量 P_J	竞争力偏离分量 D_J	总偏离 $(PD)_j$	
		增长量	增长率				增长量	增长率
1981—1990 年	第一产业	8.07	219	9.37	-1.5	0.19	-1.3	5.2
	第二产业	8.9	115	15.04	0.46	-6.59	-6.4	-87
	第三产业	10.87	261	11.35	1.45	-1.92	-0.47	-50
	总计	27.84	179	35.76	0.41	-8.32	-8.17	-126
1991—2000 年	第一产业	27.44	191	38.22	0.69	-11.47	-10.78	-88
	第二产业	53.34	228	112.79	-4.42	-55.03	-59.45	-240
	第三产业	67.06	387	68.18	2.86	-3.98	-1.12	-27
	总计	147.84	268	219.19	-0.87	-70.48	-71.35	-355

续表

时段	产业类型	总增长 G_J		全国份额分量 N_J	结构偏离分量 P_J	竞争力偏离分量 D_j	总偏离 $(PD)_j$	
		增长量	增长率				增长量	增长率
2001—2010年	第一产业	42.91	99	40.49	1.88	0.54	2.42	2.2
	第二产业	311.21	364	233.38	-50.27	128.1	77.83	149
	第三产业	185.92	200	200.65	60.93	-75.65	-14.73	-87
	总计	540.04	244	474.52	12.54	52.99	65.52	69

数据来源：《青海统计年鉴》数据。

（二）结果分析

结合表3-7可知，第一时期青海的经济实际总增长量为27.84亿元，总偏离增长量为-8.17亿元，结构偏离分量为0.41亿元，竞争力偏离分量-8.32亿元；说明虽然青海经济增长速度低于全国水平，青海产业结构较合理，部门结构对经济总量增长有贡献，三次产业都没有竞争力优势。第二时期青海的经济实际总增长量提高到147.84亿元，总偏离增长量为-71.35亿元，结构偏离分量为-0.87亿元，竞争力偏离分量为-70.48亿元；可以看出青海经济增长低于全国水平，产业结构不合理，产业竞争力继续减弱。第三时期青海的经济实际总增长量为540.04亿元，总偏离增长量为65.52亿元，结构偏离分量为12.54亿元，竞争力偏离分量52.99亿元；说明青海经济增长速度明显加快，青海产业结构趋于合理，部门结构对经济总量增长有贡献，产业形成一定的区域竞争力。偏离份额分析模型是把区域经济发展看成一个动态的过程，将区域经济总量在一段时间内的变动分解为三个分量：份额分量、产业结构偏离分量和竞争力偏离分量。

（三）全国份额分量

由表3-7可知，1981—1990年地区偏离量为-8.17亿元，经济增长速度低于全国平均增速；第一、第二和第三产业总偏离为-87%、-50%、-126%，均低于全国水平。1991—2000年青海地区偏离量为-71.35亿元，经济增长速度低于全国平均速度；第一产业总偏离为-88%，第二产业总偏离为-240%，第三产业的总偏离为-27%，第一、第二和第三产业实际增长量低于全国份额分量。2001—2010年青海总偏离为65.52亿元，经济增长速度高于全国平均增速;第一产业总偏离仅为2.2%,第二产业的偏离为149%,第三产业的偏离为-87%,三次产业中除第三产业实际增长量低于全国份额分量值,第一、第二产业均大于全国份额分量值;其中第二产业的增长速度很快。综合可知,1981—2010年,第一产业在起伏中不断发展,总体上走向下降趋势;第二产业在2001—2010年这十年中快速发展,第三产业总体上还是处于下降趋势。

(四)产业结构偏离分量

由表3-7可知,1981—1990年青海产业结构偏离总量为正值,各分量中除了第一产业为负值外,第二、第三产业均为正值;说明第一产业结构较不合理,第二、第三产业对青海经济增长的贡献较大。1991—2000年青海产业结构偏离总量为负值,各分量中第一、第三产业均为正值,第二产业为负值;说明第二产业的产业结构不合理,第一、第三产业对青海经济增长贡献较大。与第一阶段相比,第二阶段青海第二产业的增长率从87%下降为-240%,第二产业的产业结构偏离分量从0.46亿元下降到-4.42亿元,第三产业的产业结构偏离分量从1.45亿元上升为2.86亿元,可看出青海第二产业结构较不合理,第三产业结构有所优化。2001—2010年青海产业结构总量为正值,除第二产业结构偏离分量为负值外,第一、第三产业产业结构都为正值;说明第二产业的产业结构不合理,不利于经济的增长,而青海经济增长中第一、第三产业贡献较多。总体上,与前两期相比,第三时期青海第一、第三产业产业结构趋于合理,在一定程度上促进了青海经济的发展;而第二产业的结构偏离分量为-50.27亿元,比二期、一期增长量更低。

(五)竞争力偏离分量

由表3-7可知,1981—1990年,青海产业竞争力偏离分量总计为-8.32亿元,青海产业竞争力总体较弱;进一步分析可知,第二、第三产业竞争力分量为负值,这说明这时期的第二、第三产业没有任何的竞争力,而第一产业竞争力为正值,具有一定的竞争优势。1991—2000年,青海产业竞争力偏离分量总计为-70.48亿元,说明这期间青海产业竞争力继续下降;进一步分析可知,青海三次产业竞争力偏离分量都为负值,说明这时期青海三大产业不存在任何的竞争优势。2001—2010年，青海产业竞争力偏离分量总计为52.99亿元，为正值，说明青海产业竞争力开始显现；进一步分析可知，青海第一、第二产业竞争力偏离分量都为正，并且第二产业竞争力显示出比较强劲的优势，由第二期-55.03亿元上升为128.1亿元，这一时期青海第二产业竞争力显示出强劲的趋势，但第三产业竞争力偏离分量为负，不具备竞争优势。

综上所述，青海在近年的发展中各产业都实现了不同程度的增长，产业结构日趋合理化，竞争力有所提高，经济实力有所增强。同时，经过模型分析，虽然前期的产业结构调整给经济增长带来动力，但是整个产业结构内部还有待进一步调整，资源优势、区位优势和发展阶段优势还没有得到充分发挥。

二 产业结构调整及优化的几点思考

在现代经济发展过程中，产业结构成为影响经济增长的重要因素。产业结构优化是推动产业结构合理化和高度化发展的过程，其目标就是要实现产业的高度化、合理化，最终实现经济的持续快速增长。国家在青海投资的一些项目为青海工业奠定了基础，使青海产业结构发生了巨大的变化。青藏铁路、青藏公路、龙羊峡、李家峡等投资建成推动了青海工业化水平提高和产业结构优化升级。青海处于高原、高寒地区，资源禀赋及结构差异巨大，东部是青海自然条件及区位比较优势地区，交通运输比较便利；柴达木盆地以其丰富的自然资源为青海第二产业发展提供有丰富的原材料；海南州由于自然条件、交通不便以及人口劳动力素质低，成为青海经济发展中较为落后地区。

分析可知，1981—2010年，青海产业结构演变总趋势是：一产比重持续下降，在起伏中不断发展，产业结构逐渐合理，竞争力优势不明显；二产比重持续上升，产业结构不合理，但竞争力优势明显；三产比重几乎没有变化，产业结构逐渐优化，但不具备竞争力优势。青海产业结构在初期转换不明显，呈"二三一"，中后期渐趋稳定有序，产业结构逐渐转变为"二三一"，青海区域产业结构不断趋向优化，产业结构转换方向合理。

1981—2010年，产业结构演进分析可分为三个阶段：①1981—1990年，农牧业占绝对优势但其比重呈快速下降趋势；二、三产业起点低，比重小但呈快速上升趋势，产业结构不稳定。②1991—2000年，属农业经济向工业化社会过渡的时期；二、三产业占绝对优势，且其比重相当，一产比重较小，一、三产业结构较稳定。③2001—2010年，是产业结构升级最明显时期；第二产业快速发展；一产比重持续下降，产业结构不断调整和优化，产业结构较稳定。青海当前的产业结构水平与全国相比仍有很大差距，产业关联度低，三次产业之间及其内部结构有待于进一步优化，第二产业对其他产业影响也较弱。综上分析，优化青海产业结构促进青海经济快速稳定发展的对策建议如下：

第一，大力发展特色农牧业及农牧产品加工工业

指导农牧民调整种、养殖结构。加大科研，研发适合青海地区气候条件下的农牧品种，政府要给予农牧业的大力支持，利用资金改善农牧区各种落后设施，招商引资，把农牧初级产品变为工业品，提高农民生产积极性，利用青海地理条件，建设有机食品生产基地。

第二，加快发展优势矿产资源的后续深度加工工业

能源工业、采掘业是青海优势产业，而粗放型加工和初级产品输出不利于支撑青海经济增长，要进行集约型加工，增加资源产品的附加值。具体说，开发新产品，把资源优势转化成市场竞争优势。关闭污染企业，在技术成熟、资源利用高的领域突破，以达到资源利用的最大化。

第三，走新型工业化道路

要加快推进企业的信息化改造，促进企业从传统型向现代型转变，适应现今瞬息万变的市场环境；要加强企业破产和资产重组力度，使青海工业继续向优势领域转移，实现工业内部结构的优化、专门化；要注重发展具有地方特色的劳动密集型产业，使工业发展为解决城镇就业和农村劳动力转移发挥更大作用；要提高企业的科技实力和自主创新能力，逐渐形成企业的核心竞争力，不断提高企业经营效益。

第四，推进第三产业发展。

完善服务业产业结构，加强新兴服务业的发展，提高服务业整体发展

水平。一是通过利用现代化的经营方式推进金融服务、物流、旅游等服务业的发展。二是以工业产业园区为中心,大力发展生产性服务业。三是提高传统服务业的服务水平,对商业餐饮、批发零售等传统服务业应实行规模化经营,从而保证这些服务业能统一规范,具有较高的服务质量。对交通运输、邮电和仓储则实行竞争经营的方式,使这些服务业通过提高自身服务水平和质量来赢得客户。建立服务业龙头企业,创造地区服务业的品牌企业。这主要是针对那些具有较好条件的企业进行扶持,从而让这些企业能够通过引进技术和创新来提高自身服务水平,最终能够形成具有多元品牌和拥有先进服务和管理技术的大型集团,推动第三产业的发展。

第四章

西北少数民族地区承接国际产业转移的现状与竞争力分析

第一节 承接国际产业转移的必要性

对承接国和转移国产生的经济效应是理论界探讨国际产业转移的主要内容之一。与产业组织的角度相比，更多的学者选择从宏观的角度来研究国际产业转移效应。经济合作与发展组织（OECD）就发达国家向发展中国家产业转移问题进行了深入细致的研究，得出结论：发达国家向发展中国家产业转移是双赢的选择。就承接国而言，国际产业转移对其经济的影响既有积极的一面，又有消极的一面。卢根鑫（1994）认为，国际产业转移在生产要素转移、产业结构成长、就业结构变化、社会平均资本有机构成提高和国民生产总值的提高这五个方面对发展中国家经济发展起到积极的推动作用；但又会存在以下五个负面效应：要素转移中存在固有的技术级差，在产业结构成长过程中存在固有的产业级差，在就业结构变化中存在不平等收入分配现象，在社会平均资本有机构成中也存在固有级差，同时，产业转移还会引起价值盈余的非均衡倾向。井百祥等（2002）从外商直接投资与经济增长的相关性来探讨外商直接投资在经济周期运行与协调发展中的作用，发现外商直接投资在促进中国经济增长过程中发挥了重要的作用，通过资本效应、外贸效应、外溢效应三种效应对中国经济周期波动产生作用和影响。

　　除了整体经济效应,有的学者也侧重分析国际产业转移对中国区域经济发展的影响。例如,罗建华(2005)用比较系统法分析了东部地区承接国际产业转移带来的影响,认为国际产业转移加快了东部地区的工业化进程,带动了国内企业技术创新和制度变革,形成了更加活跃的竞争局面,同时也改善了市场行为,促进了产业结构调整。又例如,杨卫丽(2006)分析了国际产业转移与环渤海区域的产业结构优化问题,她指出该地区承接的国际产业转移应该与产业结构优化的目标结合起来,借助外资的力量改进优化环渤海地区产业结构上存在的不足。冯跃(2005)从微观的角度,主要对江苏制造业利用外资进行绩效分析,他认为江苏省建设国际制造业基地,要积极处理好利用外资过程中的"引进来"和"走出去"的关系,采取并购方式吸引欧美日大型跨国公司。

　　由上可见,理论界对国际产业转移效应的研究已取得一定的成果,一致认为在短期内国际产业转移对承接国家或地区产生的不利影响大于有利影响,但长远以来国际产业转移可以提高承接地的经济发展水平和人民生活水平。以上文献对经济发展与国际产业转移的关系研究主要局限在国家和东部地区的有限区域范围内。由于近些年来,东部产业转移比国际产业转移向中西部转移的趋势更明显,规模更大。因此,关于中西部地区承接产业转移效应的研究,都是指东部产业转移效应,而忽视了国际产业转移效应分析,特别关于西北少数民族地区承接国际产业转移效应的研究少之甚少。2007年10月,胡锦涛在中国共产党第十七次全国代表大会上的报告中指出,西部少数民族地区承接东部产业转移对加快西部少数民族地区的经济发展、缩小东西差距、协调区域统筹发展、维护国家安全和社会稳定等方面都具有重要意义。国际产业转移对国家和西北少数民族地区的影响是否相似或相同?西北少数民族地区承接国际产业转移的效应是否与承接东部产业转移的效应相似或相同?这是研究西北少数民族地区承接国际产业转移的必要性,值得深入探讨的一个内容。

一 承接国际产业转移将促进区域经济增长

20世纪80年代末到90年代初,西北少数民族地区外商直接投资增长速度逐渐下降,经济增长速度处于13.47%—17.38%之间,变化的幅度不是很大。随着对外开放的进一步加深,外商直接投资不断增加,其增长速度在1993年高达373.48%,这种投资过热的现象使经济在通货膨胀的拉力中进入一个高涨时期,1994年GDP增长速度达到了30.11%的高位数。为了防止"泡沫经济"的破灭,政府及时地采用了外资发展战略,通过外商直接投资的增长速度下降,使经济增长的速度降下来,到1999年GDP增长速度回落到7.08%的适宜水平,实现了经济降温目标。此后,外商直接投资有所增加,在达到70.18%一个较高的增长水平后,开始缓慢减少。由于西部大开发战略的实施,西北少数民族地区经济增长速度加快,如图4-1所示,2000年至2008年期间,GDP分别增长12.96%、12.53%、11.13%、16.54%、19.05%、16.17%、18.26%、21.75%、25.82%。如图4-1所示,1986—1991年FDI在GDP增速变化过程中提供了一个反向的动力,1992—1998年FDI与GDP的变化趋势基本一致,1999年以后FDI与GDP的增长呈负相关的状态。

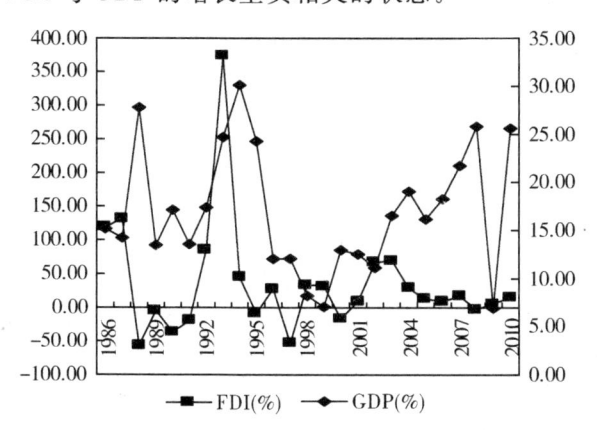

图4-1 中国实际利用外商直接投资额

数据来源:《青海统计年鉴》。

为了详细说明 FDI 与 GDP 的增长关系，运用格兰杰因果关系检验方法对两者的关系进行检验。在检验之前，先后对 FDI 与 GDP 的时间序列进行单位根检验和协整检验。根据 AIC 信息准则，取滞后期为 2，单位根检验结果表明：在 1% 的水平下，FDI 和 GDP 不存在单位根，是零阶单整序列。从 JOHANSEN 协整检验结果来看，FDI 和 GDP 存在协整关系，存在长期稳定的均衡关系。单位根检验和协整检验的结果说明对 FDI 和 GDP 进行格兰杰因果关系检验是有效的。格兰杰因果关系检验的结果显示，GDP 增长不是引起 FDI 变化的格兰杰原因，而 FDI 是引起 GDP 增长的格兰杰原因。因此，建立以 FDI 为解释变量、GDP 增长为被解释变量的一元回归模型，通过实证分析的结果是，FDI 的 1% 的增加将对 GDP 大约有 0.01% 的贡献。从而得出结论，外商直接投资在促进少数民族地区经济增长过程中发挥着重要的作用，外商直接投资与经济增长之间存在长期稳定的关系。

二 承接国际产业转移将提高区域就业率

西北少数民族地区人口基数大，劳动力素质低下，通过承接国际产业转移而建立起来的新产业或发展起来的原有产业，自然会提供一定的新的就业岗位，增加劳动力就业机会。据测算，劳动密集型的轻纺部门每一单位固定资本所吸纳的劳动力数量是资本密集型的重工业部门的 2.5 倍，是资本技术密集型大企业的 10 倍以上。目前转入西北少数民族地区的国际产业中有很大一部分是劳动密集型产业，因此，不难看出，外商劳动密集型企业是吸纳劳动力的重要途径，在一定程度上能够解决少数民族地区劳动力的就业问题。2005 年到 2010 年期间，虽然宁夏、青海、新疆外商投资企业就业人数占城镇总就业人数的比重较小，但随着国际产业转移规模的不断扩大，外商投资企业吸纳的城镇就业数量也在逐年增加。另外，由于国际产业的转入，西北少数民族地区需要建立和完善为其配套服务的企业，特别是第三产业，这些企业扩大了当地劳动力的就业范围，实际上增加的就业机会更多。

表 4-1　　西北少数民族地区城镇外商投资企业就业人数及比重（单位：万人）

	宁夏		青海		新疆	
	就业人数	比例	就业人数	比例	就业人数	比例
2005 年	1.00	1.14	—	—	0.90	0.25
2006 年	1.00	1.04	—	—	1.10	0.30
2007 年	1.10	1.16	0.10	0.12	1.20	0.32
2008 年	1.10	1.30	0.50	0.60	1.30	0.35
2009 年	1.00	0.91	1.20	1.33	1.20	0.32
2010 年	1.20	1.11	1.00	1.04	1.30	0.34

资料来源：①《宁夏统计年鉴（2006—2011 年）》《青海统计年鉴（2006—2011 年）》《新疆统计年鉴（2006—2011 年）》；②作者的计算。

三　人才效应、资本效应和知识、技术外溢效应

"通常要素是产业可以获得的、能使其有效生产出对消费者有用产品、服务的有形（有形要素包括自然资源、劳动力和资本等）或无形（无形要素包括劳动者技能、知识和生产技术等）的统一体。"[①] 发达国家将产业转移到西北少数民族地区，必然伴随着人才、资本、技术和知识等生产要素的流动，国际产业转移的生产要素注入效应为西北少数民族地区的经济发展创造了条件。

首先，外商投资企业的转移吸引了大量高级管理人员和技术人员的加盟，他们在一定程度上能弥补西北少数民族人才紧缺的不足，满足快速的经济增长对人力资本的需求。这种在国际产业转移过程中，输出高新人才被消化吸收所导致的人力资本开发过程所带动的经济增长，便是国际产业转移对西北少数民族地区产生人才效应。

其次，如表 4-2 所示，国际产业转移带来了建设资金，尽管与内资的数量有很大的差距，但已经成为西北少数民族地区城镇固定资产投资中不可或缺的组成部分。外来投资直接形成生产能力，对促进西北少数民族地区的资本形成、基础设施建设和经济增长起着重要作用，这种国际产业转移的作

---

① 章文光、赵扬帆：《西部少数民族地区承接东部地区产业转移问题研究》，《广西民族研究》2011 年第 3 期。

用就是直接的资本效应。另外,国际产业转移的资本效应还表现为间接的产业效应和示范效应,外商投资带动产业前后辅助性投资产生的投资乘数效应,迫使内部企业进行技术革新、提高生产效率,从而增加社会产生。

表4-2　　　　西北少数民族地区城镇固定资产投资中利用外资　　　（单位:亿元）

	青海	宁夏	新疆
2005年	1.9	6.6	9.8
2006年	2	8.7	8.1
2007年	—	—	—
2008年	8.6	3	8.2
2009年	7.8	3.9	8.4
2010年	4.6	4.1	11.9

数据来源:《中国经济统计数据库》。

最后,国际产业转移对西北少数民族地区产生知识和技术的外溢效应。跨国公司扩大投资和本土化过程中,西北少数民族地区内资企业可以通过信息交流,学习和借鉴跨国公司的管理经验、管理概念,了解和引进跨国公司的先进技术,通过跨国公司的人才流动向企业外部扩散,更新传统落后的管理方式和思想观念,提高自身在生产、营销、管理方面的水平。

四　承接国际产业转移将提高区域资源利用率

一方面,西北少数民族地区土地面积广,土地价格较低,但土地开发程度低,土地闲置率高。作为承接国际产业转移的载体和平台,开发区和工业园的建设能解决部分土地资源的闲置问题,提高土地资源的利用率。另一方面,西北少数民族地区的矿产资源、特色农业资源丰富,利用这一区位优势吸引了发达国家众多企业的投资,如宁夏以煤、铁等矿产资源优势为依托重点转入外商机电装备制造企业,新疆以棉花资源为依托大力发展纺织工业,青海以特色农牧业资源为依托积极承接食品等轻工业。外商企业的生产对当地原材料的大量需求,既减少了矿产资源和农业资源的浪费,提高了资源生产率,又反过来提高矿产资源的开发程度、储存量和农牧产品的质量、产量。通过承接国际产业转移,西北少数民族地区把资源优势转换成产业优势,增强相关产业在国内产业中的竞争,有利于其产结构的调整及经济发展水平的提高。

五 承接国际产业转移有利于区域对外贸易

在外商投资企业中，发达国家的企业将劳动密集型生产环节转移到西北少数民族地区，充分利用其地理位置优越、劳动资源低廉、矿产资源和农业资源丰富、国家政策支持等优势，在民族地区建立起组装基地。例如，新疆就根据其优势，计划在"十二五"期间打造十大装备制造业基地，正成为外商企业开拓中亚、西亚、欧洲市场的外向型经济窗口。这种国际产业转移，一来使企业大规模进口生产所需的中间产品，二来使企业大量出口最终消费产品。近年来，宁夏、青海、新疆外商企业进出口总额大幅度增长，除了新疆外商企业进出口总额占总出口总额的比例较小，在2%上下波动外，宁夏和青海所占的比重都比较大，不难看出西北少数民族地区对外贸易总量的增长在很大程度上得益于外商投资企业进出口的快速增长，如表4-3所示。此外，外商投资企业出口了大量的高新技术产品，提升了进出口货物结构，使西北少数民族地区的对外依存度年年上升。可见，国际产业转移是对外贸易发展的重要动力，西北少数民族地区承接国际产业规模的增加将使该地区进出口继续保持增长的势头。

表4-3 西北少数民族地区外商投资企业进出口情况 （单位：万美元，%）

	宁夏		青海		新疆	
	进出口总额	比例	进出口总额	比例	进出口总额	比例
2005年	23038	23.75	4942	12.05	18618	2.34
2006年	37857	26.34	3982	7.08	18242	2.00
2007年	40806	25.80	6519	20.05	28119	2.05
2008年	54698	29.10	8167	37.46	31207	1.40
2009年	22142	18.41	12080	33.12	27362	1.96
2010年	32158	16.41	17645	17.07	35510	2.07

数据来源：①《中国经济统计数据库》；②作者的计算。

综上所述，国际产业转移是一种历史规律和必然趋势，积极承接国际产业转移，将促进经济增长，将提高就业率，将产生人才效应、资本效应和知识、技术外溢效应，将提高资源利用率，有利于促进对外贸易。因此，西北少数民族地区应抓住国际产业转移这一重要机遇，继续大规模地引进外资，有利于加速该地区新型工业化和城镇化进程，促进与东部省份、中西部其他非少数民族地区之间的协调发展。但与此同时，也要认识到承接国际产业转移会带来的一些负面效应。一是生态环境污染。由于一些西北少数民族地区对自身环境容量认识不清，对污染后果认识不足，可能积极引进一些科技含量低、能源耗费大、环境污染严重的企业，这种国际产业转移将加大生态环境的恶化，制约资源、环境与经济的协调发展。二是产业结构失衡。西北少数民族地区所承接的产业主要集中于第二产业，第一和第三产业所占的比重过小，这种国际产业转移加剧了西部少数民族地区的产业结构偏差，不利于对产业结构的调整升级。三是制约自身技术的创新与进步。跨国公司的本土化是一把"双刃剑"，除了有利于内资企业技术进步、自主知识产权开发和知识积累，也会对内资企业的技术开发产生冲击，制约内生性技术增长。此外，西北少数民族地区在承接国际产业中，还会出现产业处于价值链的低端、与发达区域之间经济水平的差距继续扩大等不良影响。因此，西北少数民族地区有效地承接国际产业，既要看到积极的一面，也要看到消极的一面，关键是如何有效地利用积极效应，消除和弥补消极效应。

第二节 西北少数民族地区承接国际产业转移的现状

一 宁夏承接国际产业转移的现状

（一）利用外资概况

2010年宁夏全区新批准外商直接投资项目25个，合同外资金额2.84亿美元，其中实际利用外商直接投资0.81亿美元，比上年增长15.7%。截至2010年年底，全区注册登记外商投资企业累计达到165家。其中，中外合资企业占37.6%，外商独资企业占30%。制造业签订利用外商直接投资项目8个，合同额0.41亿美元。2010年宁夏吸收外商直接投资工作虽说取得了一些成效，但与全国相比较，处于低水平，即使与同处西部的许多省份相比也有一定的差距。

1985—2010年间，宁夏在利用外资方面呈现出规模较小、增长较缓的特点，但总体还是呈现增长态势。由表4-4可知，1985—2010年间宁夏签订的利用外资协议项目，由1985年的3个增长到2010年的37个，并在1995年达到最高值，随后呈现出逐渐下降趋势，由1995年的53个下降到2008年的25个。签订的利用外资协议额由2000年的11067万美元逐年增长到2010年的55210万美元，在10年的时间内增长了398.9%。实际利用外资额也呈现增长趋势，由2000年的9091万美元逐年增长到2010年的23175万美元，在10年的时间内增长了154.9%。总体来说，签订的利用外资协议项目较之往年有所减少，签订的利用外资协议额和实际利用外资额方面逐年有所增加，但利用外资额度在全国范围属于较低水平。

表4-4　　　　　　　　　　宁夏利用外资情况

指标	2000年	2005年	2008年	2009年	2010年
签订利用外资协议项目（个）	42	41	25	34	37
对外借款	4	4	1	3	1
外商直接投资	32	32	19	14	25
外商其他投资	6	5	5	17	11
签订利用外资协议额（万美元）	11067	20182	14132	22952	55210
对外借款	815	1030	410	10321	25000
外商直接投资	9927	19053	13232	10483	28405
外商其他投资	325	99	490	2148	1805
实际利用外资额（万美元）	9091	14107	12073	14208	23175
对外借款	7497	7296	5811	6738	14819
外商直接投资	1283	6712	6238	6987	8090
外商其他投资	311	99	24	483	266

数据来源：《宁夏统计年鉴（2011年）》。

（二）外商投资的来源地和投入地

2010年，宁夏外商投资合同达26个，协议投资额达28308万美元，实际投资额为8090万美元，新加坡宇科环保科技有限公司、中粮集团、中银集团、法国葡萄酒业投资股份有限公司等知名企业也在宁夏落户。由表4-5可知，签订的外商投资合同主要集中在新加坡等亚洲国家，从实际投资额来看，亚洲的中国香港和拉丁美洲的英属维尔京群岛投资额最大，达到7564万美元，其次是新加坡等亚洲国家，非洲和北美洲国家的实际投资额最低为零。由此可知，宁夏的外商投资呈规模小、数量少，实际的投资额利用度较低的特点。

表4-5　　　　　　　2010年分国别的宁夏外商投资情况　　　　（单位：万美元）

	亚洲						非洲	欧洲			拉丁美洲		北美洲
	中国香港	新加坡	日本	中国台湾	马来西亚	韩国	利比亚	比利时	奥地利	斯洛文尼亚	英属维尔京群岛	开曼群岛	美国
合同个数	17	2	1	1	—	—	—	1	2	1	—	1	
协议投资额	25653	1299	187	37	—	16	897	—	7	36	747	-222	-317
实际投资额	6293	420	—	59	3	—	44	—	—	—	1271	—	—

数据来源：《宁夏统计年鉴（2011年）》。

2009年，从新批项目外商投资企业的资产投入地来看（表4-6），主要集中在石嘴山市和银川市，其余各市区依次为银川经济技术开发区、中卫市、固原市，分别使用外资3000万美元、2925.7万美元、103.35万美元、909.5万美元、48.68万美元。银川市和石嘴山市在全宁夏区的生产总值排名中分别以4398196万元和2028609居于第一、第二，由此可见，外商投资较偏重于经济发展相对良好的区域，但由于宁夏总体经济在全国处于落后水平，这表明其吸引外商投资的能力还相当有限。

表4-6　　　　　　分投资受益区的宁夏外商投资情况　　　　（单位：万美元）

	银川市	银川经济技术开发区	石嘴山市	固原市	中卫市
合同外资	4784.93	2500.74	2010	58.54	146.45
实际使用外资	2925.7	103.35	3000	48.68	909.5
新批项目	6	3	3	1	1

数据来源：《宁夏统计年鉴（2011年）》。

（三）利用外资的方式

宁夏的外商投资按投资方式的不同（表4-7），可以分为独资经营企业、合资经营企业、合作经营企业和股份制经营企业四种，2000—2010年，独资经营企业签订的外商投资项目和投资额都呈下降趋势，分别下降了9%和15%；合资经营企业签订的外商投资项目下降了18%，但投资额有所上升，上升了10.8倍；合作经营企业签订的外商投资项目下降了75%，但投资额上升了1.04倍；股份制企业外商投资情况最不乐观，只在2008年有一项投资额为483万美元的合同项目。以上数据都证明了宁夏外商投资状况很不乐观。

表4-7　　　　　　　　分类别的宁夏外商投资状况　　　　　　（单位：万美元）

	独资经营企业		合资经营企业		合作经营企业		股份制企业	
	合同数量（个）	客方协议投资额	合同数量（个）	客方协议投资额	合同数量（个）	客方协议投资额	合同数量（个）	客方协议投资额
2000年	11	7204	17	1712	4	1011	—	—
2006年	4	605	13	4453	2	1185	—	—
2007年	9	3532	5	4108	1	2365	—	—
2008年	7	5013	10	7590	1	146	1	483
2009年	6	3339	6	6754	2	390	—	—
2010年	10	6119	14	20222	1	2064	—	—

数据来源：《宁夏统计年鉴（2011年）》。

（四）外商投资的结构

宁夏外商投资就结构方面来看，表4-8显示，2010年，第一、第二、第三产业分别得到外商投资合同7个、15个、3个；第一、第二、第三产业分别得到外商投资额1305万美元、23646万美元、3454万美元。2010年宁夏投资额与2009年相比，第一产业投资额下降了96%，第二产业投资额上升了471%，第三产业投资额上升了26%。第一、第二、第三产业合同外资比例由2009年34∶40∶26变化为5∶83∶12，外商投资三次产业的比重由呈二、一、三排列变化为呈二、三、一排列。整体呈现出第二产业投资额上升，第一产业和第三产业投资额下降，且比例都较大的特点。

表4-8　　　　　　　　宁夏各产业外商投资状况表　　　　　　（单位：万美元）

指标		2009年		2010年	
		合同数量（个）	客方协议投资额	合同数量（个）	客方协议投资额
第一产业	农、林、牧、渔业	2	3613	7	1305
第二产业	工业	8	4137	15	23646
	建筑业	—	—	—	—

续表

指标		2009年		2010年	
		合同数量（个）	客方协议投资额	合同数量（个）	客方协议投资额
第三产业	房地产公用服务业	—	—	1	2064
	交通运输、邮电业	1	2246	—	—
	其他行业	3	487	2	1390

数据来源：《宁夏统计年鉴（2010—2011年）》。

从外商投资的行业分布来看，第二产业中，主要集中在工业方面，占了第二产业投资额的全部，建筑业的投资额为零；第三产业中主要集中在金融业保险业、批发零售业、餐饮业等其他行业中，房地产等公共服务业投资额相对较少，2009年该产业的投资额为零，没有外商涉足，但2010年新增了房地产业的投资，且投资额所占比重有了明显上升。通过以上分析可以看出宁夏除第二产业较去年上升外，第一、第三产业的投资额均呈下降趋势。

二 青海承接国际产业转移的现状

（一）利用外资情况

2009年，青海实际使用外商直接投资项目8个，比2005年减少了21个；合同使用外资额30835.4万美元，比2005年减少了4726.6万美元；实际利用外资额21500万美元，比2005年减少了5100万美元。由4-9可知，青海实际利用外商直接投资呈先增加后减小的变化趋势，承接国际产业转移的前景并不乐观。资料显示，青海利用外资位居西部十二省区市的倒数第二位，其合同外资金额和实际使用外资金额占西部地区合同外资总额和实际使用外资总额的比重依次为2.25%和0.45%。可见，青海承接国际产业转移的规模与其他省区存在着较大的差距。

表4-9 青海实际利用外商直接投资 （单位：万美元）

	项目（个）	合同利用外资额	实际利用外资额
2005年	29	35562	26600
2006年	17	40608.27	27500
2007年	37	41601.34	31000
2008年	22	30898.6	22000
2009年	8	30835.4	21500

资料来源：《青海统计年鉴（2010年）》。

(二) 利用外资的行业及布局

2005—2007年，青海实际利用外资的行业以工业（包括采掘业、制造业及电力、煤气及水的生产和供应业）为主，占总额的比重在70%以上；农业实际利用外资额在增加，但所占比重很小，还不到1%，交通运输、仓储和邮政业等第三产业所占的比重每年都有所增加，但其实际利用外商直接投资合同外资额比工业的小得多。具体而言，目前承接国际产业转移的重点领域有新能源产业、新材料产业、化工工业、有色金属工业、冶金工业、生物产业、装备制造业、冶金工业、轻工纺织工业、现代服务业等。

从已承接产业的布局来看，西宁（国家级）经济技术开发区大力承接新能源、新材料、装备制造、有色金属冶炼及精深加工、纺织、生物产业和现代服务业；海东工业园区充分发挥区位优势，重点承接新能源、新材料、装备制造、有色金属精深加工、精细化工、生物、特色农畜产品加工等产业；西宁三县、海东地区以县域工业园为载体，大力承接农产品加工、建材、轻工、节能环保高载能新技术应用等产业；柴达木地区以承接盐湖化工、油气化工和煤化工产品的精深加工、冶金工业为重点，大力发展循环经济，提高资源综合利用水平；环湖地区在确保青海湖湿地生态安全的前提下，承接现代畜牧业、特色农业和特色旅游业，有重点地开发优势矿产资源；三江源地区大力促进传统畜牧业向生态畜牧业转变，积极承接特色旅游业、民族手工业、商贸流通业等劳动密集型产业。

表 4-10　　　　按行业分的青海外商直接投资合同外资额　　（单位：万美元）

	2005年	2006年	2007年	2008年	2009年
农、林、牧、渔业	2771	—	3807	1513	1113
采掘业	1601	2005	5187	44	500
制造业	29187	24924	16665	4952	12
电力、煤气及水的生产和供应业	1057	8000	7549	290	900
交通运输、仓储和邮政业	714	927	—		
住宿和餐饮业	—	756	30	1472	4
房地产业	—	1019	2639		
租赁和商务服务业	31	—			
科学研究、技术服务和地质勘查业	—			9	25799

续表

	2005年	2006年	2007年	2008年	2009年
水利、环境和公共设施管理业	6	—	112	3500	—
居民服务和其他服务业	194	5	5612	2911	—
卫生体育和社会福利业	—	421	—	—	—
其他	—	—	—	13209	2507

资料来源：①《青海统计年鉴（2010年）》；②《青海统计年鉴（2006年）》。

(三) 外资的来源地区

由表4-11可知，青海利用外商直接投资的来源国家遍布世界各地。其中，包括印度尼西亚、韩国等6个国家在内的亚洲地区是青海利用外资的主要来源地区，其次是美洲和欧洲，大洋洲及太平洋诸岛对青海的投资最少。值得注意的是，很多海外国家对青海的投资具有显著的阶段性特征。比如2005年青海实际利用来自印度尼西亚的投资额1000美元，占整个亚洲国家投资总额的1/7，而在此后的4年内，印度尼西亚没有增加任何投资额。这种阶段性的国际产业转移特征不利于对青海产业的可持续发展。

表4-11　　　　按国别分的青海外商直接投资额　　　（单位：万美元）

	2005年	2006年	2007年	2008年	2009年
亚洲	7549	11235	24855	17325	27422
印度尼西亚	1000	—	—	—	—
马来西亚	40	—	2	—	—
韩国	150	140	10	10	—
日本	77	300	—	44	—
新加坡	12	—	—	4895	—
泰国	605	—	—	—	—
欧洲	26838	—	1574	72	4
德国	—	—	2	—	—
荷兰	—	—	—	1	—
英国	26832	—	1560	61	4
法国	6	—	—	10	—
瑞士	—	—	12	—	—
美洲	880	17111	15172	13002	902

续表

	2005 年	2006 年	2007 年	2008 年	2009 年
加拿大	—	2150	391	501	—
美国	800	—	7922	3021	2
英属维尔京群岛	—	14961	6859	9480	900
大洋洲及太平洋诸岛	8	—	—	1	—
澳大利亚	8	—	—	—	—
新西兰	—	—	—	1	—
其他（外商投资企业再投资）	287	9711	—	499	2507

数据来源：①《青海统计年鉴（2010 年）》；②《青海统计年鉴（2006 年）》。

三 新疆承接国际产业转移的现状

（一）外商直接投资的规模和增长速度

2009 年年末，在新疆注册登记的外国和港澳台直接投资企业达到 1402 家，占全国总数的 3.22%，处于西部地区的倒数第四位，且在这 140 家企业中，只有 315 家实际落户。通过表 4－12 可知，新疆的外商直接投资的企业按投资方式分别由主到次的顺序为独资经营企业、合资经营企业、合作经营企业和股份制企业，外商直接投资的项目个数呈先增加后减少的变化趋势，合同金额和实际使用金额逐年递增，与 2005 年相比，2009 年分别增加了 1.73 倍和 4.54 倍。无论是从企业数量还是从项目个数、合同金额、实际使用金额都可以看出，新疆引进外商直接投资的规模很小，且增加的速度也慢。

表 4－12　新疆外商直接投资项目、合同金额、实际使用金额　（单位：万美元）

	独资经营企业			合资经营企业			合作经营企业			股份制企业		
	项目数量（个）	合同金额	实际使用金额	项目数量（个）	合同金额	实际使用金额	项目数量（个）	合同金额	实际使用金额	项目数量（个）	合同金额	实际使用金额
2005 年	29	1084	1127	32	8957	1182	15	7112	2440	—	357	—
2006 年	51	9924	2340	33	12334	6907	13	12812	1034	2	1369	85
2007 年	53	24617	84617	30	19826	3000	7	1121	987	1	115	—
2008 年	36	26549	10825	25	12349	5796	10	21595	866	1	4062	1497
2009 年	35	29918	14348	16	8869	3890	4	6955	2440	—	2258	892

资料来源：根据《中国统计年鉴（2009—2010 年）》和《新疆统计年鉴（2009—2010 年）》数据计算所得。

(二) 外商直接投资的结构

2009年,新疆实际使用外商投资金额中,第一产业为1336万美元,第二产业为10809万美元,第三产业为9425万美元,分别占总额的比重为6.19%、50.11%和43.69%。可见,新疆的外商直接投资的三次产业的比重呈二、三、一排列,在产业中的分布是不平衡的。但从变化趋势来看,第一产业利用外资的规模在增加,第二产业利用外资的规模在减小,第三产业利用外资的规模逐渐赶上第二产业。

从工业部门的行业分布情况来看,外商直接投资的行业主要是采矿业和制造业。其中,采矿业实际使用金额3850万美元,占工业总额的36.25%,实际有企业22家,占工业企业总数的12.94%;制造业实际使用金额5355万美元,占工业总额的50.30%,实际有企业137家,占工业企业总数的80.59%。在第三产业中,外商直接投资主要集中在批发和零售业、房地产业、住宿和餐饮业、科学研究、技术服务和地质勘查业,而关于金融业以及信息传输、计算机服务和软件业的企业数量只有3个,实际使用金额为零。以上分析表明:①新疆承接的产业大多数为劳动密集型产业和资源密集型产业,对棉花、瓜果等农业资源和石油、天然气等矿产资源有很强的依赖性;②新疆承接的有关电子、信息、软件等技术和知识密集型的产业稀少,产品附加值低,产业层次低;③新疆引进的中小型企业数量较多,主要分布在劳动密集型产业中,而少量的大型企业分布在资源密集型产业中。

表4-13　　新疆外商直接投资实际使用金额的产业结构　　(单位:万美元,%)

	2005年		2006年		2007年		2008年		2009年	
	金额	比例	金额	比例	金额	比例	金额	比例	金额	比例
第一产业	0	0	77	0.74	3222	25.81	2036	12.55	1336	6.19
第二产业	2580	54.54	7456	71.93	4638	37.15	7896	48.68	10809	50.12
第三产业	2159	45.46	2833	27.33	4617	37.04	6289	38.77	9425	43.69
总计	4739	100	10366	100	12477	100	16221	100	21570	100

资料来源:根据《新疆统计年鉴(2009—2010年)》数据计算所得。

(三）外商直接投资的来源地区分布

新疆的外商直接投资来自中国港澳台地区、亚洲国家、欧洲国家、美国、加拿大、澳大利亚和独联体，亚洲国家包括日本、土耳其、泰国、新加坡、马来西亚和韩国，欧洲国家包括丹麦、意大利和德国。外商直接投资的来源地区如此众多，可以看出新疆产业配置打破了区域界线，从一国范围扩大到了世界范围，新疆承接国际产业日趋频繁。表 4-14 显示，2009 年，中国港澳台地区直接投资的规模排名第一位，项目有 19 个，合同金额达 16001 万美元，实际使用金额为 11859 万美元，年末实有企业 126 家；直接投资规模位居第二位的外商是独联体，项目有 17 个，合同金额达 15765 万美元，实际使用金额为 1667 万美元，年末实有企业 48 家；其次是亚洲国家，另一些国家的直接投资规模则小得多。这说明，新疆承接产业转移的规模在来源地上存在显著的差异。

表 4-14　　　　　新疆外商直接投资的来源地区构成　　　　（单位：万美元）

	项目（个）	合同金额	实际使用金额	年末实有企业数（个）
中国港澳台	19	16001	11859	126
亚洲国家	8	1436	460	85
欧洲国家	—	419	702	15
美国	—	-348	47	16
澳大利亚	1	536	539	6
独联体	17	15765	1667	48

数据来源：《新疆统计年鉴（2010 年）》。

（四）外商直接投资的区域分布

从外商直接投资的地域分布表 4-15 来看，新疆承接产业布局很不平衡，总体表现为：北疆为主，东疆次之，南疆最少。具体来说，外商直接投资主要布局在乌鲁木齐市和昌吉回族自治州，这两个地区实际使用的外资在 2009 年分别占到了总额的 64.99% 和 13.60%，且基本上呈逐年增加的趋势。自 2005 年来，外商直接投资规模有所减少的地州市为吐鲁番地区和伊犁哈萨克自治州，实际使用外资占的比重年均降低了 2.59 个百分点和 0.25 个百分点，吐鲁番地区的排名从第三位下降到了第八位，伊犁哈萨克自治州基本保持在前四位。外商对博尔塔拉蒙古自治州、巴音郭楞蒙古自治州、阿克苏地区、克拉玛依市和喀什地区的投资是间歇性的,有些年份利用的外资为零,在全区的排名非常靠后,而和田地区根本没有外商直接投资。

表4-15　　　　　新疆外商直接投资的区域分布　　　（单位：万美元,%)

	2005年		2006年		2007年		2008年		2009年	
	金额	比例	金额	比例	金额	比例	金额	比例	金额	比例
总计	4667	100	10366	100	12484	100	18984	100	21570	100
乌鲁木齐市	2528	54.17	7866	75.88	10942	87.65	2052	10.81	14019	64.99
克拉玛依市	4	0.09	—	—	3	0.02	—	—	—	—
石河子市	661	14.16	655	6.32	232	1.86	1403	7.39	1497	6.94
吐鲁番地区	506	10.84	—	—	38	0.30	150	0.79	57	0.26
哈密地区	9	0.19	364	3.51	67	0.54	2203	11.60	459	2.13
昌吉回族自治州	396	8.49	445	4.29	638	5.11	5691	29.98	2934	13.60
伊犁哈萨克自治州	501	10.73	294	2.84	189	1.51	2642	13.92	2143	9.94
博尔塔拉蒙古自治州	18	0.39	—	—	—	—	1094	5.76	231	1.09
巴音郭楞蒙古自治州	36	0.77	616	5.94	13	0.10	—	—	—	—
阿克苏地区	—	—	70	0.68	0	—	226	1.19	—	—
克孜勒苏柯尔克孜自治州	—	—	0	0.00	73	0.58	3523	18.56	230	1.07
喀什地区	8	0.17	56	0.54	289	2.31	—	—	—	—
和田地区	—	—	—	—	—	—	—	—	—	—

资料来源:根据《新疆统计年鉴(2009—2010年)》数据计算所得。

四 西北少数民族地区承接国际产业转移存在的问题

（一）继续大规模承接产业转移面临一定的压力

1. 国际产业转移的规模有限

国际产业转移是一种全球经济现象，容易受到全球经济景气指数和世界投资风险程度的影响。图4-2数据显示，金融危机爆发的第二年（即2009年），外商对中国的投资额减少了23.62亿美元，下降幅度为2.56%。2009年以来，希腊、丹麦等众多欧洲国家陆续爆发了主权债务危机，这在一定程度上限制了欧洲国家向中国进行产业转移的总量增长。虽然中国拥有最大的潜在市场和稳定的投资环境，且经济运行状况受全球经济危机和欧洲主权债务危机的影响有限，但由于人民币不断升值的原因，中国吸引国际产业转移的规模难以大幅度增加。

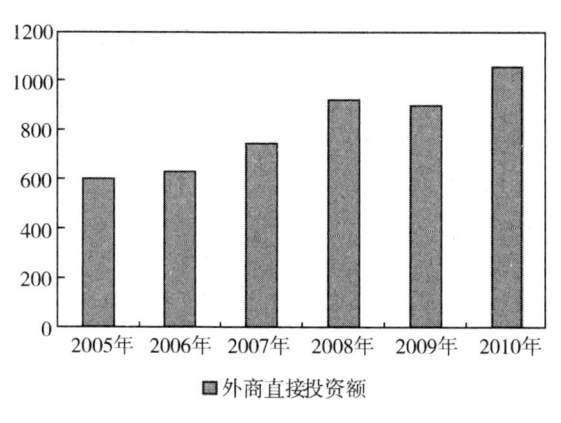

图4-2 外商直接投资额（亿美元）

2. 国内外各地区对国际产业转移的争夺

除了中国，还有许多发展中国家及欠发达地区也在积极争夺国际产业转移。在国际产业转移流入中国的有限规模中，西北少数民族地区既面临着东部发达地区的争夺，也面临着中西部地区其他欠发达省份的竞争。当前，国际服务业向中国转移的比例在上升，由于欠发达地区承接该产业的能力不足，所以承接地区主要是东部沿海地区。发达国家向东部沿海地区转移的制造业开始向欠发达地区转移，出于中国生产要素价格、交通条件等多方面的考虑，一部分外商企业更倾向于将劳动、资本、技术密集型产业转移到马来西亚、泰国等发展中国家。近年来，国际产业和东部沿海地区产业向中西部地区转移的趋势正在加大，各地区同宁夏、青海、新疆一样都在积极进行招商引资。因此，西北少数民族地区承接国际产业转移面临着国内外各地区的竞争压力。

3. 自身承接国际产业转移的能力有限

为了吸引外商投资，中西部各地区政府通过多种方式提高自身承接国际产业转移的竞争力。例如，北京与内蒙古、天津与甘肃、上海与云南就建立了合作交流与对口帮扶关系，四川与江苏合作共建了都江堰工业科技园。交通条件便利、经济基础较好、人力资源丰富、基础设施齐全、政府政务能力较强是中部地区承接国际产业转移的区位优势，西部各省在这些方面的条件与之还存在一定的差距。尽管西北少数民族地区的地理位置优越，具有丰富的矿产资源和特色农业资源，享有西部大开发、基础建设等多项国家优惠政策，但存在产业配套能力不足、劳动力素质不高、基础设施水平落后、政府服务意识和行政效率低等不足之处，这些劣势在很大程度上制约着该地区承接国际产业转移的总量、速度、范围、结构、层次及质量。因此，总的说来，西北少数民族地区承接国际产业转移的能力较低，其竞争力在中西部地区的排名比较靠后。

（二）总量较小，增长幅度慢

表4-16和图4-3显示，整体而言，西北少数民族地区承接国际产业转移的规模在逐年扩大，而增加的速度在不断放缓。其中，宁夏是利用外资最少的地区，2006年的总量分别只占青海、新疆的13.52%和35.87%，虽然它的增长幅度较大，但还是与青海和新疆具有很大的差距。2005—2008年，新疆实际利用外商直接投资的总量明显低于青海，但其增长率高，2009年的利用外商直接投资额赶上青海，2010年的利用外商直接投资额则比青海高出了5412万美元。究其原因，主要是因为2008年全球金融危机对青海承接国际产业转移产生了较大的副作用，青海承接国际产业转移的总量急剧下降，虽然此后增长率有所提高，但短时间内还不能恢复到前期的较高水平。这可以看出，西北少数民族地区承接国际产业转移的总量较小，增长幅度慢，

且一旦受到国外经济环境的影响，其应对和处理经济危机的能力较低。

表 4-16　　　　西北少数民族地区外商直接投资额及增加率

（单位：万美元，%）

	宁夏		青海		新疆	
	金额	增加率	金额	增加率	金额	增加率
2005 年	6712	—	26600	—	4749	—
2006 年	3718	-44.61	27500	3.38	10366	118.28
2007 年	5047	35.75	31000	12.73	12484	20.43
2008 年	6238	23.60	22000	-29.03	18984	52.07
2009 年	6987	12.01	21500	-2.27	21570	13.62
2010 年	8090	15.79	21930	2.00	27342	26.76

资料来源：根据《宁夏统计年鉴（2006—2011 年）》《青海统计年鉴（2006—2011 年）》《新疆统计年鉴（2006—2011 年）》数据计算所得。

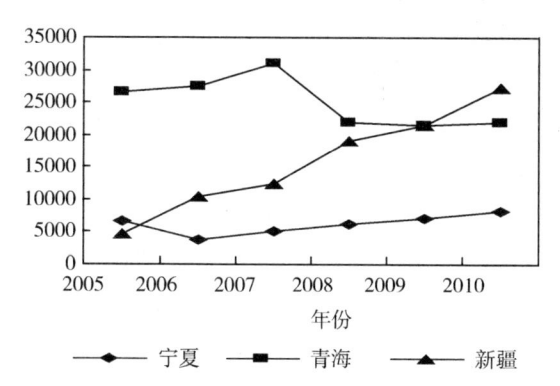

图 4-3　西北少数民族地区外商直接投资额的变化趋势（万美元）

（三）与其他地区之间的差距显著

为了进一步说明西北少数民族地区承接国际产业转移的状况，既选取东部、中部、西部引进外资、承接国际产业转移成绩较好的广东、安徽、陕西，也把西北非少数民族地区即甘肃与宁夏、青海、新疆进行比较分析。广东是承接国际产业转移水平最高的省份，2010 年实际利用外商直接投资额占全国的 1/5，是宁夏的 250 倍、青海的 92 倍、新疆的 74 倍。近年来，中西部承接国际产业转移的增加幅度很大，但西北地区四个省区的引资规模比其他地区要小得多，表 4-17 显示青海、新疆实际利用外商直接投资占全国的比重还不到3%,宁夏所占的比重最小,比甘肃还低1.59个百分点。这表明,西北少数民族地区不仅在利用外商直接投资总量上,而且在增加速度上都与东中部地区和一些西部省份有着较大的差距。

表 4-17　　　　2010 年各地区实际利用外商直接投资情况

(单位:万美元,%)

	金额	占全国比重	增长速度
广东	2026098	19.16	3.72
安徽	501446	4.74	29.10
陕西	182006	1.72	20.49
甘肃	13521	0.13	1.03
宁夏	8090	0.08	15.79
青海	21930	0.21	2.00
新疆	27342	0.26	26.76

资料来源:根据《中国统计年鉴(2011年)》数据计算所得。

(四)产业结构失衡,产业层次低

显示 2005 年到 2010 年期间,新疆外资主要向第二产业集中,第二产业所占的比重基本保持在 50% 以上;第一产业呈先急剧上升后缓慢下降的趋势,其比例很小;第三产业所占比重的波动较大,虽然大于第一产业,但还是赶不上第二产业。在短时期内,西北少数民族地区利用外商直接投资的"二、三、一"产业分布格局发生实质性变化的可能性不大,这不利于更合理地、更高级地、更大规模地承接发达国家的产业转移。

表 4-18　　　　按产业分的新疆外商直接投资额情况　(单位:万美元,%)

	2005 年	2006 年	2007 年	2008 年	2009 年	2010 年
总计	4749	10366	12484	17984	21570	27342
第一产业	—	77 (0.74)	3222 (25.81)	2036 (12.32)	1336 (6.19)	1236 (4.52)
第二产业	2580 (54.54)	7456 (71.93)	4638 (37.15)	9659 (53.71)	108 (50.12)	14182 (51.87)
第三产业	2159 (45.46)	2833 (27.33)	4617 (37.04)	6289 (34.97)	942 (43.69)	11924 (43.61)

资料来源:根据《新疆统计年鉴(2006—2011年)》数据计算所得。

从外商直接投资在工业部门中的分布情况表 4-18 来看,新疆实际利用外商直接投资的行业主要是采矿业和制造业。其中,采矿业实际使用金额

3850万美元,占工业总额的 36.25%,实际有企业 22 家,占工业企业总数的 12.94%;制造业实际使用金额 5355 万美元,占工业总额的 50.30%,实际有企业 137 家,占工业企业总数的 80.59%。新疆重点承接的制造业主要包括机电装备制造业、纺织工业和轻工业等,重点承接的第三产业以物流业为主,而批发和零售业、房地产业、住宿和餐饮业、科学研究、技术服务、地质勘查业、金融业以及信息传输、计算机服务和软件业所占的份额几乎为零。这些产业属于劳动密集型产业和资源密集型产业,对特殊的区位优势、矿产资源优势、特色农业资源优势、政策优势具有很大的依赖性,技术含量少,产品附加值低,处于产业链条的低端。不难看出,知识和技术生产要素并没有随着国际产业往西北少数民族地区的转移而转移,国际产业转移在西北少数民族地区产生的知识、技术外溢效应十分有限。

第三节 西北少数民族地区承接国际产业转移竞争力分析

张健(2010)认为,在产业转移大潮中,与西部地区相比,中部地区无论是在区位交通、自然资源、人力和科教资源等硬件资源还是在市场和政策软件环境上都占有一定优势。万三敏(2011)认为,一些自然条件、交通条件并不具有优势的地方之所以能吸引大量的企业迁入,原因在于产业转移很大程度上取决于承接地区的产业集聚程度和性质,产业集聚度高且仍在不断增加的产业和地区往往为投资商所青睐。国内对中西部地区承接产业转移问题的研究已经取得了一些成果,但研究方法过于简单,侧重定性分析、实证分析的资料较少,且研究的区域范围十分有限。西北少数民族地区承接国际产业转移,面临着与其他发展中国家、我国中部地区和其他西部省份竞争的多重压力。因此,在分析该地区的承接产业转移的竞争力时,不仅要看到自身具有的绝对条件,还要看到与其他地区之间存在的相对优势和劣势。以波特的钻石理论为基础,建立评价指标体系,对我国中西部 18 个省区承接国际产业转移的条件进行比较分析,从而发现西北少数民族地区承接国际产业转移的竞争力大小,以及承接国际产业转移的竞争优势和劣势。

一 承接国际产业转移的竞争力评价指标体系

(一) 波特的钻石理论

钻石模型又称钻石理论、菱形理论及国家竞争优势理论,是由美国哈佛商学院著名的战略管理学家迈克尔·波特基于产业角度提出的,是由价值链和菱形架构两种分析方法构成的用于分析一个国家某种产业为什么会在国际上有较强的竞争力的模型。波特认为,决定一个国家的某种产业竞争力有四个因素:一、生产要素,包括人力资源、天然资源、知识资源、资本资源、基础设施;二、需求条件,指本国市场的需求;三、相关产业和支持产业的表现;四、企业的战略、结构、竞争对手的表现。波特指出,这四个要素具有双向作用,并且在四大要素之外还存在两大变数:政府与机会,机会是无法控制的,政府政策的影响是不可漠视的。探讨西北少数民族地区承接国际产业转移的竞争力大小和优劣势,可以借鉴波特的"钻石模型",考虑到数据的可得性,把竞争评价指标体系概括为要素条件、支持条件、市场条件和政府公共服务条件四个方面。

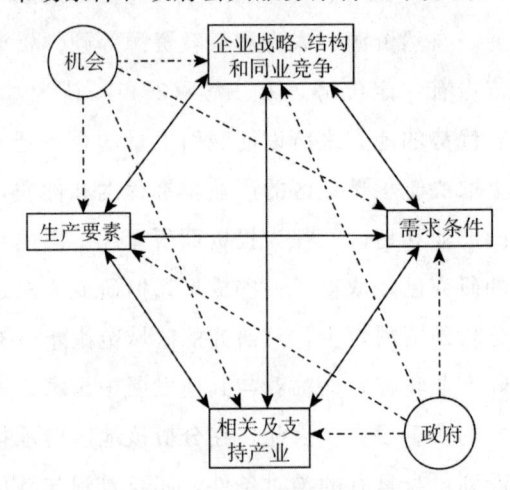

图 4-4 波特的钻石模型

1. 要素条件

波特认为,生产要素可以被归纳为人力资源、天然资源、知识资源、资本资源以及基础设施五类,这些生产要素一般是混合出现的,但每个产业对其依赖程度又随产业性质而定。承接国际产业转移的生产要素主要包括自然资源、土地、资金、劳动力资源、技术 5 个方面。水资源和矿产资源是地区发展最重要的两类自然资源,分别用人均水资源量和矿产资源的综合丰度评价。矿产资源的综合丰度表明一个地区矿产资源的贫富程度,等于各种人均资源量与全国人均量的几何平均数之比,这里考察的矿产资源包括 8 种主要能源、黑色金属矿产和 8 种主要有色金属、非金属矿产。通过计算地方预算财政收支平衡差和居民储蓄率来评价资金条件,前者等于收入与支出之差,后者等于城乡居民储蓄增加额除以它与居民消费性支出额的和。以人力资源规模衡量劳动力资源,人力资源规模=$D \times G \times (A + K_1 M + K_2 H)$($D$ 表示劳动力人数,G 表示平均预期寿命,A、M、H 分别表示小学以下和小学、初中和高中、中专及以上文化程度人口占总人口之比,K_1 和 K_2 分别表示具有初中和高中、中专及以上文化程度的劳动者的工资相当于小学以下和小学文化程度的劳动者的工资的倍数)。假设 K_1 取 1.5,K_2 取 2.5。

2. 支持条件

从运输条件、产业集聚和环境承载力 3 个方面来评价承接产业转移的支持条件。评价运输条件的指标用交通便利指数表示,它等于铁路、公路、水路总长度与土地面积之比乘以货运量与货物周转量之比。波特的研究提醒人们注意"产业集群"这种现象,就是一个优势产业不是单独存在的,它一定是同国内相关强势产业一同崛起。有的经济学家出,发展中国家往往采用集中资源配置,优先发展某一产业的政策,孤军深入的结果就是牺牲了其他行业,钟爱的产业也无法一枝独秀。评价产业聚集水平用区位商大于 1 的个数来表示,区位商反映了产业专门化程度。产业集聚也就是产业生产要素在空间或地域上的汇聚,在形式上表现为一定地域范围内产业所拥有的企业数、产业的增加值和从业人员数逐渐地增加。求出各省区大中型企业单位数、增加值、从业人员数占全国的比重,再将其简单平均化,就得到评价产业集聚程度的产业集聚系数值。环境承载力又称环境承受力或环境忍耐力,是指在某一时期某一区域的环境对人类社会、经济活动的支持能力的限度。环境为承接国际产业转移既提供空间和载体,又提供资源并容纳废弃物。但由于环境承载力是有一定限度的,通过森林覆盖率、垃圾处理率、湿地面积比重三个指标来分析环境对承接国际产业转移的支持力度。

3. 市场条件

市场需求是产业发展的动力,企业之所以向另一个国家转移就是发现了该国市场对企业生产的产品的客户需求。因此国际产业转移需要产品的市场需求来支持。市场条件主要表现在市场开放度、市场容量和市场规模三个方面。市场开放度也是对外贸易依存度,等于一定时期内进出口总额与 GDP 之比,反映了外国的劳动力、资本、土地、企业家才能等各种生产资料在本国范围内被允许进行的交换活动的开放程度。市场容量实际上相当于需求量,用社会消费品零售总额来衡量。市场规模主要是研究目标产品或行业的整体规模,具体可能包括目标产品或行业在指定时间的产量、产值等,用亿元以上商品的交易市场数量来表示。

4. 政府公共服务条件

波特指出,从事产业竞争的是企业,而非政府,竞争优势的创造最终必然要反映到企业上,政府能做的只是提供企业所需要的资源,创造企业发展的环境。因此,在承接国际产业转移过程中,政府只有扮演好自己的角色,才能成为扩大钻石体系的力量,通过发展基础设施、开放资本渠道、培养信息整合能力等措施,为引进的外商企业减小外部成本。主要用公共服务支出占财政支出的比重来衡量政府的公共服务能力,用供水能力、运营线路网长度、道路面积来分析城市设施水平。

表 4-19　　承接国际产业转移竞争力的指标体系

要素条件	自然资源条件	人均水资源量（立方米/人）X1 矿产资源综合丰度 X2
	土地条件	人均建设用地面积（平方米）X3
	资金条件	地方预算财政收支平衡差（亿元）X4 居民储蓄率（%）X5
	劳动力资源条件	人力资源规模 X6
	技术条件	R&D 经费（万元）X7 专利申请数 X8 技术市场成交额（万元）X9

续表

支持条件	运输条件	交通便利指数 X10
	产业聚集度	工业区位商>1 的个数 X11 产业聚集系数 X12
	环境承载能力	森林覆盖率（%）X13
		工业固体废物处理率（%）X14
		建成区绿化覆盖率（%）X15
		城市人口密度（平方米/人）X16
市场条件	市场开放度	外贸依存度（%）X17
	市场容量	社会消费品零售总额（万元）X18
	市场规模	亿元以上商品交易市场数量 X19
政府公共服务	公共服务能力	一般公共服务支出占财政支出比重（%）X20
	城市供水情况	年末供水综合生产能力（万立方米/日）X21
	城市交通设施水平	人均运营线路网长度（公里/万人）X22
	城市设施情况	人均城市道路面积（平方米）X23

（二）样本与数据

样本选取上，确定参与承接国际产业竞争力比较分析的省区为中部 9 个省份（山西、内蒙古、黑龙江、吉林、安徽、江西、河南、湖北、湖南）和除西藏以外的西部 9 个省区（重庆、四川、贵州、云南、陕西、甘肃、青海、宁夏、新疆）。18 个省区的 24 个指标的原始数据来源于《中国统计年鉴（2010 年）》和中国经济统计数据库，见表 4-20—表 4-23。在进行主成分分析前，对原始指标数据进行了标准化处理。

表 4-20　中西部地区承接国际产业转移竞争力的要素条件指标

	X1	X2	X3	X4	X5	X6	X7	X8	X9
山西	250.8325	0.1229	0.0552	-7558768	33.4983	1610.017	572980.1	1425	162067.5
内蒙古	1563.875	2.4843	0.1154	-10759777	25.5404	1268.257	357371.2	822	147651.5
吉林	1088.929	2.7485	0.0729	-9921149	24.8215	1321.688	306228.9	846	197598.3
黑龙江	2586.867	5.8194	0.0703	-12360753	24.2356	1510.592	586423.2	1204	488550
安徽	1195.337	0.0173	0.0644	-12780042	19.7926	2778.063	781883.2	4535	356173.6
江西	2642.459	0.0009	0.0499	-9810730	25.1749	2227.847	516110.4	988	97892.7
河南	347.614	0.2205	0.0611	-17796992	23.7708	4427.815	1221761	5476	263046.1

续表

	X1	X2	X3	X4	X5	X6	X7	X8	X9
湖北	1443.936	0.0862	0.0532	-12760572	26.8722	3312.908	1057682	4693	770328.7
湖南	2190.628	0.0014	0.0502	-13628264	22.0345	3532.623	825421.6	5620	440432.4
重庆	1600.27	0.2999	0.0402	-6369227	29.2356	1651.635	521899.2	4780	383158.1
四川	2857.514	0.3237	0.0506	-24161248	25.8972	4402.819	732962.7	3357	545976.9
贵州	2397.652	0.0146	0.0491	-9557893	20.7964	1173.794	177653.9	1222	17806.11
云南	3459.729	0.0088	0.0525	-12540870	26.3915	1233.674	131235.4	585	102468.7
陕西	1105.632	2.9993	0.0498	-11063684	33.5849	2401.441	561280.6	1899	698074.1
甘肃	794.3178	2.1180	0.1136	-9596919	31.0328	1026.866	184849	415	356286.9
青海	16113.59	4.1144	0.1404	-3990076	29.7604	331.5128	39821.4	79	84967.21
宁夏	135.5109	0.1583	0.0738	-3207869	29.8031	398.1417	69911.7	234	8982.286
新疆	3516.602	10.1740	0.1441	-9581277	29.5736	1056.46	129772.3	653	12077.67

数据来源：①《中国统计年鉴（2010 年）》；②作者的计算。

表 4-21 中西部地区承接国际产业转移竞争力的支持条件指标

	X10	X11	X12	X13	X14	X15	X16
山西	1.0070	15	2.7747	14.12	34.5892	36.49	2931
内蒙古	0.1993	19	1.5916	20	37.2722	32.44	951
吉林	1.3280	12	1.5646	38.93	2.2465	32.78	1396
黑龙江	1.0804	16	1.7275	42.39	9.7265	33.62	4321
安徽	0.8999	20	2.4597	26.06	10.8927	37.16	2114
江西	1.4676	13	1.4646	58.32	49.6296	44.36	4757
河南	2.1772	17	5.4224	20.16	24.9529	36.29	4886
湖北	2.9544	19	3.0935	31.14	20.9377	37.79	1845
湖南	1.5585	15	2.0314	44.76	7.4568	36.59	3276
重庆	2.4023	16	1.5045	34.85	4.9644	38.48	1637
四川	1.2091	18	3.5192	34.31	33.0964	36.4	2737
贵州	3.5702	16	0.8729	31.61	28.8271	27.44	3217
云南	2.5193	20	1.1754	47.5	30.1561	36.29	3561
陕西	1.1571	16	1.7511	37.26	26.0543	38.76	5530
甘肃	1.2782	19	0.8695	10.42	38.6245	27.32	3814
青海	0.5465	17	0.2414	4.57	0.1092	29.02	2189
宁夏	0.3432	17	0.3659	9.84	17.9526	38.75	902
新疆	0.3238	18	0.8391	4.02	5.4823	36.3	4922

数据来源：①《中国统计年鉴（2010 年）》；②作者的计算。

表4-22 中西部地区承接国际产业转移竞争力的市场条件指标

	X17	X18	X19
山西	8.6546	2809	42
内蒙古	6.6371	2855.3	66
吉林	11.1522	2957.3	68
黑龙江	10.6287	3401.8	87
安徽	10.6274	3527.8	133
江西	12.3419	2484.4	88
河南	5.2838	6746.4	140
湖北	9.3144	5928.4	136
湖南	6.0714	4913.7	263
重庆	8.0728	2479	107
四川	10.3860	5758.7	90
贵州	4.7613	1247.3	31
云南	8.2567	2051.1	52
陕西	7.2518	2699.7	42
甘肃	9.0432	1183	37
青海	4.5303	300.5	9
宁夏	9.9001	339.3	27
新疆	25.7544	1177.5	62

数据来源：①《中国统计年鉴（2010年）》；②作者的计算。

表4-23 中西部地区承接国际产业转移竞争力的政府条件指标

	X20	X21	X22	X23
山西	15.8760	449.33	5.5258	10.02
内蒙古	15.3216	344.66	2.1726	13.62
吉林	12.3493	720.1	3.2374	10.94
黑龙江	12.2118	813.35	2.6834	9.39
安徽	12.4887	2080.6	1.9472	14.91
江西	12.3798	454.25	2.4882	12.1
河南	15.7966	1007.79	2.6489	10.44
湖北	14.7493	1311.69	4.5945	13.84
湖南	15.2037	910.96	1.9632	12.59

续表

	X20	X21	X22	X23
重庆	12.1432	420.35	1.8468	9.78
四川	10.9029	764.95	2.7481	11.5
贵州	14.3398	240.16	2.4577	6.29
云南	12.1505	282.87	3.8143	10
陕西	14.2019	376.33	1.5968	12.86
甘肃	12.0415	397.37	2.7950	11.29
青海	11.2745	78.59	4.5365	11.47
宁夏	10.8626	130.45	9.4028	16.57
新疆	14.5249	371.53	4.9302	12.55

数据来源：①《中国统计年鉴（2010年）》；②作者的计算。

二 承接国际产业转移竞争力的主成分分析

（一）主成分分析方法

有关多指标综合评价的方法很多，目前学术界比较常用的主要有层次分析法、主成分分析法、因子分析方法、模糊综合评判法、灰色关联聚类法等。采用主成分分析法对西北少数民族地区承接国际产业转移的竞争力进行综合测度。在统计学中，主成分分析法（Principal Components Analysis，PCA）是由皮尔逊（Pearson，1901）和霍特林（Hotelling，1933）提出的一种简化数据集的技术，又称主分量分析、主成分回归分析法，对于克服评价指标的因子间存在一定程度的、有时是相当高的相关性而造成数据中的信息重叠现象，通过降维技术把多个指标变量转化为少数几个主成分（即综合变量），来反映原来多个变量所反映的信息。

利用SPSS17.0统计分析软件和18个省区的23个指标数据，研究承接国际产业转移中西北少数民族地区和其他省区相比较的竞争力大小、优势和劣势。首先根据所构建的评价指标体系，应用主成分分析法比较分析各三级指标要素（水资源、矿产资源、技术开发力量、专利情况、技术力量、专业化程度、聚集程度）并计算各要素的得分，再根据各三级指标要素的得分，计算各样本的二级指标综合得分，以评价宁夏、青海、新疆承接国际产业转移的各要素条件在全国的竞争优势。然后，又应用主成分分析法比较分析各二级指标要素(自然资源条件、土地条件、资金条件、劳动力资源条件、技术条件、运输条件、产业聚集度、环境承载能力、市场开放度、市场容量、市场规模、公共服务能力、城市供水情况、城市交通设施水平、城市设施情况)并计算各要素的得分,再根据各二级指标要素的得分,计算各样本的竞争力综合得分,以评价宁夏、青海、新疆承接国际产业转移的在全国的综合竞争力。

(二)主成分分析

1. 三级指标的主成分分析

(1)自然资源条件的主成分分析结果

主成分分析结果表 4-24,显示,自然资源条件要素只由一个主成分控制,其方差贡献率为 65.52%,人均水资源量与矿产资源综合丰度与主成分 1 的相关系数都为 0.618。从主成分 1 的得分表 4-24 来看,青海和新疆的得分最高,是中西部的前两名,可见青海和新疆水资源和矿产资源优势巨大;而宁夏的得分是 18 个省区中最低的,可见自然资源是宁夏承接国际产业转移的竞争劣势。

表 4-24　　　　　　　自然资源条件的综合评价分值表

	主成分1	综合得分	排名
山西	-0.7662	-0.6199	17
内蒙古	-0.0018	-0.0014	5
吉林	-0.0245	-0.0198	6
黑龙江	0.9332	0.7550	3
安徽	-0.6258	-0.5063	15
江西	-0.3777	-0.3055	10
河南	-0.7272	-0.5883	16
湖北	-0.5669	-0.4586	14
湖南	-0.4562	-0.3691	12
重庆	-0.4912	-0.3974	13
四川	-0.2670	-0.2160	9
贵州	-0.4172	-0.3375	11
云南	-0.2337	-0.1890	8
陕西	0.0354	0.0286	4

续表

	主成分1	综合得分	排名
甘肃	-0.2188	-0.1770	7
青海	2.9004	2.3464	1
宁夏	-0.7783	-0.6296	18
新疆	2.0834	1.6854	2

(2) 资金条件的主成分分析结果

如表4-25所示经分析和计算，资金条件有一个主成分，其方差贡献率为70.94%。宁夏、青海、新疆的综合得分是1.0027、0.9293、0.4172，排名是第二位、第三位、第七位，可以看出三个省份的预算财政收支平衡差较小、居民储蓄率较高，在资金条件方面具有一定的优势。

表4-25　　　　　　　资金条件的综合评价分值表

	主成分1	综合得分	排名
山西	1.4207	1.0078	1
内蒙古	-0.1558	-0.1105	9
吉林	-0.1582	-0.1122	10
黑龙江	-0.5479	-0.3887	13
安徽	-1.2582	-0.8926	16
江西	-0.0921	-0.0654	8
河南	-1.2917	-0.9164	17
湖北	-0.2069	-0.1468	11
湖南	-1.0314	-0.7317	15
重庆	0.9368	0.6646	5
四川	-1.7669	-1.2534	18
贵州	-0.7095	-0.5033	14
云南	-0.2509	-0.1780	12
陕西	0.9983	0.7082	4
甘肃	0.8023	0.5692	6
青海	1.3099	0.9293	3
宁夏	1.4134	1.0027	2
新疆	0.5881	0.4172	7

(3) 技术条件的主成分分析结果

对于技术条件，主成分 1 的贡献率为 80.06%，由 R&D 经费反映的技术开发力量对主成分 1 的控制率为 39.40%，由专利申请数反映的专利情况对主成分 1 的控制率为 38.20%，由技术市场成交额反映的技术力量对主成分 1 的控制率为 34.00%。表 4-26 显示，宁夏、青海、新疆的技术条件的综合得分排名分别为倒数第一、二、三位。可见，面临国际产业转移趋势，西北少数民族地区与中部地区的技术要素竞争力差距很大。

表 4-26　　　　　技术条件的综合评价分值表

	主成分 1	综合得分	排名
山西	-0.2225	-0.1781	9
内蒙古	-0.6063	-0.4854	13
吉林	-0.5876	-0.4704	12
黑龙江	0.2245	0.1798	8
安徽	0.8985	0.7193	4
江西	-0.4650	-0.3723	10
河南	1.4477	1.1590	2
湖北	1.8459	1.4778	1
湖南	1.2800	1.0248	3
重庆	0.6877	0.5506	6
四川	0.8909	0.7133	5
贵州	-0.9232	-0.7391	14
云南	-0.9762	-0.7816	15
陕西	0.6342	0.5078	7
甘肃	-0.5790	-0.4636	11
青海	-1.2038	-0.9638	17
宁夏	-1.2499	-1.0006	18
新疆	-1.0961	-0.8775	16

(4) 产业聚集度的主成分分析结果

区位商大于 1 的个数和大中型企业聚集度系数反映了产业聚集度，反映了承接地产业配套能力对承接国际产业转移的支持程度。产业聚集度的综合评价分值表表 4-27 显示，中西部地区的产业聚集度水平整体不够高，新疆的得分为-0.1010，该要素在中西部地区的竞争优势处于中等水平；而宁夏和青海的排名比较靠后，该要素竞争力不具有优势。

表 4-27　　　　　　　　产业聚集度的综合评价分值表

	主成分1	综合得分	排名
山西	-0.0598	-0.0316	8
内蒙古	0.5280	0.2793	6
吉林	-1.6452	-0.8703	18
黑龙江	-0.3229	-0.1708	11
安徽	1.3101	0.6930	3
江西	-1.3914	-0.7360	17
河南	2.0019	1.0590	1
湖北	1.3476	0.7129	2
湖南	-0.4654	-0.2462	13
重庆	-0.4446	-0.2352	12
四川	1.2716	0.6727	4
贵州	-0.7892	-0.4175	15
云南	0.6092	0.3223	5
陕西	-0.3100	-0.1640	10
甘肃	0.1340	0.0709	7
青海	-0.8255	-0.4367	16
宁夏	-0.7576	-0.4007	14
新疆	-0.1910	-0.1010	9

(5) 环境承载力的主成分分析结果

经分析和计算，环境承载力要素只由一个主成分控制，其方差贡献率为42.843%，森林覆盖率对该主成分的控制率为44.00%，工业固体废物处置率对该主成分的控制率为32.40%，建成区绿化覆盖率对该主成分的控制率为41.20%，城市人口密度对该主成分的控制率为33.80%。表4-28显示，宁夏、青海、新疆的综合得分不高，分别排在第17位、第18位、第13位，反映出西北少数民族地区环境承载力不大，在这一要素上明显差于其他中西部地区。

表 4-28 环境承载力的综合评价分值表

	主成分1	综合得分	排名
山西	-0.0231	-0.0099	9
内蒙古	-0.6505	-0.2787	14
吉林	-0.7610	-0.3260	16
黑龙江	0.2687	0.1151	7
安徽	-0.3422	-0.1466	11
江西	2.7333	1.1710	1
河南	0.3715	0.1591	5
湖北	0.0209	0.0089	8
湖南	0.3240	0.1388	6
重庆	-0.2128	-0.0912	10
四川	0.4562	0.1954	4
贵州	-0.4598	-0.1970	12
云南	0.9436	0.4043	3
陕西	1.2633	0.5412	2
甘肃	-0.7081	-0.3034	15
青海	-1.9467	-0.8340	18
宁夏	-0.7724	-0.3309	17
新疆	-0.5049	-0.2163	13

2. 二级指标的主成分分析

(1) 要素条件的主成分分析结果

由分析结果看出，前3个主成分的方差累计贡献率达到79.65%。第一主成分的方差贡献率为52.828%，由R&D经费、专利申请数、技术市场成交额、人力资源规模、人均建设用地面积、地方预算财政收支平衡差控制；第二主成分的方差贡献率为14.701%，由矿产资源综合丰度、人均水资源量控制，第三主成分的方差贡献率为12.122%，由居民储蓄率控制。根据评分表4-29，新疆和青海承接国际产业转移的要素竞争力很大，在18个省区中位居前两位，而宁夏的排名是最后一位，与新疆和青海在自然资源、土地、资金、劳动力资源、技术上存在很大的差距。

表 4-29　　　　　　　　　　要素条件的综合评价分值表

	主成分 1	主成分 2	主成分 3	综合得分	排名
山西	-0.59845	-1.08566	1.2548	-0.1979	17
内蒙古	-0.44574	0.5162	-0.4207	0.0473	7
吉林	-0.50596	-0.08624	-0.3563	-0.0451	12
黑龙江	0.38684	0.85694	0.1515	0.1508	4
安徽	0.73516	-0.28668	-1.2834	0.0049	10
江西	-0.41906	-0.69645	-0.6998	-0.1292	13
河南	1.61451	-0.08968	-0.8048	0.0902	5
湖北	1.44853	-0.28106	0.9248	0.0514	6
湖南	1.14568	-0.28326	-0.8001	0.0317	8
重庆	-0.06816	-1.03637	0.7837	-0.1567	15
四川	1.71801	0.36019	-0.2110	0.1630	3
贵州	-0.92337	-0.82315	-1.7017	-0.1801	16
云南	-0.77846	-0.57529	-0.6239	-0.1344	14
陕西	0.5312	-0.14235	2.3038	0.0131	9
甘肃	-0.56304	0.25854	1.0969	0.0020	11
青海	-1.1188	2.24088	-0.3293	0.2578	2
宁夏	-1.67435	-1.16862	0.3513	-0.2790	18
新疆	-0.48455	2.32205	0.3643	0.3103	1

(2) 支持条件的主成分分析结果

计算结果显示，主成分分析后得到的前两个主成分的方差累计贡献率为 63.944%，第一主成分的方差贡献率为 32.948%，第二主成分的方差贡献率为 21.06%。在成分载荷方面，主成分 1 由区位商大于 1 的个数、森林覆盖率、建成区绿化覆盖率控制，主成分 2 由大中型企业聚集度系数、工业固体废物处置率、城市人口密度控制。表 4-30 中，宁夏、青海、新疆的综合得分排名第 15 位、第 18 位、第 14 位，可以看出，在 18 个省区当中，西部少数民族地区承接国际产业转移的支持条件处于竞争劣势。

表 4-30　　　　　　　支持条件的综合评价分值表

	主成分 1	主成分 2	综合得分	排名
山西	-0.07813	0.48404	0.0762	9
内蒙古	-1.21892	0.01829	-0.3978	16
吉林	1.50298	-1.74335	0.1281	7
黑龙江	0.66671	-0.22931	0.1714	5
安徽	-0.70089	0.10595	-0.2086	13
江西	2.25221	1.33038	1.0222	1
河南	-0.44021	1.80232	0.2345	4
湖北	-0.42035	0.53108	-0.0267	11
湖南	1.16326	-0.40363	0.2983	3
重庆	0.7675	-0.89313	0.0648	10
四川	-0.30479	1.11449	0.1343	6
贵州	-0.26379	-0.51371	-0.1951	12
云南	-0.20947	0.70344	0.0791	8
陕西	0.75199	0.80964	0.4183	2
甘肃	-1.71935	0.17614	-0.5294	17
青海	-0.86464	-1.8655	-0.6778	18
宁夏	-0.2662	-1.04191	-0.3071	15
新疆	-0.61791	-0.38521	-0.2847	14

(3) 市场条件的主成分分析结果

由分析结果看出，支持条件只有一个主成分，其方差累计贡献率为 58.553%，由外贸依存度反映的市场开放度与主成分的相关系数为 -0.303，由社会消费品零售总额反映的市场容量与主成分的相关系数为 0.922，由亿元以上商品交易市场数量反映的市场规模与主成分的相关系数为 0.902。表 4-31 中青海、宁夏、新疆的得分很低，排名依次是倒数第三位、第二位、第一位，可见西北少数民族地区在市场条件方面具有劣势。

表 4-31　　　　　　　市场条件的综合评价分值表

	主成分 1	综合得分	排名
山西	-0.35606	-0.2085	12
内蒙古	-0.06177	-0.0362	8

续表

	主成分1	综合得分	排名
吉林	-0.18258	-0.1069	9
黑龙江	0.12487	0.0731	7
安徽	0.55674	0.3260	5
江西	-0.18634	-0.1091	10
河南	1.71457	1.0039	2
湖北	1.30256	0.7627	3
湖南	2.23326	1.3076	1
重庆	0.13347	0.0782	6
四川	0.81898	0.4795	4
贵州	-0.7441	-0.4357	14
云南	-0.46718	-0.2735	13
陕西	-0.33488	-0.1961	11
甘肃	-0.86834	-0.5084	15
青海	-1.19008	-0.6968	16
宁夏	-1.22218	-0.7156	17
新疆	-1.27094	-0.7442	18

(4) 政府公共服务的主成分分析结果

对于政府公共服务，前3个主成分的方差累计贡献率达到70.194%。第一主成分的方差贡献率为38.127%，由一般公共服务支出占财政支出比重和人均运营线路网长度差控制，与主成分1的相关系数分别为-0.566、0.861；第二主成分的方差贡献率为32.067%，由年末供水综合生产能力和人均城市道路面积控制，与主成分1的相关系数分别为0.845、0.740。根据评分表4-32所示，宁夏的综合得分排第1位，青海的综合得分排第4位，新疆的综合得分排第5位，反映出西北少数民族地区在政府公共服务上具有竞争优势。

表4-32　　　　　政府公共服务的综合评价分值表

	主成分1	主成分2	综合得分	排名
山西	-0.02944	-0.50905	-0.1745	14
内蒙古	-0.40397	0.19449	-0.0917	10

续表

	主成分1	主成分2	综合得分	排名
吉林	-0.00272	-0.10697	-0.0353	8
黑龙江	-0.38361	-0.43781	-0.2867	15
安徽	-0.93887	2.62057	0.4824	2
江西	0.09559	-0.15069	-0.0119	7
河南	-1.21911	0.18654	-0.4050	17
湖北	-0.23144	1.53682	0.4046	3
湖南	-0.96883	0.608	-0.1744	13
重庆	-0.28643	-0.85541	-0.3835	16
四川	0.21046	0.04267	0.0939	6
贵州	-0.87521	-1.94539	-0.9575	18
云南	0.41991	-0.89007	-0.1253	11
陕西	-0.43388	-0.02581	-0.1737	12
甘肃	0.20955	-0.43918	-0.0609	9
青海	1.14969	-0.74039	0.2009	4
宁夏	3.23974	0.88942	1.5204	1
新疆	0.44855	0.02226	0.1782	5

3. 承接国际产业转移竞争力主成分分析

宁夏、青海、新疆在二级指标要素上各自的综合得分和排名反映了它们在要素条件、支持条件、市场条件、政府公共服务方面的相对竞争实力，而三个省份承接国际产业转移竞争力的综合评价还需要利用二级指标的综合得分数据，应用主成分方法和 SPSS 统计软件，计算出一个综合评价分值。计算结果显示，成分分析后得到的前两个主成分的方差累计贡献率为 64.28%。在成分载荷方面，主成分 1 由市场条件因子、政府公共服务因子控制，主成分 2 由要素条件因子、支持条件因子控制。由表 4-33 可以看出，新疆和青海承接国际产业转移的综合排位分别是第五位、第六位，在承接国际产业转移上优势比较明显；而宁夏承接国际产业转移的综合得分最低，承接国际产业转移的竞争力最小。

表 4-33　　　承接国际产业转移竞争力的综合评价分值表

	主成分1	主成分2	综合得分	排名
山西	-0.33127	-0.83297	-0.4046	16

续表

	主成分 1	主成分 2	综合得分	排名
内蒙古	-0.19344	0.9079	0.2538	8
吉林	0.23579	-1.01215	-0.2762	14
黑龙江	0.77427	0.27982	0.3598	4
安徽	-0.33796	0.38886	0.0226	10
江西	0.33742	-1.9251	-0.5627	17
河南	1.47253	0.68399	0.7376	1
湖北	0.30206	0.5136	0.2825	7
湖南	1.86993	-0.46998	0.4662	3
重庆	0.42906	-1.04434	-0.2222	13
四川	0.56131	0.86984	0.4953	2
贵州	0.13307	-0.40441	-0.0972	12
云南	-0.43818	-0.38412	-0.2830	15
陕西	0.22797	-0.43768	-0.0769	11
甘肃	-0.92793	1.02676	0.0476	9
青海	-0.7582	1.54628	0.2875	6
宁夏	-2.76997	-1.21899	-1.3638	18
新疆	-0.58645	1.51271	0.3337	5

（三）竞争力评价的结论

基于波特的钻石理论，建立承接国际产业转移竞争力的评价指标体系，后利用 SPSS 软件对 2009 年 18 个中西部省区的 23 个指标数据进行主成分分析，得到以下结论。

在中西部 18 个省区中，新疆承接国际产业转移的综合竞争力排名第五位，青海排名第六位，宁夏排名倒数第一。宁夏承接国际产业转移在政府公共服务上具有的竞争优势最大，但要素条件、支持条件、市场条件这三个方面的竞争劣势非常明显。具体地，宁夏的自然资源和技术条件竞争力排名倒数第一位，市场开放度、市场容量和市场规模竞争力排在倒数第三位，产业聚集度、环境承载力的排名也比较靠后。青海承接国际产业转移在水资源和矿产资源、资金条件、政府公共服务上具有巨大的竞争优势，在技术条件、产业聚集度、环境承载力方面处于明显的竞争劣势，市场条件竞争力排名倒数第三位。新疆承接国际产业转移的要素条件竞争力排名第一位，在政府公共服务方面也具有一定的竞争优势，而支持条件和市场条件的竞争力较小。

综上，西北少数民族地区承接国际产业转移的竞争优势有政府公共服务、资金要素、自然资源，竞争劣势有技术条件、环境承载力、产业集聚度、市场条件。宁夏、青海、新疆承接国际产业转移的综合竞争力有大有小，三个省份的竞争优劣势存在一定的差异。

第四节　西北少数民族地区承接国际产业转移的制约因素分析

一　指标的选取和模型的建立

（一）指标的选取

根据钻石模型，影响承接国际产业转移的因素主要有要素条件（土地、资金、劳动力、技术等）、支持条件（运输条件、产业聚集度、环境承载能力等）、市场条件（市场开放度、市场容量、市场规模等）、政府公共服务（公共服务能力、城市供水情况、城市交通设施水平、城市设施情况等）。结合众多学者的相关研究成果，考虑到数据的可获得性，选取以下几个指标变量作为西北少数民族地区承接国际产业转移的主要影响因素：

能源总量（X_1）。能源生产总量包括煤炭、原油、天然气、水电和风电的储量，能源储量丰富为工业发展提供了可靠的支持，为承接国际产业转移奠定了良好基础。人力资源规模（X_2）。该指标可以反映一个地区劳动力受教育程度，拥有较多智力资本和高素质人才的国家和地区对高质量的外资有巨大的吸引作用。职工平均工资（X_3）。职工平均工资包括国有单位职工、城镇集体单位职工、其他单位职工等全部职工的平均工资，低水平的职工平均工资可以减少生产成本，是吸引国际劳动密集型产业转移的重要原因。综合运往里程（X_4）。综合运往里程即运输线路长度，包括铁路、公路、民航等的营业里程，能反映一个地区的区位和交通条件。运输成本是国际产业转移区位选择的重要影响因子。与中部地区相比，西部地区的交通运输条件并不占优势。相对而言，交通越便利的地区，产品运输成本越小，国际产业转移向该地区转移的规模就越大。人均 GDP（X5）。一般用人均 GDP 来衡量一个地区的经济增长状况。产业在空间移动上表现为梯度性，与转移国际的经济梯度差异越合理，产业向该地区转移的可能性就越大。科技活动经费（X6）。科技活动经费支出是指一个地区实际用于基础研究、应用研究和试验发展的经费支出，在一定程度上可以看出该地区的技术力量或技术潜力，为承接产业，特别是承接技术密集型产业提供可靠的技术支持。产业聚集度（X7）。产业集聚在四个方面影响产业转移：能产生集聚经济效应，从而吸引同类企业入驻；能带动更多上下游及相关企业入驻；有利于吸引高素质务工人员，缓解产业转移中用工荒难题；能有效降低产业转移成本。产业聚集度指标反映了产业集聚水平，与外商直接投资呈正相关关系。工业污染治理投资额（X8）。包括治理废水、废气、固体废物、其他污染等投资额，可以反映一个地区的环境承载能力，而环境对经济活动和产业发展起着一个限制的作用。城市化率（X9）。产业发展要求城市基础设施、配套功能的完善，产业转移也是一样，因此城市化率也在一定程度上对产业转移有影响。城市化水平提升可以使得当地的农民工在离家乡不远的地方打工，农民工在离家乡不远的城市定居更容易被接受和更容易融入当地城市的城市氛围，而且生活成本低，相对工资高，提高当地的经济水平和投资环境。居民消费（X11）、社会消费品零售总额（X10）、外贸依存度（X12）。市场因素是东道国吸引 FDI 最为重要的因素之一，市场容量大、市场发育好、市场潜力大的地区通常更易吸引外商投资。用最终居民全年消费额来反映市场规模，用社会消费品零售总额指标来反映市场容量，用外贸依存度来衡量市场开放度。社会固定投资（X13）。包括中央、地方、不同经济类型、不同来源等的投资额，用于一个地区的基础设施建设，主要包括交通、运输、通信、能源等公用事业，它的作用在于加快物流、资金流和信息流传递的速度，降低市场交易成本，加强吸引外商投资的能力。

（二）模型的建立

以外商直接投资额作为被解释变量，以上 13 个相关指标作为解释变量,为了将误差由绝对误差变为相对误差,避免可能存在的异方差性,将被解释变量、解释变量取对数,建立以下对数模型。原始数据为1985—2009 年的数据,来源于《宁夏统计年鉴(1986—2010 年)》《青海统计年鉴(1986—2010 年)》《新疆统计年鉴(1986—2010 年)》。

$$LNY = C + C1LNX1 + C2LNX2 + C3LNX3 + C4LNX4 + C5LNX5 + C6LNX6 + C7LNX7 + C8LNX8 + C9LNX9 + C10LNX10 + C11LNX11 + C12LNX12 + C13LNX13 + U$$

(其中,U 为随机误差项)

二 宁夏承接国际产业转移的制约因素分析

(一)回归分析

为了结果的精确性,首先运用 SPSS 软件对数据做了标准化处理,然后运用 Eviews 软件做 OLS 估计,由于其中有些变量的参数估计值未能通过 T 检验且符号的经济意义不合理,所以进行了多重共线性检验,经过逐步回归后剔除了变量职工平均工资、人均 GDP、居民消费、社会消费品零售额、城市化率,经过多重共线性检验,调整后的可决系数明显上升,为 0.9334,且变量的参数值均通过 T 检验,进一步进行的 DW 检验也证明模型无自相关。最终各因素对宁夏外商直接投资的贡献率和其相关分析结果见表 4-34。

表 4-34　　宁夏外商直接投资额与影响因素的相关分析

指标	贡献率	显著性检验值	相关系数
能源总量	10.6656	5.5626	0.2360
人力资源规模	2.5767	9.9454	0.5118
综合运往里程	3.8017	5.2297	0.3742
科技活动经费	0.7624	6.0471	0.3946
产业聚集度	4.4432	2.1083	-0.5444
工业污染治理投资额	0.6970	6.5348	0.5639
外贸依存度	0.5202	1.1519	0.2397
社会固定投资额	8.3032	3.2481	0.3491

资料来源:Eviews 分析结果。

（二）结果分析

从表 4-34 中的贡献率数据来看，对宁夏外商投资贡献率最大的依次是能源、社会固定投资额、产业聚集度、综合运网里程，这些因素对宁夏外商投资额影响较大，起到了积极作用；人力资源规模、科技活动经费、污染投资额、外贸依存度对扩大宁夏外商投资额的拉动作用较小。从表 4-34 的相关系数的数据来看，和宁夏外商投资相关度较大的有污染投资额、人力资源规模、科技活动经费四个因素，综合运网里程、社会固定投资额、外贸依存度、能源、产业聚集度等因素与外商直接投资额的相关度较小。

通过对以上得出的数据进行分析，可以得到结论，制约宁夏承接产业的因素主要有四个：人力资源规模、市场开放度、环境承载力、技术条件。下面对这些制约因素进行具体分析。

（三）制约因素分析

1. 人力资源规模较小，劳动力素质水平较低

2009 年，宁夏的劳动力资源人数为 437.9 万人，仅占全国劳动力资源的 0.55%，就业人口为 328.5 万人，所占比例更少，只占全国就业人口的 0.42%，这些数据有力地证明了宁夏的人力资源规模在全国来说都是比较低的。同时，由于宁夏的教育基础薄弱，缺乏人才培养的环境条件，使得本来规模就小的人力资源同时存在水平较低的问题。2009 年，宁夏全区各类专业技术人员数为 12.84 万人，占全区就业人口的比重只有 3.9%，而每万人中的专业技术人员数仅为 205 人，就是说，尽管宁夏有大量廉价的劳动力资源，但从业人员的文化素质普遍偏低，技术熟练度更是大大落后。因此，宁夏低水平、低规模的人力资源是制约宁夏承接国际产业转移的重要因素之一。

2. 市场开放度小、外贸依存度低

宁夏地区经济外向度小，长久以来存在着市场竞争机制不健全、市场开放力度不大、市场独立性不强、市场秩序不规范、专业化和社会化水平较低等问题，这些问题导致宁夏地区市场发育滞后，对外贸易能力弱、水平低，使可自由投资的领域受到了一定的限制，给承接产业带来

了阻力。宁夏2009年外贸总额为82.09亿元，其占宁夏地区国内生产总值的比重为6%，而同年全国外贸总额为150648.1亿元，其占国内生产总值的比重为44%，宁夏的外贸依存度水平十分低下，并没有减缓的趋势，2006年宁夏的外贸依存度为15.8%，到2009年下降至6%，下降幅度较大。

3. 工业污染治理投资额小，环境承载力弱

宁夏对工业污染的治理方面投资较小，分析出的相关系数仅为0.7，是制约宁夏产业转移的一大因素。2009年宁夏对污染治理的投资额全部用于治理工业污染资金为43471万元宁夏的污染治理投资额少，治理力度弱。北京工商大学世界经济研究中心2008年7月28日发布的《中国300个省市绿色GDP指数报告》也表明，中国城市发展资源效率水平普遍偏低，排名最后的10个城市都来自中西部地区，长此以往，这些地区的环境承载力将会越来越小，从而使得该地区承接产业的能力受到制约。

4. 技术创新能力弱，科研经费少

科学技术对一个地区经济发展起着很重要的作用，而宁夏整体呈现科技投入不足，科技创新体系不健全，自主创新能力弱等问题。宁夏对科技活动的投入较少，低投入导致低的科技水平，这对承接产业转移是十分不利的。2008年间，宁夏拥有的研发试验发展的技术人员数为1.56万人，同一时段全国拥有的科研技术人员为196.5万人，宁夏只占全国的0.8%；同年宁夏投入的科技活动计费为18.9亿元，全国投入的经费为4616亿元，宁夏占全国的0.4%；2009年宁夏被授权的专利数为910件，同年全国被授权的专利总数为581992件，宁夏占全国的0.2%。由以上数据分析可知，宁夏的科学技术水平低，科技经费投入少，而这在很大程度上制约了该地区的承接国际产业转移。

三 青海承接国际产业转移的制约因素分析

（一）回归分析

为了结果的精确性，首先运用SPSS软件对数据做了标准化处理，然后运用Eviews软件做OLS估计，由于其中有些变量的参数估计值未能通

过 T 检验且符号的经济意义不合理,所以进行了多重共线性检验。经过逐步回归后剔除了变量职工平均工资、工业污染治理投资额、综合运往里程、城市化率,调整后的可决系数明显上升,为 0.8659,且变量的参数值均通过 T 检验,进一步进行的 DW 检验证明模型无自相关。最终各因素对青海外商直接投资的贡献率和其相关分析结果见表 4-35。

表 4-35　　　　青海外商直接投资额与影响因素的相关分析

指标	贡献率	显著性检验值	相关系数
能源总量	10.5832	9.6552	4.5863
人力资源规模	0.0259	8.3654	0.015
人均 GDP	0.4034	4.3658	-0.5810
科技活动经费	0.6383	6.3458	-0.6577
产业聚集度	0.5368	2.6588	-5.3547
居民消费	0.5356	3.3244	0.2872
社会消费品零售额	0.2554	2.6314	0.0357
外贸依存度	0.0394	3.2785	0.0.348
社会固定投资额	0.3587	1.3577	0.5367

资料来源:Eviews 分析结果。

(二)结果分析

从表 4-35 中的贡献率数据来看,对青海外商直接投资贡献率最大的是能源,其他因素对扩大青海外商投资额的拉动作用较小。从表 4-35 的相关系数的数据来看,青海外商直接投资较大的制约因素涉及经济发展水平、劳动力、人力资本、居民消费水平等各个方面。下面对这些因素进行分析。

(三)制约因素分析

1. 区域梯度差异大,经济基础薄弱

从人均 GDP 来看,青海与发达地区之间的经济发展水平差距较大,虽然青海已经形成了一定的产业基础,但它吸纳各类生产要素和整合资源配置的能力尚不能满足产业转移的需求。目前,青海仍然处在工业化的初级阶段,工业基础薄弱,经济发展水平低下,对国际产业转移的吸引力明显不足。

2. 人力资本积累不足，专业技术人才相对缺乏

目前，人才在青海比较稀缺，尤其缺少企业家和专业技术人才。2005年在科教与创新竞争力方面，青海在西部12省市中居第11位，与其他省份相比差距非常大。一方面，每十万人口高等学校平均在校生数，青海为935人，远远低于西部的平均数1480人；国有企事业单位专业技术人员数，青海为6万人，而西部的平均值为30万人，是青海的5倍。人力资本的不足和专业技术人才的缺乏使青海为承接国际产业转移提供智力支持的能力十分有效。

3. 市场化水平低

据中国经济改革研究基金会国民经济研究所对中国各省区市场化进程2006年度报告，在2001—2005年中国31个省市市场化总体程度排序中，青海位于第31位。青海国有经济比重大大高于西部其他省区。因此，国有企业的各种制度性缺陷如机制僵化、经营低效、包袱沉重等，也就比其他地区更为普遍，很难成为资本西进和产业转移的合作载体。

4. 基础设施建设落后，投资环境须进一步完善

青海位于内陆腹地，自然环境恶劣，位置偏远，虽然基础设施条件自西部大开发以来有了提高，但在西部12省市区中基础设施竞争力仍位于最末端。在劳动力成本和其他投资条件相近的条件下，运输成本就成为产业转移区位选择的重要因素。目前除了以兰青铁路、西兰高速公路为主体的通往甘肃的东部通道外，其他对外连接均是等级较低的国道和省道，尚未形成与周边省区四通八达的交通体系。投资者需要的不仅仅是居住，更需要一片交通便利、环境优美的用地。软环境建设由于基础设施建设的不足而明显滞后。

四 新疆承接国际产业转移的制约因素分析

（一）回归分析

为了结果的精确性，首先运用SPSS软件对数据做了标准化处理，然后运用Eviews软件做OLS估计，由于其中有些变量的参数估计值未能通过T检验且符号的经济意义不合理，所以进行了多重共线性检验。

经过逐步回归后剔除了变量职工平均工资、人均 GDP、综合运往里程、城市化率,调整后的可决系数明显上升,为 0.7365,且变量的参数值均通过 T 检验,进一步进行的 DW 检验也证明模型无自相关。最终各因素对青海外商直接投资的贡献率和其相关分析结果见表 4-36:

表 4-36　新疆外商直接投资额与影响因素的相关分析

指标	贡献率	显著性检验值	相关系数
能源总量	16.3541	9.6552	0.2360
人力资源规模	0.6523	8.3654	0.8659
科技活动经费	1.2035	4.3658	0.6571
产业聚集度	0.9842	6.3458	0.5984
工业污染治理投资额	8.9514	2.6588	-0.6284
居民消费	0.8954	3.3244	0.0132
社会消费品零售额	0.8965	2.6314	0.6254
外贸依存度	1.9742	3.2785	0.762
社会固定投资额	2.3604	1.3577	0.269

资料来源:Eviews 分析结果。

(二)结果分析

从表 4-36 中的贡献率数据来看,对新疆外商直接投资贡献率最大的依次是能源、工业污染治理投资额,这些因素对新疆外商直接投资额影响较大,起到了积极作用;人力资源规模、科技活动经费、居民消费和社会消费品零售额、外贸依存度、社会固定投资额对扩大新疆外商投资额的拉动作用较小。

从表 4-36 的相关系数的数据来看,和新疆外商直接投资相关度较大的制约因素有人力资源规模、科技活动经费、社会消费品零售额、外贸依存度,其他制约因素与外商直接投资额的相关度较小。下面对影响新疆承接国际产业转移的制约因素进行分析。

(三)制约因素分析

1. 产业集聚程度低,综合配套能力不足

数据显示,新疆产业集聚系数值为 8.39%,排在倒数第三位,其集聚大中型企业的规模远远落后于河南、四川、湖北等省份。李金华等人研究发现,一个地区的行业集中度与外商直接投资密切相关。新疆产业集聚程度低,说明产业集群的规模小,上下游产业的配套能力不足,这样就提高了企业的交易成本和经营风险,不利于更多的外商投资企业集中于新疆。目前,东部亟待转出的产业主要是指分工细、链条长、时效性长的劳动密集型产业,对配套产业发展的要求相对较高。不难看出,这就是为什么劳动密集型产业向新疆转移的可能性较小,而新疆承接东部产业的增加速度也比较慢。通过计算区位商,可以发现石油采矿业、纱制造业和布制造业的专业化程度最高,是新疆的三大输出行业。石油采矿业、纱制造业和布制造业的分布主要决定于原材料的地理分布,因此它们主要集中在新疆。但值得注意的是,由于较大的市场需求,以石油、纱、布为主要投入品的加工业集中在新疆以外的地区,而这些行业的经济效益要大得多。工业园是承接产业转移的载体,近年来新疆承接了一些产业,但这些产业的优势不明显,产业的关联度不高,难以形成产业集群;另一方面,新疆政府只注重引入单个企业,而忽视了工业园区的投资和建设,厂房、环保、金融等配套设施不齐,保障体系、管理机制、开发机制等配套政策也不完善。

2. 技术创新能力低,技术条件落后

技术创新有两种途径,一是技术发明,二是技术引进。在技术发明方面,新疆2009年申请专利数较少,只占四川申请专利数的1/7;投入的研究开发资金为12977.22万元,略高于甘肃、青海、宁夏,但明显落后于中西部其他省区。这说明新疆产业开发区的技术潜在力量比较小,新疆的生产技术被发明的可能性不大。在技术引进方面,新疆是中西部技术市场成交额第二少的地区,成交额只有12077.67万元,这说明新疆生产高质量产品的实力是非常薄弱的。技术创新能力的不足反映出新疆生产技术水平的落后,技术条件成为新疆承接产业转移的最大障碍。技术是经济发展的内部要素,技术的提高和推广对新疆承接产业转移表现出两个方面的作用:一是保持矿产资源优势和增强产业结构优势,二是改良承接的产业结构和提高承接的产业层次。一方面,丰富的石油、天然气、煤炭等矿产资源是新疆承接产业转移的有利条件,通过提高采矿业的效率和减少相关生产加工行业的资源消耗，技术的运用就间接扩大了矿产资源的储存量。另一方面，技术外溢性对传统农业、传统工业和其他行业进行改造，既提高了产品的科技含量和附加值，又降低了资源消耗和环境污染，最终促进农业产业化、工业结构升级和服务业完善。这有利于增强新疆承接产业与转移地区产业结构相似的优势，也有利于提高新疆对发达地区转移高新技术产业的吸引力，以改善新疆承接的产业层次低、结构失衡的不良状况。

3. 劳动力资源不足，高素质人才紧缺

在新疆承接的产业中，劳动密集型产业占的比重较大，因此人力资源的流动和配置起着举足轻重的作用。从技术结果来看，新疆人力资源规模较小，排在中西部最后三位。人力资源包括一般劳动力资源和高级人才资源。新疆劳动力资源主要表现为三个特点：一是集中度不高，这很大程度上是由相对较低的人口密度决定的；二是流动性大，因为受自然条件限制，外来务工人员季节性地向新疆流动；三是文化素质不高，第五次人口普查结果显示，新疆小学以下、小学文化程度的人口占到了总人口的49.25%，而大专及以上文化程度的人口只占总人口的5.80%。近年来，新疆注重引进人才，但由于高素质人才倾向于向收入水平、生活水平、环境水平相对较高的地区迁移，这并没有改变新疆专业技术人员和管理人员紧缺的状况。人力资源规模的较大差异是致使劳动力密集型产业更多地向新疆以外的中西部省区转移的重要原因。

4. 市场容量低，市场规模小

受全球金融危机的冲击，东部沿海地区一些企业开始从出口转向内销，占领市场成为它们跨区投资的主要目的之一，而市场容量、市场规模、市场开放度等市场条件就成为它们选择产业转移区域的重要决策因素。2009年的数据显示，新疆城镇人均可支配收入高达10254.03元，排名第二位，意味着新疆在西部省区中具有较大的潜在的消费能力和消费市场。但事实证明，新疆的实际消费水平不高，排名倒数第三位，其社会消费品零售总额只比青海和宁夏分别高出877亿元、838.2亿元。这主要是因为，新疆是少数民族聚居地，有维吾尔族、哈萨克族等10个信仰伊斯兰教的民族，少数民族人口占到了总人口的 61.01%。由于这些民族在长期的发展中形成了独具特色的饮食、衣着、文化生活习惯，其需求基本由当地企业供给。因而，外地企业很难进入新疆市场，服装、食品等行业向新疆转移的可能性较小。由此可见，市场条件是新疆承接产业转移的制约因素之一。

第五章

西北少数民族地区承接东部转移产业选择

第一节 东部产业转移的趋势分析

产业转移也就是企业将产品生产的部分或全部由原生产地转移到其他地区的一种经济现象。东部产业转移是大势所趋,性质是国际分工和国际产业转移。我国东部沿海的产业转移始于21世纪初的产业转移浪潮,表象是要素成本上升,根本原因是中国经济在经过改革开放30年高速发展后出现的资源环境制约问题以及产业结构和消费结构升级的要求所致,随着一些要素价格的上涨,东部地区发展受到的制约与日俱增,迫使东部地区把一些优势丧失的产业转移出去。

一 东部产业转移的原因

由于生产要素禀赋、产业基础与产业分工的差异,地区间在经济发展、产业结构和技术结构水平上不可避免地存在一定的阶梯状差距,这种经济发展水平的客观差距,是区域产业转移的客观基础。产业的适时转移不仅是高梯度发达地区产业结构调整的需要,也促进了低梯度地区的经济发展。其最终结果是使各区域的产业类型和水平与自身的资源禀赋、要素价格和经济发展总体水平相适应。因此,区域经济发展水平的差异决定区域间要素价格的差异,而要素价格的差异便是推动产业空间转移的最基本原因。

东部地区随着产业的聚集和经济的发展,将面临土地、环保、劳动力等要素成本上升、产品市场饱和、投资回报率下降等趋势,这种趋势加上来自外部(欠发达区域)类似产业的强有力竞争,会使发达区域一些产品的竞争优势逐渐丧失,最终会形成产业结构调整的巨大压力。欠发达地区由于基本发展条件已经具备、要素价格低廉、市场广阔、投资回报率较高以及政策性优惠等诸多因素,日益成为发达区域一些传统性产业的新的优势生产区位。这种优势生产区的存在,使得欠发达区域具有了吸纳产业转移的引力。这样,在内部产业结构调整的压力和外部引力的共同作用下,发达区域逐渐丧失优势的产业会出于保持、提升竞争优势的动机而寻求在空间上的迁移、重组,即产业的区域转移。

二 东部产业转移的趋势

从全球范围来看,迄今已经发生了四次产业转移。其中,第四次产业转移就包括 20 世纪 90 年代以来,发达国家和我国东部发达地区将一些劳动密集型产业和初级产品加工工业、消耗能源高以及运输量大的产业向中西部地区转移。

(一)产业转移的行业分布

由于劳动力、土地等要素成本的明显上升,东部那些在产业链中处于中低端、盈利能力较弱的劳动密集型产业,呈现出明显的向中西部地区转移的趋势。当前珠三角地区的纺织、服装、食品、玩具、皮革、制鞋等产业的转移需求最为迫切,在未来一段时期内,东部地区附加值较低的一些劳动密集型产业以及加工贸易产业向中西部地区转移的趋势还会进一步加强,其转移的产业主要以纺织服装业、农产品加工、化工、家电制造、汽车零部件产业等为主。此外,依托资源开发为主的产业如竹木加工、家具制造、矿产品开发及加工、水电开发、旅游开发、药材种植及加工等行业,也都呈现出向外转移的趋势。

继劳动密集型产业转移之后,从产业转移的层级看,化工、机械和家电等一些资本密集型产业也呈现出加速向中西部地区转移的趋势。呈现这种趋势的主要原因是:虽然化工、机械和家电等产业从产业分类中大的层面来说属于技术密集型产业,但所生产的部分产品仍属于劳动密集型产品,在参与跨国公司全球分工中,所承担的生产环节也呈现出劳动密集型产品的特点,其产品层次也比较低,这种产业结构和产品结构既不符合国家战略发展需求,也难以促进东部经济的增长,因此这类型的生产环节也正加速向中西部地区转移。

(二)产业转移的特点

目前东部产业转移的一大特点是以龙头企业和大企业为核心,开始由以往单一考虑生产要素成本的单个企业转移转变为开始注重产业链之间合作配合的"企业组团转移",也就是整个产业链条的集体转移。出现这种转移的原因是龙头企业和大企业出于对降低生产成本、接近市场等方面的考虑,对一个产业链的上、中、下游各个环节的产品进行整个产业链的大规模转移,同时将研发、采购、销售、物流、售后服务等相关的营运环节也转移过来。由于龙头企业和大企业社会化协作程度高,一家龙头企业和大企业投资往往会带动和引导一批相关行业的大量投资,形成"龙头"带"配套","配套"引"龙头"的良性发展格局。

从企业转移的社会环境看,产业转移起初只是企业自身的行为,主要是由于原材料成本、融资成本、出口成本、生产资源成本和节能减排成本等不断增加,因而出现的一种自发寻找发展出路的行为。自2006年开始成为政府引导的行为,2007年4月在第二届中部投资博览会上,曾就中部地区接受产业转移进行研讨,并确定南昌、合肥、太原、武汉、新乡、焦作等9个城市为"加工贸易梯度转移重点承接地"。商务部还准备在广东、上海、江苏等东部地区建立"产业转移促进中心",在昆山基地揭牌的"产业转移促进中心"是这个计划的第一家。"产业转移促进中心"的建立,有助于东部地区产业结构的转移,也有助于中西部地区的承接。

综上所述,目前东部沿海地区产业转移态势主要表现在以下三个方面:第一,向中西部地区或者向外转移的行业,主要是加工贸易业,其中大部分呈现劳动密集型特点,这些企业构成了当前东部产业转移的主体。第二,由于贸易优惠政策取消及民工荒、电荒、地荒等压力选择区域转移;第三,由于国家发展战略的调整,即国务院出台长三角《指导意见》的出台,使得在环境保护、产业要求等方面难以达标,因此很多达不到标准的产业只能选择产业转移,这些产业也就成了东部向外转移的重点。

三 东部具有转移趋势的产业分析

产业转移的主要形式是发达地区向欠发达地区的跨区域投资,通过从发达地区吸取资金、技术等来实现。在产业结构优化和升级的形式下,在成本压力和市场拉力的诱因下,东部产业呈现出向外省转移的趋势,为西部地区承接东部产业转移形成了良好的机遇和条件。东部应包括北京、上海、天津、广东、福建、江苏、浙江、海南、辽宁、山东、河北11个省市区,但因为产业转移趋势最为明显的是东部五省一市(浙江、江苏、广东、福建、山东以及上海)。因此,选择这六省市来观测东部的产业转移趋势。

(一)研究方法

采用产业区域集聚指数来分析东部产业的转移趋势,集聚指数分为动态产业区域集聚指数和静态产业区域集聚指数。综合考察静态和动态区域集聚指数可以分析出产业在全国范围内的转移和集聚趋势。具体的公式如下:

产业静态区域集聚指数即区位商,在这里作为衡量目前产业生产分布的存量指标。具体公式为:

$$LQ_{ir} = \frac{output_{ir} \mid output_r}{output_i \mid output} \qquad (5-1)$$

其中,LQ_{ir} 为动态集聚指数,$output_{ir}$ 代表地区 r 内 i 产业的产值,$output_r$ 代表 r 区域内所有产业的产值,$output_i$ 代表全国 i 产业的产值,$output$ 代表全国所有产业的产值。产业的动态区域集聚指数反映某一产业在一段时间内向某地区的集聚速度,体现产业的区域转移方向和速度。具体公式为:

$$D_{ij(0-t)} = \frac{d_{ij(0-t)}}{\sum_{j=1}^{n} d_{ij(0-t)}} \qquad (5-2)$$

为方便解释，我们记 $b_{ij(0-t)}$ 为 A，记 $\sum_{j=1}^{n} d_{ij(0-t)}$ 为 B。

$D_{ij(0-t)}$ 为在时间段（$0-t$）内产业 i 在区域 j 的动态集聚指数，A 为在时间段（$0-t$）内产业 i 在地区 j 生产的增长速度，B 为在时间段（$0-t$）内产业 i 在全国的平均增长速度。如果 $B>0$，表明在时间段（$0-t$）内产业 i 在全国的生产是扩大的，该产业为扩张性产业，反之则表明在时间段（$0-t$）内产业 i 在全国的生产是缩小的，该产业为收缩性产业；如果 $B>0$，同时 $D_{ij(0-t)}>1$，则表明在时间段（$0-t$）内产业 i 向地区 j 聚集，反之则表明在时间段（$0-t$）内产业 i 从地区 j 向外部转移扩散；如果 $0<D_{ij(0-t)}<1$，则表明在时间段（$0-t$）内产业 i 在地区 j 的纵向生产有所增加，但其增长速度小于全国平均增长速度，该产业也相对向外转移；当 $B<0$ 时，若 $D_{ij(0-t)}>0$，则 $A<0$，表明在时间段（$0-t$）内产业 i 生产从地区 j 向外部转移扩散；若 $D_{ij(0-t)}<0$，则 $A>0$，表明在时间段（$0-t$）内产业 i 生产向地区 j 聚集。

（二）数据选择

采用山东、上海、广州、浙江、福建、江苏六省市和全国 2005 年和 2010 年的数据，由于第一产业发生转移的难度较大、可能性较小、因此选取各省市及全国二、三产业共 46 类行业的相关数据进行计算，所选数据均来自中国统计年鉴和各省份的统计年鉴，采用的指标值都为当年价格，剔除了价格水平变化因素导致的偏差，所选数据如下表 5-1 所示。

表 5-1　　2005 年及 2010 年东部六省市和全国各产业产值、总产值表　　（单位：亿元）

	全国		福建		广东	
	2005 年	2010 年	2005 年	2010 年	2005 年	2010 年
第二产业						
煤炭开采和洗选业	4735.20	22109.27	60.91	99.60	3.21	0.00
石油天然气开采业	4630.17	9917.84	0.00	0.00	480.26	599.90

续表

	全国		福建		广东	
	2005 年	2010 年	2005 年	2010 年	2005 年	2010 年
黑色金属矿采选业	980.93	5999.33	38.44	96.98	27.19	180.94
有色金属矿采选业	913.53	3799.41	17.45	30.18	28.99	125.15
非金属矿采选业	1151.50	3093.54	84.16	37.71	41.26	278.79
其他采矿业	10.38	31.31	0.00	0.00	0.00	0.00
农副食品加工业	9543.82	34928.07	466.55	0.00	742.74	1810.48
食品制造业	3288.25	11350.64	210.75	148.72	403.10	1123.68
饮料制造业	2737.09	9152.62	161.21	129.37	318.53	649.57
烟草制品业	2597.21	5842.51	87.73	136.78	171.37	321.84
纺织业	11655.12	28507.92	592.34	297.52	1111.04	2632.69
纺织服装、鞋帽制造业	4668.52	12331.24	618.57	387.41	959.53	2304.28
皮革、毛皮、羽毛制品业	3133.23	7897.50	605.45	524.78	692.22	1543.69
木材加工制造业	2002.36	7393.18	174.00	139.04	173.12	540.17
家具制造业	1495.46	4414.81	117.72	57.64	406.05	1098.51
造纸及纸制品业	3971.24	10434.06	273.77	145.75	666.74	1656.31
印刷业和记录媒介的复制	1744.24	3562.91	89.58	30.57	381.11	837.56
文教体育用品制造业	1428.45	3135.43	89.50	44.31	488.42	1080.84
石油炼焦及核燃料加工业	9088.84	29238.79	125.92	122.81	958.41	2758.97
化学原料及制品制造业	14027.74	47920.02	392.00	202.43	1652.88	4094.04
医药制造业	3365.85	11741.31	67.49	54.55	286.75	800.49
化学纤维制造业	1994.19	4953.99	134.91	63.88	79.83	188.20
橡胶制品业	2047.60	5906.67	154.40	88.22	183.39	423.81
塑料制品业	5253.29	13872.22	378.63	200.72	1243.77	3310.21
非金属矿物制品业	9951.20	32057.26	755.75	426.41	1053.53	3055.65
黑色金属冶炼压延加工业	17309.81	51833.58	368.53	182.62	727.11	1969.47
有色金属冶炼压延加工业	6244.08	28119.02	131.01	120.24	660.21	2310.60
金属制品业	6359.66	20134.61	221.94	116.01	1467.53	4092.78

续表

	全国		福建		广东	
	2005年	2010年	2005年	2010年	2005年	2010年
通用设备制造业	10270.75	35132.74	242.83	177.33	657.38	1906.68
专用设备制造业	5824.81	21561.83	203.82	122.27	538.51	1468.56
交通运输设备制造业	14538.43	55452.63	344.70	274.44	1592.42	5181.63
电气机械及器材制造业	12036.69	43344.41	384.49	256.24	3787.67	9353.08
通信设备电子设备制造业	22594.03	54970.67	1304.48	522.97	9831.34	19228.34
仪器文化办公机械制造业	2408.83	6399.07	122.20	67.07	930.57	1400.85
工艺品及其他制造业	2119.76	5662.66	305.18	166.90	482.03	1500.40
废弃资源材料回收加工业	260.52	2306.13	6.82	5.23	71.78	860.75
电力、热力生产和供应业	14904.26	40550.83	631.47	322.32	2381.41	4466.71
燃气生产和供应业	437.98	2393.42	7.50	22.04	137.77	422.92
水的生产和供应业	590.92	1137.10	23.69	16.11	123.60	246.11
建筑业	34552.10	96031.13	873.98	2935.94	2199.59	4715.46
第三产业						
交通运输、仓储和邮政业	11142.55	21494.03	455.18	871.16	990.53	1825.29
批发和零售业	16701.90	40198.44	584.63	1310.94	2222.72	4647.76
住宿和餐饮业	4228.57	9095.82	108.77	266.47	520.63	1074.85
金融业	6516.35	21605.83	179.14	767.58	673.65	2658.76
房地产业	8399.11	19363.00	321.74	679.03	1456.14	2813.95
其他	30873.67	64687.25	878.01	1955.44	3734.67	7690.94
总产值	183084.80	401202.03	6568.93	14737.12	22366.54	46013.06

	山东		江苏		上海		浙江	
	2005年	2010年	2005年	2010年	2005年	2010年	2005年	2010年
第二产业								
煤炭开采和洗选业	940.75	2453.04	135.03	279.65	0.00	0.00	9.24	6.95
石油天然气开采业	803.02	1022.07	48.78	67.05	19.83	10.67	0.00	0.00
黑色金属矿采选业	83.45	435.87	26.89	61.27	0.00	0.00	19.19	17.07

续表

	山东		江苏		上海		浙江	
	2005年	2010年	2005年	2010年	2005年	2010年	2005年	2010年
有色金属矿采选业	243.26	554.80	2.75	6.92	0.00	0.00	18.50	27.29
非金属矿采选业	183.90	368.87	56.13	157.45	0.05	0.00	51.40	105.68
其他采矿业	0.56	5.35	6.43	0.00	0.00	0.00	0.00	0.00
农副食品加工业	2968.81	7451.39	706.40	2253.57	150.34	262.07	404.58	775.51
食品制造业	678.26	1871.36	193.56	411.76	218.25	442.28	166.23	393.11
饮料制造业	414.72	888.24	234.14	606.89	105.38	169.37	198.70	430.11
烟草制品业	124.99	346.08	170.32	346.57	199.39	538.70	148.51	280.86
纺织业	2222.40	5718.72	3027.39	5962.49	354.85	414.21	2938.85	5574.66
纺织服装、鞋帽制造业	505.89	1231.15	1050.88	2622.80	354.86	463.41	955.72	1652.95
皮革、毛皮、羽毛制品业	367.71	655.68	247.02	471.28	109.10	138.90	835.02	1288.22
木材加工制造业	301.93	1111.75	288.61	1097.26	66.17	85.94	215.30	450.11
家具制造业	150.53	541.34	94.15	195.84	140.81	258.52	209.31	562.22
造纸及纸制品业	929.59	1868.37	474.16	1118.42	136.66	262.12	482.41	1049.63
印刷业和记录媒介的复制	99.85	330.86	110.11	286.36	130.67	202.62	156.69	341.97
文教体育用品制造业	181.65	348.86	228.79	524.33	150.66	151.15	248.81	473.81
石油炼焦及核燃料加工业	1310.75	4054.84	618.88	1496.56	827.23	1359.92	701.24	1353.70
化学原料及制品制造业	2585.87	8290.50	3147.52	9170.96	1047.57	2284.33	1241.60	3510.84
医药制造业	534.58	1615.53	465.18	1419.43	217.07	410.76	423.08	769.72
化学纤维制造业	147.15	156.87	786.84	1682.74	48.98	41.48	964.39	1858.27
橡胶制品业	638.35	1762.10	258.25	717.10	143.25	182.97	231.65	543.57
塑料制品业	426.25	1207.02	656.87	1486.38	355.55	642.27	913.51	1953.41
非金属矿物制品业	1747.10	4697.61	830.91	2610.78	356.41	514.86	634.12	1460.33
黑色金属冶炼压延加工业	1937.24	3779.81	3036.08	7117.94	1339.84	1722.87	623.79	1905.87
有色金属冶炼压延加工业	669.96	2786.15	835.33	2905.11	256.01	444.19	750.76	1835.74
金属制品业	662.99	1979.94	1149.56	3543.90	591.42	905.96	839.38	1970.78
通用设备制造业	1590.91	5902.29	1935.06	6182.82	1229.93	2395.11	1628.37	3777.93

续表

	山东		江苏		上海		浙江	
	2005年	2010年	2005年	2010年	2005年	2010年	2005年	2010年
专用设备制造业	1046.86	3137.68	861.29	3321.86	395.06	1077.19	504.69	1331.52
交通运输设备制造业	1295.69	5377.21	1404.51	6452.22	1393.01	4475.48	1238.20	3609.56
电气机械及器材制造业	1744.33	4274.61	2093.11	8750.31	1001.54	1962.26	1794.87	4697.95
通信设备电子设备制造业	1097.42	3094.85	5278.99	12932.00	3434.21	6026.91	1044.37	1965.09
仪器文化办公机械制造业	146.46	348.57	458.11	1723.04	279.88	354.57	302.75	732.87
工艺品及其他制造业	350.55	774.20	140.64	396.98	73.25	235.76	395.24	789.06
废弃资源材料回收加工业	16.65	49.18	34.00	223.01	13.64	39.38	94.89	336.53
电力、热力生产和供应业	1315.59	3153.40	1529.28	3174.72	572.96	1638.17	1646.36	3311.25
燃气生产和供应业	27.27	139.78	45.40	191.71	26.42	1454.75	27.19	140.97
水的生产和供应业	29.64	65.43	39.75	87.00	26.97	139.56	47.86	109.09
建筑业	2509.10	5496.59	4368.95	12405.92	1889.25	43.86	4718.74	12007.89
第三产业								
交通运输、仓储和邮政业	968.64	1971.00	741.06	1768.30	582.60	834.40	512.94	1076.67
批发和零售业	1387.22	4257.40	1816.46	4447.50	840.89	2594.34	1258.21	2646.14
住宿和餐饮业	441.26	670.97	287.25	710.98	168.31	266.45	221.27	523.67
金融业	467.59	1361.45	562.42	2105.92	675.12	1950.96	674.77	2326.58
房地产业	653.66	1622.15	731.01	2600.95	676.12	1002.50	695.82	1618.17
其他	2006.37	4460.17	2350.94	5497.80	1677.88	3184.86	2015.86	3872.59
总产值	18516.87	39169.92	18305.66	41425.48	9154.18	17165.98	13437.85	27722.31

数据来源：2006年和2011年的《中国统计年鉴》《福建统计年鉴》《广东统计年鉴》《山东统计年鉴》《江苏统计年鉴》《上海统计年鉴》《浙江统计年鉴》。

（三）实证分析

下面就选择2005—2010年作为考察时间段，把广东、上海、浙江、江苏、福建、山东作为东部产业转移趋势明显的省区，以东部六省市第二产业、第三产业的46个行业为研究对象，通过计算和整理，得出的各自的产业集聚指数来反映这些地区行业的转移趋势，确定东部地区六省市具有转移趋势的产业。

选择的依据为：静态区域产业集聚指数大于1，这代表着该产业在当地仍具有较大的产业份额，但产业增长趋势减缓，开始呈现向外转移的趋势；动态区域产业集聚指数小于1，这表明该产业的增长速度低于全国平均增长速度，产业呈现明显的萎缩趋势。计算出的东部地区产业集聚指数见表5-2。

表5-2 东部六省市产业集聚指数

	福建		广东		山东		江苏		上海		浙江	
	静态	动态	静态	动态	静态	动态	静态	动态	静态	动态	静态	动态
第二产业												
煤炭开采和洗选业	0.18	0.4	0	0	1.14	0.44	0.12	0.29	0	0	0	-0.07
石油天然气开采业	0	0	0.53	0.00	1.06	0.24	0.07	0.33	0.03	-0.4	0	0
黑色金属矿采选业	1.06	1	0.26	3.85	0.74	0.83	0.1	0.25	0	0	0.04	-0.02
有色金属矿采选业	0.48	0.91	0.29	3.14	1.5	0.41	0.02	0.48	0	0	0.1	0.15
非金属矿采选业	0.84	0.08	0.79	0.10	1.22	0.6	0.49	1.07	0	-0.59	0.49	0.63
其他采矿业	0	0	0	0	1.75	4.29	0	-0.5	0	0	0	0
农副食品加工业	0.97	0.63	0.45	1.40	2.19	0.57	0.62	0.82	0.18	0.28	0.32	0.34
食品制造业	1.33	0.67	0.86	0.78	1.69	0.72	0.35	0.46	0.91	0.42	0.5	0.56
饮料制造业	1.12	0.57	0.62	0.92	0.99	0.49	0.64	0.68	0.43	0.26	0.68	0.5
烟草制品业	0.79	0.76	0.48	1.58	0.61	1.42	0.57	0.83	2.15	1.36	0.7	0.71
纺织业	1.07	0.62	0.81	0.77	2.05	1.09	2.03	0.67	0.34	0.12	2.83	0.62
纺织服装、鞋帽制造业	2.55	0.53	1.63	0.33	1.02	0.87	2.06	0.91	0.88	0.19	1.94	0.44
皮革、毛皮、羽毛制品业	5.39	1.04	1.7	0.61	0.85	0.52	0.58	0.6	0.41	0.18	2.36	0.36
木材加工制造业	1.69	0.61	0.64	0.95	1.54	1	1.44	1.04	0.27	0.11	0.88	0.41
家具制造业	1.36	0.45	2.17	0.21	1.26	1.33	0.43	0.55	1.37	0.43	1.84	0.86
造纸及纸制品业	1.39	0.59	1.38	0.43	1.83	0.62	0.83	0.59	0.56		1.46	0.72
印刷业和记录媒介的复制	0.75	0.09	2.05	0.04	0.95	2.22	0.78	1.54	1.33	0.53	1.39	1.13
文教体育用品制造业	1.3	0.56	3.01	0.19	1.14	0.77	1.62	1.08	1.13		2.19	0.76
石油炼焦及核燃料加工业	0.6	1.85	0.82	2.26	1.42	0.94	0.5	0.64	1.09	0.29	0.67	0.42

续表

	福建		广东		山东		江苏		上海		浙江	
	静态	动态	静态	动态	静态	动态	静态	动态	静态	动态	静态	动态
化学原料及制品制造业	0.44	0.41	0.74	0.55	1.77	0.91	1.85	0.79	1.11	0.49	1.06	0.76
医药制造业	0.34	0.48	0.59	0.81	1.41	0.81	1.17	0.82	0.82	0.36	0.95	0.33
化学纤维制造业	1.8	0.96	0.33	2.91	0.32	0.04	3.29	0.77	0.2	-0.1	5.43	0.62
橡胶制品业	1.35	0.48	0.63	0.76	3.06	0.93	1.18	0.94	0.72	0.15	1.33	0.71
塑料制品业	1.5	0.62	2.08	0.30	0.89	1.12	1.04	0.77	1.08	0.49	2.04	0.69
非金属矿物制品业	1.13	0.34	0.83	0.41	1.5	0.76	0.79	0.96	0.38	0.2	0.66	0.59
黑色金属冶炼压延加工业	0.5	0.79	0.33	2.39	0.75	0.48	1.33	0.67	0.78	0.14	0.53	1.03
有色金属冶炼压延加工业	0.47	0.77	0.72	1.07	1.01	0.9	1	0.71	0.37	0.21	0.94	0.41
金属制品业	0.61	0.47	1.77	0.27	1.01	0.92	1.7	0.96	1.05	0.25	1.42	0.62
通用设备制造业	0.48	0.64	0.47	1.36	1.72	1.12	1.7	0.91	1.59	0.39	1.56	0.55
专用设备制造业	0.61	0.5	0.59	0.85	1.49	0.74	1.49	1.06	1.17	0.64	0.89	0.61
交通运输设备制造业	0.51	0.71	0.81	0.88	0.99	1.12	1.13	1.28	1.89	0.79	0.94	0.68
电气机械及器材制造业	0.61	0.58	1.88	0.31	1.01	0.56	1.96	1.22	1.06	0.37	1.57	0.62
通信设备电子设备制造业	1.14	0.54	3.05	0.18	0.58	1.27	2.28	1.01	2.56	0.53	0.52	0.62
仪器文化办公机械制造业	0.92	0.46	1.91	0.24	0.56	0.83	2.61	1.67	1.3	0.16	1.66	0.86
工艺品及其他制造业	2.57	0.45	2.31	0.19	1.4	0.72	0.68	1.09	0.97	1.33	2.02	0.6
废弃资源材料回收加工业	0.22	0.22	3.25	0.07	0.22	0.25	0.94	0.71	0.4	0.24	2.11	0.32
电力、热力生产和供应业	0.84	0.57	0.96	0.59	0.8	0.81	0.76	0.63	0.94	1.08	1.18	0.59
燃气生产和供应业	0.75	1.73	1.54	1.12	0.6	0.92	0.78	0.72	14.21	12.11	0.85	0.94
水的生产和供应业	0.77	0.39	1.89	0.21	0.59	1.31	0.74	1.29	2.87	4.52	1.39	1.38
建筑业	0.83	1.33	0.43	3.09	0.59	0.67	1.25	1.03	0.01	-0.55	1.81	0.87
第三产业												
交通运输、仓储和邮政业	1.1	0.98	0.74	1.32	0.94	1.11	0.8	1.49	0.91	0.47	0.72	1.18
批发和零售业	0.89	0.88	1.01	0.87	1.08	1.47	1.07	1.03	1.51	1.48	0.95	0.78

续表

	福建		广东		山东		江苏		上海		浙江	
	静态	动态	静态	动态	静态	动态	静态	动态	静态	动态	静态	动态
住宿和餐饮业	0.8	1.26	1.03	1.22	0.76	0.45	0.76	1.28	0.68	0.51	0.83	1.19
金融业	0.97	1.42	1.07	1.33	0.65	0.83	0.94	1.19	2.11	0.82	1.56	1.06
房地产业	0.95	0.85	1.27	0.67	0.86	1.14	1.3	1.96	1.21	0.37	1.21	1.02
其他	0.82	1.12	1.04	1.08	0.71	1.12	0.82	1.22	1.15	0.82	0.87	0.84

注：以上数据均是采用统计年鉴计算所得。

通过上述数据分析，可以选择出东部六省市各自具有转移趋势的产业，一般而言，一个行业的静态产业集聚指数大于1，同时该行业的动态产业集聚指数小于1，我们就认为该行业具有向外转移的趋势，按照以上选择标准，选择出的东部具有转移趋势的产业如表5-3）所示。

表5-3　　　　东部六省市具有产业转移趋势的产业

	福建
第二产业	非金属矿物制品业、饮料制造业、塑料制品业、造纸及纸制品业、纺织业、文教体育用品制造业、家具制造业、木材加工制造业、工艺品及其他制造业、通信设备电子设备制造业、食品制造业、化学纤维制造业、橡胶制品业、纺织服装、鞋帽制造业
第三产业	交通运输、仓储和邮政业
	广东
第二产业	纺织服装、鞋帽制造业、家具制造业、造纸及纸制品业、金属制品业、工艺品及其他制造业、废弃资源材料回收加工业、皮革毛皮羽毛制品业、通信设备电子设备制造业、印刷业和记录媒介的复制、水的生产和供应业、塑料制品业、电气机械及器材制造业、仪器文化办公机械制造业、文教体育用品制造业
第三产业	批发和零售业、房地产业
	山东
第二产业	纺织服装、鞋帽制造业、食品制造业、农副食品加工业、有色金属矿采选业、医药制造业、化学原料及制品制造业、有色金属冶炼压延加工业、橡胶制品业、煤炭开采和洗选业、石油炼焦及核燃料加工业、文教体育用品制造业、石油天然气开采业、专用设备制造业、金属制品业、工艺品及其他制造业、非金属矿物制品业、电气机械及器材制造业、非金属矿采选业
	江苏
第二产业	化学纤维制造业、纺织业、有色金属冶炼压延加工业、化学原料及制品制造业、造纸及纸制品业、塑料制品业、通用设备制造业、医药制造业、金属制品业、橡胶制品业、纺织服装、鞋帽制造业

续表

上海	
第二产业	文教体育用品制造业、家具制造业、印刷业和记录媒介的复制、塑料制品业、化学原料及制品制造业、仪器文化办公机械制造业、通信设备电子设备制造业、金属制品业、电气机械及器材制造业、专用设备制造业、交通运输设备制造业、通用设备制造业、石油炼焦及核燃料加工业
第三产业	房地产业、金融业、其他服务业
浙江	
第二产业	工艺品及其他制造业、建筑业、金属制品业、专用设备制造业、家具制造业、纺织服装、鞋帽制造业、文教体育用品制造业、造纸及纸制品业、纺织业、皮革毛皮羽毛制品业、电气机械及器材制造业、仪器文化办公机械制造业、化学原料及制品制造业、橡胶制品业、电力热力生产和供应业、塑料制品业、废弃资源材料回收加工业、通用设备制造业

经过计算东部六省市的46个产业的静态和动态集聚指数,确定了东部六省市各自具有产业转移趋势的产业,福建有15个、广东有17个、山东有18个、江苏有11个、上海有16个、浙江有18个,东部地区以传统制造业为主的劳动密集型产业和资本密集型产业的转移趋势十分明显。广东具有转移趋势的工业产业有15个,且这15个工业行业的产业动态集聚指数几乎都小于0.5,这说明近年来以广东为代表的珠三角地区已经实现较大规模的产业转移。与珠三角地区相比,包括上海、江苏、浙江在内的长三角地区产业转移涉及的产业选择更多,未来产业转移的趋势要大得多。

以上具有产业转移趋势的产业,虽然不一定立即表现为该产业内企业的转移意愿或者转移行为,但在成本压力和市场拉力的诱因下,发生产业转移是必然的趋势。这几年,虽然东部经济结构不断升级优化,但东部六省市外向型经济的发展模式和其粗放型经济增长方式并未得到真正改变。东部六省市经济发展大都依靠经济要素的投入(土地、劳动力、原材料),要素扩张及其产生的集聚效应,属于典型的要素驱动型经济。

当前,随着全球原材料、能源、劳动力等要素的供需变化,价格上涨的长期化趋势日趋明朗,生产要素价格的提高、生产条件的变化、国家宏观政策的限制、产业结构优化升级的内在需要,使得作为价格上涨被动接受区域的东部省市,相关企业经营成本大幅上升。同时,产能又无法得到充分的释放,这必将迫使一部分企业进行转移,推动产业转出,寻找生产的合适区位。

第二节 西北少数民族地区承接东部产业转移的现状及存在的问题

我国东部沿海地区是最先进行产业承接的地带，长三角、珠三角和环渤海地区吸引了绝大多数外资，是我国经济增长最快的地区，集中了我国先进的、主要的技术、资金和人才。随着东部地区经济多年高速增长，它的先发及政策优势效应逐渐减弱，特别是珠三角和长三角经济发展受到土地、资源、劳动力成本约束，发展瓶颈约束逐渐变刚性，传统的粗放经济增长模式已经不可持续。因此，东部地区迫切要求将一些本区内不具备发展优势的产业转向更具成本优势和资源优势的地区，具有这些优势的西部地区就成了东部产业向外转移的主要承接地。

产业转移的主要形式是企业对外投资，通过投资实现资本、技术、劳动力等生产要素的跨地区流动，生产要素的重新组合形成新的生产能力和产业规模，最终导致产业转移。由于很难找到衡量产业转移的相对量化指标，因此可以通过考察与西部民族地区相关的国内其他地区的企业投资，了解其承接转移产业的现状。选取利用内资的情况来说明承接东部产业的情况，内资是指本地以外中华人民共和国境内（不包括港、澳、台地区）的企事业单位、社会团体及其他投资者，来本地以从事经济社会活动为主要目的，遵循市场机制法则，本着互利互惠的原则进行的独资、合资、参股合作等而流入的资金，它不包括中央和各级政府无偿捐赠等。

一 新疆承接东部产业转移现状

新疆承接产业转移的过程中，利用的投资来源于外商直接投资（包括港澳台投资）和外省企业投资。从规模上看，东部地区特别是长三角地区是新疆利用投资的主要来源。新疆凭借其自身的区位优势和资源优势，如丰富的煤、石油、棉花、矿产等自然资源，承接了一批与之相关的转移产业。开发区和工业园是承接产业转移的载体，新疆各开发区及工业园的产业布局和产业投资导向反映出新疆承接产业转移的三次产业呈二、三、一排列的不平衡特点,其中以制造业和加工业为主的工业是新疆承接产业转移的重点产业,农业和以仓储物流业为主的第三产业所占的份额较小。下面就从新疆内资的来源及其金额、利用省外资金的金额和资金投入产业三个方面来论述新疆承接东部产业转移的现状和其存在的一些问题。

(一) 承接产业分布

"十一五"期间,新疆发挥比较优势,围绕重点产业引进和发展了一批大企业、大集团和重大产业化项目,奠定了自治区优势产业发展的基础,形成了产业聚集和产业延伸的带动力量。入驻全区的知名企业292家,其中中国500强企业100家,包括东部地区的广西玉柴机器集团有限公司、浙江厚德投资有限公司、浙江海鸿国际实业有限公司、山东青松有限公司、山东寿光绿光工贸有限公司、浙江天然物产有限公司等。相对于利用外资规模的增加速度,利用内资资金的规模增加更快,新疆利用的外部资金大部分来源于东部地区。

1. 内资的来源分布

在2005年到2010年间新疆在国内招商引资项目上无论新签合同数、投资金额还是实际利用金额、企业个数,总的趋势都是上升的。2006年东中部地区企业占新疆引进区外企业总数的80%,2007新疆共引进区外到位资金615.6亿元。其中,东部地区达到了192.88亿元,仅长三角、珠三角就占84%。

新疆利用内资的金额呈现良好的增长态势,从表5-4可以看出,利用内资的金额从2005年的1330.74亿元上升至2010年的3502.07亿元,五年内增长了253%,与上年相比,增长了25%。从利用内资的方式来看,集体联营企业、国有和集体联营企业的资金呈下降趋势,2010年更是没有这两种企业的投入资金;国有企业、集体企业和股份有限公司的内资金额也呈下降趋势,于2005年相比,分别下降了0.4%、49.7%和28.7%;股份合作企业、国有联营企业、其他联营企业、国有独资公司、其他有限责任公司、私营个体企业投入的内资金额呈上升趋势,分别上升了112.5%、204%、106%、12.2%、25.1%。

2. 利用省外资金的金额

从引进国内的外省投资方面来看,"十一五"期间,自治区引进到位资金4153.91亿元,是"十五"期间的2.3倍,年均增长23.47%。

表5-4　　　　　　　　　新疆外省投资金额　　　　　（单位：亿元，%）

	2006年	2007年	2008年	2009年
区外资金	510.38	615.61	809.09	971.23
外省资金	250.82	293.79	446.28	553.75
所占资金比例	49.14	47.72	55.16	57.01
省外资金增长率	0.22	0.17	0.52	0.24

数据整理源自：新疆政府报告。

由表5-4可知，2006年，新疆引进区外企业的到位资金达到510.38亿元，比2005年增速23.16%，而在这些到位资金中，外省的企业到位资金为250.82亿元，比2005年增速21.69%，占到位资金总额的49.14%；2007年，自治区引进区外企业的到位资金达到615.61亿元，比2006年增速20.62%，在这些到位资金中，外省的企业到位资金为293.79亿元，占到位资金总额的47.72%；2008年，自治区引进区外企业的到位资金达到809.09亿元，比2007年增速31.43%，在这些到位资金中，外省的企业到位资金为446.28亿元，占到位资金总额的55.16%；2009年，自治区引进区外企业的到位资金达到971.23亿元，比2008年增速20.04%，外省的企业到位资金为553.75亿元，占到位资金总额的57.01%，可见新疆近几年引进外省投资的发展步伐也十分迅速。

3. 内资投入的产业

从表5-5可知，2010年新疆第二产业所占的比重较大。

表5-5　　　　　　　　新疆内资投入产业分布　　　　　（单位：亿元，%）

	2010年	
	金额	比重
第一产业	210.58	6.01
第二产业	1657.38	47.33
第三产业	1634.11	46.66

数据来源：《新疆统计年鉴（2011年）》。

2009年，新疆成立了独山子大乙烯、乌石化大烃等一批大型支柱项目，建设国家重要能源和石油石化基地，一大批煤电、煤化工、盐化工、矿产开发加工、光伏、风能开发龙头项目建成投产或进入建设程序，形成了一批"西煤东运""西电东送""利用两种资源、两个市场"的龙头骨干项目，促成了新疆资源开发会战的新局面，对各类企业发挥了引领和集聚作用；同时，一批大型金融、地产、物流、仓储、装备制造及农业产业化基地等产业龙头项目纷纷投资建设，对改造提升传统产业发挥了核心带动作用。新疆的石油和天然气开采业、有色金属矿采选业、煤炭采选业等产业的比重不断攀升。纺织业和石油加工及炼焦业方面的产值比重有所下降。

（二）存在的问题

1. 区域梯度差异大，经济基础薄弱

按梯度转移理论，如果两地之间存在的区域梯度落差越合适，那么两地产业转移的推动和可能性就越大。从人均 GDP、城市化率来看，内蒙古、湖北、重庆、陕西等与发达地区之间的经济发展水平差距较小，新疆与发达地区之间的经济发展水平差距较大，则发达地区向这些地区转移的概率比向新疆转移的概率要大。良好的经济基础是产业转移的前提条件，虽然新疆已经形成了一定的产业基础，但它吸纳各类生产要素和整合资源配置的能力尚不能满足产业转移的需求。

2. 财政赤字严重，基础设施有待改善

从地方预算财政收支平衡差看来，新疆是西部地区财政赤字第四严重的地区。为了增加财政收入和扩大税收来源，政府可能积极引进一些高污染、高消耗、低产出、低附加值的产业，既降低了承接产业层次，又妨碍了经济的可持续发展。在现行财税制度以及地方政府考核评价体系之下，地方保护主义盛行，发达国家和东部沿海地区的产业很难进入当地市场，而且政府可能减少基础设施投资，滞后的公交、金融、娱乐等公共服务就不能满足产业转移的需求。公共服务支出是财政支出的主要项目之一，2009年新疆一般公共服务支出占财政支出的 14.52%，位居第六位，但城市供水能力仅排名第十三位，交通设施条件的排名也比较靠后。因此，只有进一步加强基础设施建设,才能降低产业转移的物质、人员流动成本和产品输出成本,进而促进产业转移。

二 宁夏承接东部产业转移现状

近年来,宁夏经济快速发展,由其基本经济指标变动情况来看,2010年国内生产总值达到1643.4亿元,2010年全区生产总值比2009年上涨了13.4%,增速比全国平均水平高3.1%。从三次产业对经济增长的贡献率来看,2010年,第一产业对宁夏经济增长的贡献率为9.8%;第二产业贡献率为50.7%;第三产业贡献率为39.5%。其中第一产业完成增加值160.28亿元,比2009年增长7%;第二产业完成增加值833.16亿元,增长16%;第三产业完成增加值649.97亿元,增长了11.6%。[①] 良好的经济发展是承接东部产业的转移的基本条件,宁夏的这一条件正在逐步加强中。

(一)承接产业分布

宁夏近几年来承接东部产业转移的趋势明显,承接金额、承接的形式、承接的产业数量都有所上升。下面就宁夏利用内资的金额和其分布状况、内资投入的产业两方面来论述宁夏承接产业方面的现状。

1. 利用内资的金额

宁夏利用内资的金额呈现良好的增长态势,从表5-6可以看出,利用内资的金额从2007年的538.61亿元上升至2010年的1297.29亿元,五年内增长了141%,与上年相比,增长了1.86倍。从利用内资的方式来看,国有联营企业、国有和集体联营企业这两种企业在宁夏并没有投入资金;股份合作企业在宁夏的投入资金呈下降趋势,2010年与2007年相比下降了28%;国有企业、集体企业、股份合作企业、集体联姻企业、其他联营企业、国有独资公司、其他有限责任公司、股份有限公司、私营个体企业投入的内资金额均呈上升趋势,分别上升了1.24、5.46、0.07、2.5、0.13、2.4、3.8、1.91、1.52倍。

---

① 数据来源:《宁夏统计年鉴(2011年)》。

表 5-6　　　　　　　　　宁夏利用内资金额分布表　　　　　（单位：亿元）

	2007 年		2008 年		2009 年		2010 年	
	金额	比例	金额	比例	金额	比例	金额	比例
国有	179.57	0.3334	277.99	0.3687	1.19	0.0026	401.7	0.3096
集体	0.69	0.0013	2.52	0.0033	1.58	0.0035	4.46	0.0034
股份合作	1.09	0.002	1.6	0.0021	0	0	0.79	0.0006
国有联营	0	0	0	0	0	0	0	0
集体联营	0.14	0.0003	0.17	0.0002	0	0	0.15	0.0001
国有与集体联营企业	0	0	0	0	0	0	0	0
其他联营	0.1	0.0002	0.04	0.0001	0.14	0.0003	0.35	0.0003
国有独资公司	124.14	0.2305	199.57	0.2647	204.32	0.4497	139.81	0.1078
其他有限责任公司	91.35	0.1696	104.37	0.1384	183.61	0.4041	310.44	0.2393
股份有限公司	14.9	0.0277	10.75	0.0143	37.08	0.0816	71.41	0.055
私营个体	125.53	0.2331	153.85	0.204	20.65	0.0454	365.41	0.2817
其他	1.1	0.002	3.21	0.0043	5.82	0.0128	2.77	0.0021
内资	538.61		754.06		454.39		1297.29	

数据来源：《宁夏统计年鉴（2008 年—2011 年）》。

2. 内资的投入的产业

宁夏利用内资额逐年增加，但从三次产业各自的投资额来看，其呈现第一产业的投资比重小，第二、三产业投资比重较大的特点，产业内部内资利用分布很不均匀。

表 5-7　　　　　　　宁夏内资投入产业分布表　　　　　（单位：亿元，%）

	2010 年	
	金额	比重
第一产业	18.56	1.43
第二产业	686.98	52.96
第三产业	591.75	45.61

数据来源：《宁夏统计年鉴（2011 年）》。

宁夏的内资重点投入在第二产业和第三产业，其占利用内资额的比重分别达到 52.96% 和 45.61%。这是因为宁夏依靠其自身的资源，其非金属矿采选业、煤炭开采和洗选业等能源类产业发展良好,吸引了东部和全国各资源缺乏地区的产业进行转移;仓储、运输、金融业等第三产业近几年也吸引到了东部一些地区的投资,承接了其一批相关产业。

(二)存在的问题

1. 基础设施落后,管理利用水平低

产业承接地的基础设施是投资环境中的硬环境,对转入产业起着重要的承载作用,先进的产业必须有一个完善和的基础设施来承载,这是一个地区良好的投资环境的重要标志。在交通运输能力方面,宁夏的铁路网密度要远低于广东等东部城市;公路网密度更是低于全国平均水平,广东、浙江、福建的公路网密度分别是宁夏的3.3倍、3.2倍、2.3倍。在电信主要通信能力方面,宁夏的长途光缆线路长度位居全国倒数第五;互联网宽带接入端口是全过总量的0.29%,位居全国倒数第三;宁夏的道路交通、通信、电力等基础设施要弱于全国很多地区,这会大大降低宁夏的产业承接力。[①]

2. 城镇功能弱、容量低

产业发展要求城市基础设施、配套功能的完善,产业转移也是一样,因此城市化率也在一定程度上对产业转移有着影响。2009年,宁夏的城市化率为0.46,十五年期间只增长了2%,城市化水平提升可以使得当地的农民工在离家乡不远的地方打工,农民工在离家乡不远的城市定居更容易被接受和更容易融入当地城市的城市氛围,而且生活成本低,相对工资高,还可以提高当地的经济水平和投资环境。宁夏的城市化呈现水平低、发展慢的特点,该因素对宁夏承接产业的制约影响相对较大。

三 青海承接东部产业转移现状

西部大开发给青海带来了机遇,青海省的招商引资工作通过实施"内联外引,全方位开放"的战略,积极采取"走出去、请进来"的方式,不断加大工作力度,拓展工作思路,使得多层次、多形式、宽领域的招商引

---

① 芦建红、郝玉峰:《浅析宁夏承接东部产业转移中的几个问题》,《科技风》2010年4月。

资工作取得了显著成效。近年来，随着经济结构调整的不断深化，各级政府积极发展招商引资，出台相关优惠政策，积极引导和支持各种方式的引资主体引资，促进经济发展。

（一）承接现状

几年来，青海省对外开放步伐显著加快，利用省外资金的数额大幅度跃升，年平均增长速度居西北省区市前列。省外一些大型民营企业和战略投资者开始涉足青海优势资源开发、基础设施和高新技术产业等方面。2000年至2003年，青海共引进省外资金153亿元，2003年，全省全年共签订经济技术合作项目761个，实际利用省外资金56.39亿元，比上年增加了4.4亿元，同比增长8.5%，创历史最高水平。2004年度青海省共引进省外资金73.75亿元，全面完成当年的招商引资工作任务。2008年青海省总投资额191.77亿元，到位资金38.14亿元。项目总投资额、到位资金较2007年同期增长6.7%和12.51%。截至2011年年底，青海省统计已有内资企业9182户，注册资本1302.2亿元，注册资本较上年同期增长22.8%。[①] 下面就从青海省内资分布的情况、内资投入地和内资投入产业三方面来加以论述。

1. 利用内资的金额

青海省内资利用方式多样化，但仍以国有企业为主，且投资额总体上呈上升趋势。青海省内资投资总额不断增长，由2006年的359.558亿元上升至2010年的837.9777亿元，五年内增长了1.33倍，与上年相比也增长了21%。

表5-8　　　　　　　　青海省利用内资金额分布表　　　　　　　　（单位：亿元）

	2006年		2007年		2008年		2009年		2010年	
	金额	比例	金额	比例	金额	比例	金额	比例	金额	比例
国有	195.35	0.54331	200.21	0.4715	251.14	0.4977	388.83	0.56198	458.32	0.54693
集体	3.877	0.01078	3.31	0.0078	5.51	0.0109	7.49	0.01083	10.45	0.01247
股份合作	4.835	0.01345	3.96	0.0093	1.01	0.002	2.07	0.003	1.72	0.00206
国有联营	0.004	0.00001	0.14	0.0003	0.15	0.0003	0.37	0.00053	0.50	0.00059

---

① 数据来源：《青海统计年鉴》。

续表

	2006年		2007年		2008年		2009年		2010年	
	金额	比例	金额	比例	金额	比例	金额	比例	金额	比例
集体联营	0	0	0	0	0	0	0.3	0.00043	0.00	0
国有与集体联营企业	1.399	0.00389	1.12	0.0026	0.56	0.0011	0.04	0.00006	0.00	0
其他联营	0.04	0.00011	0.38	0.0009	0.3	0.0006	0	0	0.04	0.00005
国有独资公司	0.318	0.00088	0.7	0.0017	1.86	0.0037	3.6	0.0052	5.01	0.00597
其他有限责任公司	75.368	0.20961	129.73	0.3055	148.77	0.2948	179.52	0.25947	196.27	0.23422
股份有限公司	49.439	0.1375	53.12	0.1251	67.17	0.1331	73.82	0.10669	97.85	0.11678
私营个体	21.466	0.0597	22.8	0.0537	19.69	0.039	26.35	0.03809	52.04	0.0621
其他	7.461	0.02075	9.21	0.0217	8.46	0.0168	9.5	0.01373	15.77	0.01882
内资	359.558		424.66		504.62		691.88		837.98	

数据来源：《青海统计年鉴（2007—2011年）》。

由表5-8可知，从利用内资的方式来看，股份合作企业和其他联营企业的资金呈下降趋势，与2006年相比，分别下降了64%和5%；集体联营企业只在2009年有0.3亿元的投资，其余年份其投资额均为零，国有联营企业在2010年无投资；国有企业、集体企业、国有联营企业、国有独资公司、其他有限责任公司、股份有限公司、私营个体企业投入的内资金额均呈上升趋势，分别上升了1.35、1.70、123.5、14.7、1.6、0.98、1.42、1.11倍。

2. 内资的投入地

从内资的投入的地域分布来看，青海承接产业布局很不平衡。总体表现为：海东地区为主，海西州次之，果洛州最少。具体来说，利用内资主要布局在东部地区的西宁市，西宁2011年实现招商引资到位资金155.4亿元，其中省外到位资金52.1亿元，分别增长10.6%和13.3%，招商引资总开工项目522个，新建项目309个，续建项目213个。海东地区招商引资引进的资金，省外资金来自全国20多个省（区、市），占实际到位资金的近70%，并且，地区前十名工业企业均是招商引资引进的企业,可解决就业4189人。① 招商引资已成为海东经济发展的主要支撑力量。

表 5-9　　　　　　　青海省内资投入地分布表　　　　（单位:亿元,%)

	金额	比重
西宁市	382.8270	45
海东地区	113.0236	13
海北州	39.3355	5
黄南州	22.5274	3
海南州	52.9799	6
果洛州	16.5956	2
玉树州	39.4958	5
海西州	175.4063	21

数据来源:《青海统计年鉴(2011年)》。

从表 5-9 来看,由于资本的追逐利润的本质,内资投资大部分投入条件比较好的地区,这些条件包括自然、交通、劳动力、市场需求等。可以看出,内资在青海主要投入地区为西宁市,2010 年为 45%;其次是海西州和海东地区。西宁市作为青海省省会城市,各类型的内资利用额度都较大(联营经济投资内资利用为 0)。海东地区国有投资、有限责任公司、集体投资、私营个体投资利用内资情况比较多;海西州国有投资、股份有限公司、有限责任公司和私营个体投资内资利用多。

3. 内资的投入的产业

目前,青海省在引进落实的项目中,工业类、资源型项目占 45%,基础设施建设、生态环境保护、房地产开发项目达到 40%。从投资规模上看,投资 3000 万元以上的大项目,占项目总数的 50% 以上,投资额的 80% 多;投资 1 亿元以上的项目,已经占到引进项目的 30% 左右。② 从投资的来源看,东部民营企业的投资已经占到引进资金的 80%。在新建项目中第二产业所占比重为 58.12%,第一、第三产业分别占 6.25% 和 35.62%,化工类项目和冶金及有色工业为重点的重化工业依然是青海招

---

① 《中国招商报道》,《招商引资专栏》2012 年 2 月刊。
② 《青海要闻板块》2012 年 1 月。

商项目的重点。

表 5-10　　　　　　　青海省内资投入产业分布　　　　（单位：亿元，%）

	2010 年	
	金额	比重
第一产业	76.44	7.15
第二产业	465.23	43.53
第三产业	527.06	49.32

数据来源：《青海统计年鉴（2011 年）》。

如表 5-10 所示，2010 年，青海利用内资金额的分布，第一产业为 76.44 亿元，第二产业为 465.23 亿元，第三产业为 527.06 亿元，分别占总额的比重为 7.15%、43.53% 和 49.32%。可见，青海利用内资的三次产业的比重呈三、二、一排列，在产业中的分布是不平衡的。

青海利用内资额逐年增加，但投资于第一产业的比重较小。第二、三产业投入多。重点投入第二产业，尤其是工业。近几年，第三产业的投资比重逐渐增长，2010 年出现投入第三产业的内资金额比投入第二产业的多的情况。总体来看，青海产业内部内资利用分布是不均匀的，内资对第一产业发展的贡献率小。

（二）存在的问题

1. 引资结构失调、对外吸引力不足

从青海省内外资利用的产业结构分析，青海省大部分内外资金，都集中投入在第二产业。在第二产业资金利用中，也主要集中在重工业上，经济增长过分依赖工业。第一产业利用资金能力差，第三产业仍需加强，产业结构优化和调整的任务十分艰巨。

2. 基础设施建设落后、承接能力受限

青海省因地处内陆腹地、自然环境恶劣、位置偏远，与中西部省份相比，基础设施尚不完善，交通运输成本高，通信设施不完备，信息流通不便。软硬环境建设滞后，吸引产业转移的区位优势不明显。青海省公路畅通性差，低于全国平均水平。铁路运输通道单一，路网水平低，目前仅有兰青线、青藏铁路从海东、海北、海西州通过，没有形成以西宁和格尔木为枢纽的路网，玉树、果洛、黄南自治州、循化、化隆县、柴达木盆地等一些具有发展前景的中心城镇和资源富饶区没有铁路，限制了青海经济的发展，对转移产业的承接能力受限。

3. 产业关联度低、配套能力不足

当前，东部产业向西部转移的重点不仅仅考虑资源和成本，而是向产业链整合方向转移。青海省自身经济基础较弱，产业链还欠完整，产业配套能力偏弱。2010年三次产业构成比为10：55.14：34.86，三次产业之间关联度相对较低，产业之间联系不强，缺乏系统配套的产业支撑。第一产业总量小、比重低，对经济发展的贡献率有限（2010年贡献率仅为3.40%）；第二产业对第一产业的带动力不强，特别是符合结构调整要求和国家产业政策的大项目发展后劲不足；第三产业为第一、二产业所提供的资金融通等服务发展滞后，给承接产业转移形成规模效益和经济整体协调发展带来困难。在产业配套能力上，青海省虽具有一定的工业基础，但没有形成规模较大、产业配套能力齐全的产业集群，产业集聚效应不明显，工业产品竞争力不足，限制了转移产业的承接。

4. 高素质人才缺乏、研发能力落后

承接产业转移过程中，伴随着技术的转移。西进企业进行转移后，需求的是那些具有基本文化基础、可以短期内训练成为熟练工人的廉价劳动力，需要的是有一定科技和创新能力的人才。青海省虽具有相对廉价的劳动力优势，但受教育人口占总人口比重低于全国大部分省份，基础教育和职业教育相对落后，劳动力整体素质不高，影响产业转出区选择青海省作为产业承接地。研发机构、研发人才欠缺、研发经费不足，导致青海省专利技术研发和大中型工业企业新产品开发及生产落后于全国大部分省份，影响了青海省自身技术产业的发展和外来产业的承接。

第三节　西北少数民族地区优势产业分析

入世和西部大开发对我国西部地区的产业调整和经济发展提出了新的要求，缩小同国内外发达地区的经济差距既需要西部本身条件的改善，又需要外部条件的注入。承接国内外发达地区向西部地区的产业转移,正是从外部的条件注入来优化西部产业结构的一个重要举措。西北少数民族地区承接东部产业,应确实把握好自身的优势,结合承接产业所必须具备的条件,找出本地区的优势产业,这样才能有效地承接东部地区产业转移和进行自身的产业结构调整,这里我们以新疆、宁夏、青海三省为例来选择西部少数民族地区的优势产业。

一 优势产业选择

产业梯度转移理论认为,区域之间客观存在经济、技术发展水平的梯度差异,当高梯度区域的产业由初创期或成长期发展到成熟期或衰退期、由技术密集型发展到劳动密集型时,受到高梯度区域市场饱和的影响和低梯度区域低地价、低工资水平、低原材料价格和税收优惠的吸引,高梯度区域的产业便向低梯度区域进行转移。[①] 按该理论,区域梯度产业是产业转移的客观基础,如果某一梯度地区具有相对较高的经济发展水平和具有比较优势、竞争优势的产业,那么高梯度区域向该地区进行产业转移的可能性就越大。产业梯度系数的高低受两个因素的影响:一个是产业集中度,另一个是比较劳动生产率。因此就用产业梯度系数来选取西北少数民族地区的优势产业。

产业集中度用区位商来表示,它可以反映出一个地区的专业化生产程度,是指一个地区特定部门的产值在地区工业总产值中所占的比重与全国该部门产值在全国工业总产值中所占比重之间的比值。区位商大于1,可以认为该产业是地区的专业化部门;区位商越大,专业化水平越高;如果区位商小于或等于1,则认为该产业是自给性部门。其具体公式为:

$$LQ_{ir} = \frac{output_{ir}/output_r}{output_i/output}$$

其中,LQ_{ir} 代表区位商,$output_{ir}$ 代表地区 r 内 i 产业的产值,$output_r$

[①] 刘碧:《基于产业梯度转移理论的我国产业转移问题研究》,《科技创业月刊》2011 年第 11 期。

代表 r 区域内所有产业的产值，$output_i$ 代表全国 i 产业的产值，$output$ 代表全国所有产业的产值。

比较劳动生产率即一个部门的产值比重同在此部门就业的劳动力比重的比率，反映了产业技术水平的高低，它取决于一个地区劳动者的技能和创新水平，大致能客观地反映一个部门当年劳动生产率的高低，比较劳动生产率越高，表明本部门的产值与劳动力比值越大。其具体公式为：

$$比较劳动生产率 = \frac{地区\ i\ 产业产值/全国\ i\ 产业产值}{地区\ i\ 产业从业人数/全国\ i\ 产业从业人数}$$

由于考虑到资本的流动也会在一定程度上影响产业转移，因此这里也将资本也列入影响产业转移的因素之一，用比较资本产出率表示，具体公式为：

$$比较资本生产率 = \frac{地区\ i\ 产业的产值/全国相应产业的产值}{地区\ i\ 产业的资本总额/全国相应产业的资产总额}$$

综上所述，用区位商反映地区的专业化生产程度；用比较劳动生产率反映区域产业技术的相对水平；用比较资本产出率反映区域产业的盈利能力。以区位商、比较劳动生产率和比较资本产出率三者乘积作为衡量产业梯度大小的取值。用公式表示为：

产业梯度系数＝区位商×比较劳动生产率×比较资本产出率

一般而言，一个行业的产业梯度系数大于 1，表明该产业为该地区的生产专门化部门，可以被视为当地的优势产业，具有较强的竞争力；行业的产业梯度系数小于 1，表明该行业处于该地区的产业发展的相对劣势，即该产业在该地区还不具有发展优势。

二　新疆优势产业分析

新疆承接的产业转移既包括国际产业转移，又包括国内除新疆外其他省区的产业转移。在承接产业过程中，首先要确定自身拥有的优势产业，通过计算出的各自的指标来反映这些行业的竞争力，进而以此为据确定要承接的重点产业。

采用新疆和全国 2010 年的数据，由于第一产业转移的可能性较低，这里不对其做分析，三产业又存在部分数据的缺失问题，因此这里在选择优势产业时，将对二、三产业采用不同的方法来计算。采用产业梯度系数来选择新疆第二产业的优势行业;因为区位商它可以反映出一个地区的专业化生产程度,因此对第三产业则采用区位商来进行选择,选择的标准为区位商大于1,可以认为该产业是地区的专业化部门,如果区位商小于或等于1,则认为该产业是自给性部门。

(一)数据来源

所选数据采用的指标值都为当年价格,剔除了价格水平变化因素导致的偏差。数据均来源于《中国统计年鉴(2011年)》和《新疆统计年鉴(2011年)》;由于统计年鉴中缺失各行业的增加值数据,因此这里用总产值代替增加值指标;又由于年鉴中没有行业的平均资本额,用行业的总资产额加以替换。所选数据如表5-11所示。

表5-11　　新疆第一、二、三产业各行业相关数据表　(单位:亿元,万人)

	新疆			全国		
	各产业产值	资产总额	从业人数	各产业产值	资产总额	从业人数
第二产业						
煤炭开采和洗选业	150.46	405.60	6.23	22109.27	29941.66	527.19
石油天然气开采业	1144.29	2129.32	10.44	9917.84	16692.05	106.06
黑色金属矿采选业	87.76	151.87	1.07	5999.33	5985.13	67.04
有色金属矿采选业	46.01	113.94	0.99	3799.41	3083.47	55.40
非金属矿采选业	14.34	10.96	0.33	3093.54	1882.30	56.54
其他采矿业	0.00	0.00	0.00	31.31	16.23	0.45
农副食品加工业	237.17	281.16	3.07	34928.07	16731.35	369.01
食品制造业	110.33	175.91	2.08	11350.64	7229.41	175.88
饮料制造业	64.81	89.84	1.19	9152.62	7852.83	130.02
烟草制品业	23.65	21.71	0.09	5842.51	5484.04	21.10
纺织业	120.47	181.04	4.33	28507.92	18789.99	647.32
纺织服装、鞋帽制造业	1.40	2.31	0.12	12331.24	7026.08	447.00
皮革、毛皮、羽毛制品业	4.82	1.68	0.04	7897.50	3907.44	276.37
木材加工制造业	9.45	9.19	0.20	7393.18	3541.83	142.29
家具制造业	9.47	34.97	0.30	4414.81	2639.07	111.73
造纸及纸制品业	19.51	31.29	0.68	10434.06	9655.29	157.91

续表

	新疆			全国		
	各产业产值	资产总额	从业人数	各产业产值	资产总额	从业人数
印刷业和记录媒介的复制	6.51	11.64	0.33	3562.91	3216.39	85.06
文教体育用品制造业	0.00	0.00	0.00	3135.43	1829.93	128.11
石油炼焦及核燃料加工业	1245.08	760.32	4.14	29238.79	15669.15	92.15
化学原料及制品制造业	316.65	645.05	4.45	47920.02	38771.99	474.14
医药制造业	11.34	18.82	0.35	11741.31	11116.40	173.17
化学纤维制造业	95.21	102.30	0.91	4953.99	4204.80	43.93
橡胶制品业	6.73	3.56	0.16	5906.67	4133.98	102.93
塑料制品业	56.58	68.77	1.25	13872.22	9210.97	283.30
非金属矿物制品业	205.18	429.55	4.60	32057.26	25567.37	544.61
黑色金属冶炼及压延加工业	553.15	357.09	3.09	51833.58	45984.25	345.63
有色金属冶炼及压延加工业	69.45	92.89	0.77	28119.02	20298.13	191.59
金属制品业	48.97	51.02	0.79	20134.61	13155.29	344.64
通用设备制造业	12.80	18.37	0.43	35132.74	27615.27	539.38
专用设备制造业	20.87	29.08	0.55	21561.83	19561.45	334.22
交通运输设备制造业	9.49	14.81	0.27	55452.63	47981.05	573.72
电气机械及器材制造业	260.48	447.16	0.82	43344.41	31717.94	604.30
通信设备电子设备制造业	15.68	38.44	0.33	54970.67	37719.80	772.75
仪器文化办公机械制造业	1.13	3.11	0.02	6399.07	5168.62	124.86
工艺品及其他制造业	1.35	0.85	0.03	5662.66	3329.98	140.43
废弃资源材料回收加工业	0.00	0.00	0.00	2306.13	923.56	13.92
电力、热力生产和供应业	338.59	1069.54	5.09	40550.83	76725.41	275.64
燃气生产和供应业	14.97	44.54	0.25	2393.42	2982.87	19.02
水的生产和供应业	6.65	60.34	0.38	1137.10	5539.15	45.92

续表

	新疆			全国		
	各产业产值	资产总额	从业人数	各产业产值	资产总额	从业人数
建筑业	963.72	38.32	22.57	96031.13	3971.99	4160.44
第三产业						
交通运输仓储和邮政业	222.47	—	—	21494.03	—	—
批发和零售业	276.28	—	—	40198.44	—	—
住宿和餐饮业	68.06			9095.82		
金融业	225.20			21605.83		
房地产业	143.44			19363.00		
其他	831.24	—		64687.25	—	

数据来源：《中国统计年鉴（2011年）》《新疆统计年鉴（2011年）》。

（二）实证分析

得出新疆的区位商数据、比较劳动生产率数据、比较资产生产率数据、产业梯度系数数据，再将以上数据分析整理，由此来确定新疆46个行业中具有承接产业转移能力的相关行业，计算出的相关数据如表5-12所示。

表5-12　　　　　　新疆第二产业各行业的产业梯度系数表

新疆	区位商	比较资本生产率	比较劳动生产率	产业梯度系数
第二产业				
煤炭开采和洗选业	0.5	0.5	0.58	0.15
石油天然气开采业	8.51	0.9	1.17	9.02
黑色金属矿采选业	1.08	0.58	0.92	0.57
有色金属矿采选业	0.89	0.33	0.68	0.2
非金属矿采选业	0.34	0.8	0.79	0.22
其他采矿业	0	0	0	0
农副食品加工业	0.5	0.4	0.82	0.17
食品制造业	0.72	0.4	0.82	0.24
饮料制造业	0.52	0.62	0.77	0.25
烟草制品业	0.3	1.02	0.95	0.29

续表

新疆	区位商	比较资本生产率	比较劳动生产率	产业梯度系数
纺织业	0.31	0.44	0.63	0.09
纺织服装、鞋帽制造业	0.01	0.35	0.42	0
皮革、毛皮、羽毛制品业	0.05	1.42	4.22	0.27
木材加工制造业	0.09	0.49	0.91	0.04
家具制造业	0.16	0.16	0.8	0.02
造纸及纸制品业	0.14	0.58	0.43	0.03
印刷业和记录媒介的复制	0.13	0.5	0.47	0.03
文教体育用品制造业	0	0	0	0
石油炼焦及核燃料加工业	3.14	0.88	0.95	2.61
化学原料及制品制造业	0.49	0.4	0.7	0.14
医药制造业	0.07	0.57	0.48	0.02
化学纤维制造业	1.42	0.79	0.93	1.04
橡胶制品业	0.08	1.32	0.73	0.08
塑料制品业	0.3	0.55	0.92	0.15
非金属矿物制品业	0.47	0.38	0.76	0.14
黑色金属冶炼及压延加工业	0.79	1.37	1.19	1.29
有色金属冶炼及压延加工业	0.18	0.54	0.61	0.06
金属制品业	0.18	0.63	1.06	0.12
通用设备制造业	0.03	0.55	0.46	0.01
专用设备制造业	0.07	0.65	0.59	0.03
交通运输设备制造业	0.01	0.55	0.36	0
电气机械及器材制造业	0.44	0.43	4.43	0.84
通信设备电子设备制造业	0.02	0.28	0.67	0
仪器文化办公机械制造业	0.01	0.29	1.1	0
工艺品及其他制造业	0.02	0.93	1.12	0.02
废弃资源材料回收加工业	0	0	0	0
电力、热力生产和供应业	0.62	0.6	0.45	0.17
燃气生产和供应业	0.46	0.42	0.48	0.09
水的生产和供应业	0.43	0.54	0.71	0.16
建筑业	0.74	1.04	1.85	1.43

续表

新疆	区位商	比较资本生产率	比较劳动生产率	产业梯度系数
第三产业				
交通运输、仓储和邮政业	0.78	—	—	—
批发和零售业	0.52	—	—	—
住宿和餐饮业	0.56	—	—	—
金融业	0.78	—	—	—
房地产业	0.56	—	—	—
其他	0.97	—	—	—

注：以上数据均是采用统计年鉴计算所得。

选择出新疆具有良好的承接产业转移的行业，从表5-12可以看出，新疆第二、三产业中各行业梯度系数都较小，在全国同行业中处于较低的竞争优势。选择出新疆具有承接优势的产业有5个。第二产业中的优势行业为：石油和天然气开采业（9.02），位居第一位，其他3个优势行业分布在制造业中，按产业梯度系数值的大小排列的顺序依次是石油炼焦及核燃料加工业（2.61）、黑色金属冶炼及压延加工业（1.29）、化学纤维制造业（1.04），最后一个优势行业是建筑业，其梯度系数为1.43。根据以上分析，新疆承接的产业重点应主要集中在石油和天然气开采业、石油炼焦及核燃料加工业、建筑业、黑色金属冶炼及压延加工业、化学纤维制造业5大产业。

三 宁夏优势产业分析

宁夏目前具有良好的承接产业的条件，在承接产业转移方面拥有的相对优势是能源，如比较丰富的煤炭资源、矿产资源等，其煤炭、硅石、黏土、白云石等资源能源丰富，是西部重要的能源和原材料基地，再加上其他一些条件如社会固定投资额、产业结构和综合运网里程也在一定程度上对拉动投资，促进产业转移方面有积极作用。较之往年，宁夏的经济有明显的增长，一些产业的配套条件也有所改善，为承接产业打下了良好的基础，其承接产业也开始呈现形式不断创新、承接类型增加、金额增长等特点，其承接产业的能力也进一步增强。

（一）数据选择

由于宁夏统计年鉴中缺失三产业部分计算产业梯度系数的所需数据，因此这里在选择优势产业时，将对二、三产业采用不同的方法来计算。采用产业梯度系数来选择第二产业的优势行业；采用区位商来选择第三产业的优势行业，它可以反映出一个地区的专业化生产程度。

选取的数据为宁夏及全国共 46 类行业为研究对象，采用宁夏和全国 2010 年数据进行计算，所选数据来源于《中国统计年鉴（2011 年）》和《宁夏统计年鉴（2011 年）》，采用的指标值都为当年价格，剔除了价格水平变化因素导致的偏差。

由于统计年鉴中缺失部分行业的增加值数据和行业的平均资本额，为了统一计算，这里同样用总产值代替增加值指标，用行业的总资产额替换平均资本额。所选数据如表 5-13 所示。

表 5-13　　　　　　　宁夏各行业相关数据表　　　　（单位：亿元，万人）

	宁夏			全国		
	各产业产值	从业人数	资产总额	各产业产值	从业人数	资产总额
第二产业						
煤炭开采和洗选业	266.24	6.18	712.55	22109.27	527.19	29941.66
石油天然气开采业	1.61	0.02	3.01	9917.84	106.06	16692.05
黑色金属矿采选业	1.88	0.00	0.00	5999.33	67.04	5985.13
有色金属矿采选业	0.00	0.00	0.00	3799.41	55.40	3083.47
非金属矿采选业	7.88	0.02	1.32	3093.54	56.54	1882.30
其他采矿业	0.00	0.00	0.00	31.31	0.45	16.23
农副食品加工业	50.34	0.66	45.42	34928.07	369.01	16731.35
食品制造业	46.71	0.73	53.55	11350.64	175.88	7229.41
饮料制造业	21.41	0.46	37.05	9152.62	130.02	7852.83
烟草制品业	4.67	0.04	4.86	5842.51	21.10	5484.04
纺织业	88.84	0.96	127.15	28507.92	647.32	18789.99
纺织服装、鞋帽制造业	1.01	0.09	1.05	12331.24	447.00	7026.08

续表

	宁夏			全国		
	各产业产值	从业人数	资产总额	各产业产值	从业人数	资产总额
皮革、毛皮、羽毛制品业	6.65	0.08	4.77	7897.50	276.37	3907.44
木材加工制造业	0.83	0.03	1.37	7393.18	142.29	3541.83
家具制造业	2.55	0.05	2.01	4414.81	111.73	2639.07
造纸及纸制品业	44.90	1.29	113.99	10434.06	157.91	9655.29
印刷业和记录媒介的复制	2.32	0.09	3.20	3562.91	85.06	3216.39
文教体育用品制造业	0.00	0.00	0.00	3135.43	128.11	1829.93
石油炼焦及核燃料加工业	217.90	1.94	292.88	29238.79	92.15	15669.15
化学原料及制品制造业	170.73	2.80	208.10	47920.02	474.14	38771.99
医药制造业	26.30	0.47	41.41	11741.31	173.17	11116.40
化学纤维制造业	0.00	0.00	0.00	4953.99	43.93	4204.80
橡胶制品业	25.07	0.35	18.54	5906.67	102.93	4133.98
塑料制品业	9.82	0.29	9.67	13872.22	283.30	9210.97
非金属矿物制品业	107.35	1.81	172.88	32057.26	544.61	25567.37
黑色金属冶炼及压延加工业	116.64	1.93	98.37	51833.58	345.63	45984.25
有色金属冶炼及压延加工业	228.73	2.47	373.33	28119.02	191.59	20298.13
金属制品业	23.19	0.50	25.67	20134.61	344.64	13155.29
通用设备制造业	41.74	1.38	70.91	35132.74	539.38	27615.27
专用设备制造业	32.14	0.49	35.06	21561.83	334.22	19561.45
交通运输设备制造业	0.95	0.05	3.37	55452.63	573.72	47981.05
电气机械及器材制造业	54.14	0.60	53.44	43344.41	604.30	31717.94
通信设备电子设备制造业	0.00	0.00	0.00	54970.67	772.75	37719.80
仪器文化办公机械制造业	9.75	0.21	14.42	6399.07	124.86	5168.62
工艺品及其他制造业	0.00	0.00	0.14	5662.66	140.43	3329.98
废弃资源材料回收加工业	0.00	0.00	0.00	2306.13	13.92	923.56

续表

宁夏			全国		
各产业产值	从业人数	资产总额	各产业产值	从业人数	资产总额
电力、热力生产和供应业					
303.51	2.89	699.09	40550.83	275.64	76725.41
燃气生产和供应业					
11.29	0.11	42.59	2393.42	19.02	2982.87
水的生产和供应业					
4.06	0.04	20.95	1137.10	45.92	5539.15
建筑业					
342.69	9.69	15.28	96031.13	4160.44	3971.99
第三产业					
交通运输、仓储和邮政业					
145.17	—	—	21494.03	—	—
批发和零售业					
89.50	—	—	40198.44	—	—
住宿和餐饮业					
31.00	—	—	9095.82	—	—
金融业					
97.87	—	—	21605.83	—	—
房地产业					
60.53	—	—	19363.00	—	—
其他					
278.38	—	—	64687.25	—	—

数据来源：《中国统计年鉴（2011年）》《宁夏统计年鉴（2011年）》。

（二）实证分析

得出宁夏的区位商数据、比较劳动生产率数据、比较资产生产率数据和产业梯度系数数据，再将以上数据分析整理，得出宁夏46个行业中具有承接产业转移能力的相关行业，计算出的宁夏各产业相关数据如表5-14所示。

表5-14　　　　　　宁夏各行业的产业梯度系数表

宁夏	区位商	比较资本生产率	比较劳动生产率	产业梯度系数
第二产业				
煤炭开采和洗选业	2.86	0.51	1.03	1.49
石油天然气开采业	0.04	0.90	0.86	0.03
黑色金属矿采选业	0.07	0.00	0.00	0.00
有色金属矿采选业	0.00	0.00	0.00	0.00
非金属矿采选业	0.60	3.63	7.20	15.79
其他采矿业	0.00	0.00	0.00	0.00
农副食品加工业	0.34	0.53	0.81	0.15

续表

新疆	区位商	比较资本生产率	比较劳动生产率	产业梯度系数
食品制造业	0.98	0.56	0.99	0.54
饮料制造业	0.56	0.50	0.66	0.18
烟草制品业	0.19	0.90	0.42	0.07
纺织业	0.74	0.46	2.10	0.72
纺织服装、鞋帽制造业	0.02	0.55	0.41	0.00
皮革、毛皮、羽毛制品业	0.20	0.69	2.91	0.40
木材加工制造业	0.03	0.29	0.53	0.00
家具制造业	0.14	0.76	1.29	0.13
造纸及纸制品业	1.02	0.36	0.53	0.20
印刷业和记录媒介的复制	0.15	0.65	0.62	0.06
文教体育用品制造业	0.00	0.00	0.00	0.00
石油炼焦及核燃料加工业	1.77	0.40	0.35	0.25
化学原料及制品制造业	0.85	0.66	0.60	0.34
医药制造业	0.53	0.60	0.83	0.26
化学纤维制造业	0.00	0.00	0.00	0.00
橡胶制品业	1.01	0.95	1.25	1.19
塑料制品业	0.17	0.67	0.69	0.08
非金属矿物制品业	0.80	0.50	1.01	0.40
黑色金属冶炼及压延加工业	0.53	1.05	0.40	0.23
有色金属冶炼及压延加工业	1.93	0.44	0.63	0.54
金属制品业	0.27	0.59	0.79	0.13
通用设备制造业	0.28	0.46	0.46	0.06
专用设备制造业	0.35	0.83	1.02	0.30
交通运输设备制造业	0.00	0.24	0.20	0.00
电气机械及器材制造业	0.30	0.74	1.26	0.28
通信设备电子设备制造业	0.00	0.00	0.00	0.00
仪器文化办公机械制造业	0.36	0.55	0.91	0.18
工艺品及其他制造业	0.00	0.00	0.00	0.00
废弃资源材料回收加工业	0.00	0.00	0.00	0.00
电力、热力生产和供应业	1.78	0.82	0.71	1.04
燃气生产和供应业	1.12	0.33	0.82	0.30

续表

新疆	区位商	比较资本生产率	比较劳动生产率	产业梯度系数
水的生产和供应业	0.85	0.94	4.10	3.28
建筑业	0.85	1.53	0.93	1.20
第三产业				
交通运输、仓储和邮政业	1.60	—	—	—
批发和零售业	0.53	—	—	—
住宿和餐饮业	0.81	—	—	—
金融业	1.08	—	—	—
房地产业	0.74	—	—	—
其他	1.02	—	—	—

注：以上数据均是采用统计年鉴计算所得。

选择宁夏具有良好的承接产业转移的行业，宁夏大部分行业的产业梯度系数都较小，但相对新疆来说优势产业较多，宁夏在46个行业中有9个具有承接优势的行业。具体而言，第二产业中采选业是最具优势产业，其中非金属矿采选业位居第一位，其产业梯度系数值为15.79，下来是煤炭开采和洗选业（1.49）；有2个优势产业分布在电力、热力生产和水供应业中，按产业梯度系数值的大小排列的顺序依次是水的生产和供应业（3.28），电力、热力生产和供应业（1.04）；在制品业中，橡胶制品业是唯一具有承接优势的行业（1.19）；建筑业也具有相对的承接优势（1.20）；在第三产业中宁夏有3个优势产业，按区位商值的大小依次为交通运输、仓储和邮政业（1.60），金融业（1.08）和其他服务业（1.02）。根据以上分析，宁夏的承接重点应主要集中在非金属矿采选业、水的生产和供应业，煤炭开采和洗选业，橡胶制品业，建筑业，电力、热力生产和供应业，交通运输，仓储和邮政业，金融业，其他服务业9大产业中。

四 青海优势产业分析

青海具有很好的承接产业的优势，青海的地下水资源十分丰富，可开采量每年为1.2亿立方米；矿产资源优势明显，盐类矿产、非金属矿产、有色金属矿产，包括煤、石油和天然气的储量也很大，这是未来青海经济腾飞最基础的条件；其从事的主要行业包括石油加工，金属加工及压延加工业和电力、热力的生产和供应业等优势产业，核心主导地位明显，为承接产业转移提供良好的载体。因此重点是要确定自身拥有的优势产业，进而以此为据确定要承接的重点产业。

（一）数据选择

由于青海统计年鉴中缺失第三产业的分行业的就业人数和分行业资本额的数据，因此无法用产业梯度系数来计算三产业的优势行业，在选择优势产业时，将对二、三产业采用不同的方法来计算。采用产业梯度系数来选择第二产业的优势行业，采用区位商来选择第三产业的优势行业，它可以反映出一个地区的专业化生产程度。

选取青海及全国二、三产业共46类行业为研究对象，采用青海和全国2010年数据进行计算，这里依然采用总产值来代替增加值指标、用行业的总资产额替换行业的平均资本额。所选数据来源于《中国统计年鉴（2011年）》和《青海统计年鉴（2011年）》，采用的指标值都为当年价格，剔除了价格水平变化因素导致的偏差。所选数据如表5-15所示。

表5-15　　　　　青海各行业相关数据表　　　（单位：亿元，万人）

	青海			全国		
	各产业产值	从业人数	资产总额	各产业产值	从业人数	资产总额
第二产业						
煤炭开采和洗选业	87.49	182.73	1.28	22109.27	527.19	29941.66
石油天然气开采业	173.76	259.89	2.26	9917.84	106.06	16692.05
黑色金属矿采选业	8.82	8.23	0.13	5999.33	67.04	5985.13
有色金属矿采选业	116.06	274.24	1.2	3799.41	55.40	3083.47
非金属矿采选业	8.47	17.59	0.47	3093.54	56.54	1882.30
其他采矿业	1.4	0.69	0.01	31.31	0.45	16.23
农副食品加工业	22.63	20.51	0.3	34928.07	369.01	16731.35
食品制造业	18.46	13.82	0.29	11350.64	175.88	7229.41
饮料制造业	15.94	18.86	0.3	9152.62	130.02	7852.83
烟草制品业	0	0	0	5842.51	21.10	5484.04
纺织业	21.03	24.73	0.61	28507.92	647.32	18789.99

续表

	宁夏			全国		
	各产业产值	从业人数	资产总额	各产业产值	从业人数	资产总额
纺织服装、鞋帽制造业	6.64	4.64	0.33	12331.24	447.00	7026.08
皮革、毛皮、羽毛制品业	0.11	0.5	0.01	7897.50	276.37	3907.44
木材加工制造业	0.05	0.05	0	7393.18	142.29	3541.83
家具制造业	0.14	0.36	0	4414.81	111.73	2639.07
造纸及纸制品业	0	0	0	10434.06	157.91	9655.29
印刷业和记录媒介的复制	4.58	3.38	0.12	3562.91	85.06	3216.39
文教体育用品制造业	0	0	0	3135.43	128.11	1829.93
石油炼焦及核燃料加工业	20.68	33.82	0.13	29238.79	92.15	15669.15
化学原料及制品制造业	155.71	636.46	2.81	47920.02	474.14	38771.99
医药制造业	21	29.78	0.45	11741.31	173.17	11116.40
化学纤维制造业	0	0	0	4953.99	43.93	4204.80
橡胶制品业	0.09	0.15	0.01	5906.67	102.93	4133.98
塑料制品业	0.91	0.93	0.05	13872.22	283.30	9210.97
非金属矿物制品业	68.87	93.71	1.61	32057.26	544.61	25567.37
黑色金属冶炼及压延加工业	142.86	191.47	2.26	51833.58	345.63	45984.25
有色金属冶炼及压延加工业	302.29	337.65	2.31	28119.02	191.59	20298.13
金属制品业	7.31	7.56	0.2	20134.61	344.64	13155.29
通用设备制造业	19.9	27.23	0.61	35132.74	539.38	27615.27
专用设备制造业	2.3	2.02	0.07	21561.83	334.22	19561.45
交通运输设备制造业	4.89	7.48	0.14	55452.63	573.72	47981.05
电气机械及器材制造业	9.61	8.32	0.14	43344.41	604.30	31717.94
通信设备电子设备制造业	1.28	0.61	0.01	54970.67	772.75	37719.80
仪器文化办公机械制造业	1.03	1.69	0.06	6399.07	124.86	5168.62

续表

	宁夏			全国		
	各产业产值	从业人数	资产总额	各产业产值	从业人数	资产总额
工艺品及其他制造业	3.78	3.54	0.17	5662.66	140.43	3329.98
废弃资源材料回收加工业	0	0	0	2306.13	13.92	923.56
电力、热力生产和供应业	231.75	824.89	1.63	40550.83	275.64	76725.41
燃气生产和供应业	0	0	0	2393.42	19.02	2982.87
水的生产和供应业	2.15	16.1	0.15	1137.10	45.92	5539.15
建筑业	279.61	8.91	20.51	96031.13	4160.44	3971.99
第三产业						
交通运输、仓储和邮政业	61.26	—	—	21494.03	—	—
批发和零售业	81.44	—	—	40198.44	—	—
住宿和餐饮业	16.30	—	—	9095.82	—	—
金融业	54.53	—	—	21605.83	—	—
房地产业	25.41	—	—	19363.00	—	—
其他	231.94	—	—	64687.25	—	—

数据来源：《中国统计年鉴（2011年）》《青海统计年鉴（2011年）》。

（二）实证分析

下面就表5-15所选择的数据为研究数据，分别计算出青海第二、第三产业各行业的区位商数据、比较劳动生产率数据、比较资产生产率数据和产业梯度系数数据，再将以上数据分析整理，得出青海46个行业中具有承接产业转移能力的相关行业，计算出的青海各行业的相关数据如表5-16所示。

表5-16　　　　　青海各行业的产业梯度系数表

青海	区位商	比较资本生产率	比较劳动生产率	产业梯度系数
第二产业				
煤炭开采和洗选业	1.18	0.65	1.63	1.24
石油天然气开采业	5.21	1.13	0.82	4.82
黑色金属矿采选业	0.44	1.07	0.76	0.35

续表

新疆	区位商	比较资本生产率	比较劳动生产率	产业梯度系数
有色金属矿采选业	9.08	0.34	1.41	4.40
非金属矿采选业	0.81	0.29	0.33	0.08
其他采矿业	13.28	1.05	2.01	28.11
农副食品加工业	0.19	0.53	0.80	0.08
食品制造业	0.48	0.85	0.99	0.41
饮料制造业	0.52	0.73	0.75	0.28
烟草制品业	0.00	0.00	0.00	0.00
纺织业	0.22	0.56	0.78	0.10
纺织服装、鞋帽制造业	0.16	0.82	0.73	0.10
皮革、毛皮、羽毛制品业	0.00	0.11	0.38	0.00
木材加工制造业	0.00	0.48	0.00	0.00
家具制造业	0.01	0.23	0.00	0.00
造纸及纸制品业	0.00	0.00	0.00	0.00
印刷业和记录媒介的复制	0.38	1.22	0.91	0.43
文教体育用品制造业	0.00	0.00	0.00	0.00
石油炼焦及核燃料加工业	0.21	0.33	0.50	0.03
化学原料及制品制造业	0.97	0.20	0.55	0.10
医药制造业	0.53	0.67	0.69	0.24
化学纤维制造业	0.00	0.00	0.00	0.00
橡胶制品业	0.00	0.42	0.16	0.00
塑料制品业	0.02	0.65	0.37	0.00
非金属矿物制品业	0.64	0.59	0.73	0.27
黑色金属冶炼及压延加工业	0.82	0.66	0.42	0.23
有色金属冶炼及压延加工业	3.19	0.65	0.89	1.84
金属制品业	0.11	0.63	0.63	0.04
通用设备制造业	0.17	0.57	0.50	0.05
专用设备制造业	0.03	1.03	0.51	0.02
交通运输设备制造业	0.03	0.57	0.36	0.01
电气机械及器材制造业	0.07	0.85	0.96	0.05
通信设备电子设备制造业	0.01	1.44	1.80	0.02

续表

新疆	区位商	比较资本生产率	比较劳动生产率	产业梯度系数
仪器文化办公机械制造业	0.05	0.49	0.33	0.01
工艺品及其他制造业	0.20	0.63	0.55	0.07
废弃资源材料回收加工业	0.00	0.00	0.00	0.00
电力、热力生产和供应业	1.70	0.53	0.97	0.87
燃气生产和供应业	0.00	0.00	0.00	0.00
水的生产和供应业	0.56	0.65	0.58	0.21
建筑业	0.87	1.36	0.56	0.66
第三产业				
交通运输、仓储和邮政业	0.85	—	—	—
批发和零售业	0.60	—	—	—
住宿和餐饮业	0.53	—	—	—
金融业	0.75	—	—	—
房地产业	0.39	—	—	—
其他	1.07	—	—	—

注：以上数据均是采用统计年鉴计算所得。

通过上述数据分析，可以选择出青海产业梯度系数值大于1的行业只有6个，较之宁夏较少。具体而言，第二产业中的优势产业主要分布在洗选业，其中其他采矿业位居第一位，其产业梯度系数值为28.11，下来是石油天然气开采业（4.82）、有色金属矿采选业（4.40）、煤炭开采和洗选业（1.24），剩余的一个优势产业为有色金属冶炼及压延加工业，其产业梯度系数值为1.84；第三产业中的优势行业为其他服务业（1.07）。根据以上分析，青海承接的产业重点应主要集中在其他采矿业、石油天然气开采业、有色金属矿采选业、有色金属冶炼及压延加工业、煤炭开采和洗选业、其他服务业6大产业。

综上所述，西北少数民族地区的优势产业多集中在第一产业的农业和牧业、第二产业的采矿业和制造业。因此最终选择出的西北民族地区的优势产业如表5-17所示。

表 5-17　　　　　西北少数民族地区的优势产业

省份	第二产业优势行业	第三产业优势行业
新疆	石油和天然气开采业、石油炼焦及核燃料加工业、建筑业、黑色金属冶炼及压延加工业、化学纤维制造业	
宁夏	非金属矿采选业、水的生产和供应业、煤炭开采和洗选业、橡胶制品业、建筑业、电力、热力生产和供应业	交通运输、仓储和邮政业、金融业、其他服务业
青海	其他采矿业、石油天然气开采业、有色金属矿采选业、有色金属冶炼压延加工业、煤炭开采和洗选业	其他服务业

第四节　西北少数民族地区承接东部转移产业选择

入世和西部大开发对我国西部地区的产业调整和经济发展提出了新的要求，缩小同国内外发达地区的经济差距既需要西部本身条件的改善，又需要外部条件的注入。承接国内外发达地区向西部地区的产业转移，正是从外部的条件注入来优化西部产业结构的一个重要举措。西北少数民族地区拥有哪些承接东部产业的优势，哪些行业适合去承接东部的产业，又该承接东部的哪些产业，解决这些问题对西北少数民族地区承接东部产业转移具有重要的意义，下面就以新疆、宁夏、青海三个民族地区为例分别加以说明。

一　承接行业选择的原则

西部少数民族地区在选择承接产业的行业时应根据市场经济的总体要求，以调整产业结构为目的，在充分发挥动态比较优势的前提下，合理地承接产业。一般来讲，大体应该遵循以下原则：①基础性原则，这是一个十分重要的原则，不仅包含承前启后，也表明在进行产业引入时，需要十分重视其可能性。一是要了解清楚和充分利用原有的基础条件；二是从考察和研究原有的基础条件中,搞清楚迁入产业和布局生产力的可能性,而不能同现实脱节。②可持续性原则,在这里主要指处理好承接产业转移和生态环境保护的问题,还包括对资源的充分有效利用。在根据可持续性原则承接产业时,应处理好眼前利益和长远利益、局部利益和全局利益的关系,同时还要考虑对社会效益的影响,要正确对待需要与最佳选择的问题。③增长极原则,承接产业,不能采取平均主义做法,而应相对集中力量,突出重点,培育一批新的增长极带动区域成长。依据沿海改革开放和加速发展的经验,可以在产业移入区选择一两个中心城市和区域,给予一些特殊政策,使之率先发展起来,辐射带动整个产业移入区。④适宜性原则,承接产业转移有一个起点和适宜性的问题,尽可能地引进最先进的产业和技术无疑是好的,但是任何一种产业的移入和设置都必须适合地区的基本情况及具体产业的实际需要。因为产业的引入和技术的发展与应用是有条件的,先进与否是相对而言的,最先进的未必是最适用的,关键要看产业移入地区的吸收、消化和创新能力。

二 新疆承接东部地区产业转移的行业选择

新疆承接的产业转移既包括国际产业转移,又包括国内除新疆外其他省区的产业转移。从引进到位资金额和企业数来看,东部地区是新疆承接产业转移的主要来源地。

(一) 目前新疆承接东部地区产业转移的重点产业

1. 以矿产资源优势为依托的石油开采及加工业

由于具有特殊的区位优势、矿产资源优势、政策优势和一定的产业聚集优势,石油和天然气开采业成为新疆承接东部地区产业转移的主要载体,新疆成为东部企业开拓中亚、西亚、欧洲市场的外向型经济窗口。"十一五"期间,通过承接东部的相关产业,新疆采选业及其相关制造业迅速发展,年均增长速度加快,占工业的比重显著上升,正成为西部具有代表性的产业基地。

2. 以资源开采为依托的相关制造业

新疆在资源开采优势的基础上发展的石油炼焦及核燃料加工业、黑色金属冶炼及压延加工业等制造业在总产值中所占比重不断上升,承接东部产业转移的能力也进一步加强。事实上,东部地区这类以资源为依托的制造业的产值占全国的比重在不断下降,而新疆这些产业的产值占全国的比重则稳步上升,可见,西北少数民族地区的工业产出水平明显提高,其承接的产业份额也在不断增加。

3. 以农牧业及林果业的特色资源为依托的轻工业

新疆拥有丰富的农牧业及林果业特色资源,以农产品为原材料形成了制糖、造纸、饮料、食品、酿酒等38个行业的轻工业生产体系,其中农副产品加工业企业占轻工业企业总数的80%,以农牧产品为原料的轻工产品产值占全行业的76.8%。目前,新疆吸引了中信国安、杭州娃哈哈、南京雨润、浙江纳爱等国内众多企业的投资,但规模以上的企业不多。在承接东部地区产业转移过程中,新疆积极推进北疆农牧品、南疆林果品加工产业区建设,以特色农业资源为重点吸引东部地区轻工业向新疆转移。

(二)新疆承接东部地区产业转移的行业选择

如何选择新疆应承接的东部地区产业,需要将新疆具有承接优势的产业和东部地区具有转移趋势的产业状况进行对比。因此,最终选择出的新疆承接东部地区产业转移的行业如表5-18所示。

表5-18　　　　　　新疆承接东部地区产业转移的产业选择

	第二产业
福建	化学纤维制造业
山东	石油天然气开采业、石油炼焦及核燃料加工业
江苏	化学纤维制造业
上海	石油炼焦及核燃料加工业
浙江	建筑业

新疆应将承接产业重点放在福建、上海、山东、浙江和江苏等地区,广东具有转移趋势的产业在新疆并不处于优势地位。具体来讲,新疆应重点承接的产业首先是山东石油和天然气开采业、石油炼焦及核燃料加工业,其次是福建和江苏地区的化学纤维制造业、上海的石油炼焦及核燃料加工业和浙江的建筑业。由此可见,石油和天然气开采业虽在新疆是优势产业,但它在东部并不具有转移趋势。

三 宁夏承接东部地区产业转移的行业选择

宁夏在承接东部产业转移方面初见成效，2004—2010年10月，宁夏全区招商引资到位资金累计达2571.79亿元。2010年1—10月，全区共实施招商引资项目708个，计划总投资3032.69亿元，累计完成1843.49亿元，到位资金719.45亿元，完成年度目标任务的102.78%。在2010年宁夏石嘴山市已与山东合作建设"淄博飞地工业园"，一期投资24亿元，与其他中东部合作引进飞地工业园的项目也在洽谈中。[①]

（一）宁夏承接东部地区产业转移的重点产业

1. 以能源和资源优势为依托的开采和洗选业

凭借能源上的优势，宁夏的非金属矿采选业、煤炭开采和洗选业这类能源指向型产业在全国具有一定优势，在总产值中所占的比重呈现增长态势，对东部地区与这类产业相关的企业具有一定的吸引力。宁夏煤炭资源富集，宁东煤炭基地的建设、打造高水平的煤化工产业基地、积极承接东部如山东的煤炭产业。东部地区这些资源型产业的增长率低于全国和西部地区，全国又低于西部地区，而西部在这些产业上又具有资源优势，所以目前这类产业成了宁夏承接东部地区的重点产业。

2. 以区位优势为依托的制造业

宁夏橡胶类产业发展态势良好，2010年宁夏的橡胶类产业的工业总产值达到24.5亿元，比2009年同期增长15%，为提升地区GDP做出较大贡献，近几年宁夏利用自身的发展优势，积极承接如福建、浙江等地的橡胶制品业产业；除此之外，宁夏的建筑业也经过近些年的发展，具备承接产业的能力。

3. 以交通运输、仓储和邮政业、金融业为主的现代服务业

从宁夏2007—2009年引进的项目来看，宁夏承接的第三产业主要是以仓储、运输为主要生产内容的物流业，而中介服务业及咨询业、大中型酒店、医院、学校、软件与信息等服务业较少；金融业和其他一些服务类

---

① 宁夏新闻网，2010年11月。

行业发展良好,也逐渐开始承接一些东部地区的相关行业。为了产业配套服务能力,宁夏把现代服务业也作为重点承接产业之一。

(二)宁夏承接东部地区产业转移的行业选择

表 5-19　　　　宁夏承接东部地区产业转移的产业选择

	第二产业	第三产业
福建	橡胶制品业	交通运输、仓储和邮政业
山东	煤炭开采和洗选业、橡胶制品业	
江苏	橡胶制品业	
上海		金融业、其他服务业
浙江	橡胶制品业、建筑业、电力、热力生产和供应业	

宁夏应将承接产业重点放在山东和浙江等地区,广东具有转移趋势的产业在宁夏并不处于优势地位。具体来讲,宁夏第二产业中应重点承接橡胶制品业,因为其在福建、山东、浙江、江苏四个东部地区都具有转移趋势,还应该承接山东地区的煤炭开采和洗选业,浙江地区的电力、热力生产和供应业及建筑业;第三产业应重点承接上海的金融业和其他服务业。由此可见非金属矿采选业虽在宁夏是优势产业,但它在东部并不具有转移趋势。

四　青海承接东部地区产业转移的行业选择

(一)目前青海承接东部地区产业转移的重点产业

1. 以资源为优势的采选业

青海承接的重点产业以采选业为主,包括煤炭开采和洗选业、石油天然气开采业、有色金属矿采选业和其他采矿业。利用自己的资源禀赋优势和其他条件,以盐湖化工、油气化工和煤化工下游产品的精深加工为承接重点,加强与有实力的大企业和企业集团的合作,青海承接引进优势产业、主导产业的转移、提升青海本地产业关联度及产业的市场潜力,推动青海产业结构调整和升级,全面推进化工工业向规模化、集约化、精细化方向发展。

2. 以有色金属为主的加工制造业

青海的有色金属工业以冶炼压延加工为主,通过承接东部先进适用工艺、技术和管理模式为重点，加大对现有有色金属工业技术改造，建设一批技术水平先进的铝、镁、铜、铅、锌冶炼加工项目，大力发展以铝、镁、铜为主的有色金属精深加工业。有色金属的冶炼工业引进东部大型钢铁企业参与大型钢铁项目建设，加快现有生产工艺的改造，促进产品升级换代，重点承接军工、轴承、齿轮等特种钢材产品，形成主导产品突出的独特竞争优势，以满足区域市场需求。

3. 以服务业为主的第三产业

青海通过承接相关的现代服务业，积极引进东部地区服务业资金、人才和管理模式，承接发展商贸、物流、文化、旅游等产业。培育发展软件及信息服务、担保体系、研发设计、质量检验、科技成果转化、园区配套服务等生产性服务企业，推动服务业与制造业有机融合、互动发展。

(二) 青海承接东部地区产业转移的行业选择

表 5-20　　青海承接东部地区产业转移的产业选择

	第二产业	第三产业
山东	有色金属矿采选业、煤炭开采和洗选业、石油天然气开采业、有色金属冶炼及压延加工业	
江苏	有色金属冶炼及压延加工业	
上海		其他服务业

青海应将承接产业重点放在山东地区，广东、福建和浙江具有转移趋势的产业在青海并不处于优势地位。具体来讲，青海承接的产业的重点应该放在第二产业上，第二产业中应重点承接山东和江苏都具有转移趋势的有色金属冶炼压延加工业，其次还应重点承接山东地区的有色金属矿采选业、煤炭开采和洗选业、石油天然气开采业；第三产业应重点承接上海的其他服务业。由此可见青海的一些优势产业在东部并不具有转移趋势。

综上所述，西北少数民族地区承接东部产业转移的行业分布如表 5-21 所示。

表 5-21　　　　西北少数民族地区承接东部的转移产业

西北少数民族地区承接东部的转移产业选择			
	第一产业	第二产业	第三产业
福建		化学纤维制造业、橡胶制品业	交通运输、仓储和邮政业
广东			
山东	农业	石油天然气开采业、有色金属矿采选业、石油炼焦及核燃料加工业、煤炭开采和洗选业、橡胶制品业	
江苏		化学纤维制造业、有色金属冶炼及压延加工业、橡胶制品业	
上海		石油炼焦及核燃料加工业	金融业、其他服务业
浙江		建筑业，电力、热力生产和供应业，橡胶制品业	

西北少数民族地区要承接东部优势产业还应该做到以下几点：

第一，努力建设能源化工基地，积极承接东部煤炭开采和洗选产业

西北少数民族地区能源和资源富集，要坚持以资源换产业，变资源优势为产业优势，适应市场需求，进一步完善煤炭基地的建设、打造高水平的煤化工产业基地、积极承接东部如山东的煤炭产业，促进地区产业的进一步发展，带动经济的增长。

第二，发挥自身综合成本的比较优势，积极承接东部劳动密集型产业

西北少数民族地区在基本生产要素方面具有综合成本的比较优势，能够满足东部地区转移的劳动密集型产业大量用工、用地、用电的需要。应积极承接东部地区的电力、热力的生产和供应业，形成新的经济增长点。

第三，应重点承接化学纤维制造业、黑色金属冶炼及压延加工业、燃气生产和供应业

化学纤维制造业、黑色金属冶炼及压延加工业、燃气生产和供应业是西北少数民族地区的优势产业，但并没有引起足够的重视，引进项目的份额偏小。这三个产业的承接与其资源优势分不开，符合资源转换战略要求，其中燃气生产和供应业与生产生活密切相关，市场需求量大，经济效益也较大。

第四，培育高新技术和战略性新兴产业

西北少数民族地区承接的产业大都是资源密集型产业和劳动密集型产业，这主要是因为东部地区知识、技术密集型产业正处于成长阶段，短时间内向中西部地区转移的可能性非常小。但西北少数民族地区不能承接东部地区的劣势产业，要利用丰富的风、水、电自然资源发展新能源产业，要利用独特的民族药用资源发展生物医药产业，要利用矿产资源发展新材料产业，要利用科学技术资源发展电子信息产业。

第六章

西北少数民族地区工业布局现状及优化

新中国成立以来,我国产业布局的演变经历了两个大的阶段:新中国成立前,我国的工业有将近80%集中在占国土面积不到12%的东部沿海狭长地带,而沿海工业又集中于上海、青岛、天津和广州等少数大城市,广大内地,特别是边疆少数民族地区,几乎没有什么近代工业,处于与世隔绝或半隔绝状态。新中国成立初期,面临着历史上形成的工业过于集中、地区产业结构畸形的状况和当时的政治、经济形势,我国确立了追求空间公平的均衡布局发展战略,加强内地的经济建设。先把经济建设的重点置于华北、东北和西北地区,后又移到大三线地带(包括四川、贵州、陕西、湖南等9个内地省区)。1953年至1978年,全民所有制基建投资中,沿海占35.7%,内地占55.2%,其他地区的投资占9.1%,内地比沿海高出19.5个百分点,特别是1964年至1972年的三线建设期,内地比沿海高出34.1个百分点。从而在内地较快形成了一批生产能力较强的重、化工业,为内地的发展创造了后续条件。虽然投资的重点在内地,但是由于内地的投资回报率低,国民经济的增长主要依靠上海、辽宁、天津和北京等老工业基地。沿海地区生产能力得到了较为充分的利用,但却没有得到发展,这一阶段地区产业结构的突出特征是重型化和完整化。决策高度集中于中央,投资主体一元化,所有制结构一元化,国家优先发展重工业的战略使各省区重工业产值的比重大幅度上升。同时，由于指导方针的失误和管理体制的弊端，各省区不顾自身条件，盲目追求建立独立完整的工业体系，造成大量不必要的重复建设和经济效益损失。这一阶段虽然缩小了地区差距，沿海与内地工业产值由7∶3变为6∶4，但国民经济整体增长率却相对下降。全国工业增长速度到"三五"期间仅为11.7%，"四五"期间下降为9.1%。[①]

1978年以来，我国实行经济体制改革和对外开放的发展战略，同时，我国的产业布局主导思想发生了根本性的变化，从我国非均衡的实际出发，从侧重公平的均衡布局转向效率优先兼顾公平的非均衡布局。采取向沿海和发达地区倾斜的政策，鼓励一部分地区先发展起来，以实现先进带后进的梯度发展战略。"六五"计划（1981—1985年）明确提出："要积极利用沿海地区的现有基础，充分发挥它们的特长，优先发展，从而带动内地经济进一步发展"；同时提出："努力发展内地经济，继续积极支持和切实帮助少数民族地区发展生产，繁荣经济"。国家投资开始向东倾斜，东部地区对外开放步伐加快。"七五"计划（1986—1990年）进一步指出："我国经济发展水平客观上存在着东、中、西三大地区的差异，发展的总体目标是：加速东部沿海地区的发展，同时把能源、原材料建设的重点放在中部，并积极地做好进一步开发西部的准备"；并提出"继续鼓励一部分地区、一部分企业和一部分人先富起来"的方针。1988年又提出了"沿海地区经济发展战略"，国家对东部沿海开放地区从财政、税收、信贷、投资等方面进一步给予优惠。"八五"计划和"1991—2000年十年规划"具体提出了地区经济发展的布局政策是："正确处理发挥地区优势与全国统筹规划、沿海与内地、经济发达地区与不发达地区之间的关系，促进地区经济朝着合理分工、各展其长、优势互补、协调发展"。

西北少数民族地区历史悠久、地域辽阔、气候多样、民族众多，是中国与西北边境的交通咽喉。由于其特殊的地理位置、民族成分和

[①] 方甲：《产业结构问题研究》，中国人民大学出版社1997年版，第793页。

自然资源禀赋,成为我国经济社会发展过程中的一个重要组成部分。对于产业布局问题比较突出的西北少数民族地区,工业布局调整将成为经济发展的关键一环。工业产值构成,参照中国国家统计局编制和颁布的《国民经济行业分类与代码》(GB/T4754—2011),包括采矿业、制造业、电力燃气及水的生产41个行业;考虑到具体的数据获取以及各行业在西北地区工业中的重要性等各方面因素,主要选取37个行业,见表6-1。

表6-1　　　　　　　　37个规模以上工业产业分类表

行业	行业
煤炭开采和洗选业	化学原料及化学制品制造业
石油和天然气开采业	医药制造业
黑色金属矿采选业	化学纤维制造业
有色金属矿采选业	橡胶制品业
非金属矿采选业	塑料制品业
农副食品加工业	非金属矿物制品业
食品制造业	黑色金属冶炼及压延加工业
酒、饮料和精制茶制造业	有色金属冶炼及压延加工业
烟草制造业	金属制品业
纺织业	通用设备制造业
纺织服装、鞋帽制造业	专用设备制造业
皮革、毛皮、羽毛及其他制品	交通运输设备制造业
木材加工及木、竹、藤、棕、草制品业	电气机械及器材制造业
家具制造业	通信设备、计算机及其他电子设备制造业
造纸及纸制品业	仪表仪器及文化、办公用机械制造业
印刷业和记录媒介的复制	工艺品及其他制造业
文教体育用品制品业	电力、热力的生产和供应业
石油加工、炼焦及核燃料加工业	燃气生产和供应业
	水的生产和供应业

第一节 西北少数民族地区工业布局现状

西北少数民族地区的工业布局现状，选取青海、宁夏和新疆三省区共28个地州市作为研究对象，从工业比重和区位商两个视角进行横向比较，并以2001年和2012年与2008年至2012年为时间维度，纵向比较工业比重，分地区考察工业布局情况。选择近5年数据，分析产业的集中程度，找出西北少数民族地区工业布局存在的问题，以便提出相应的对策和建议。

一 工业分地区比重

选取了2001年和2012年统计年鉴中有关的青海、宁夏、新疆三省区的共28个地州、市的工业产业数据，鉴于工业增加值在统计年鉴中有较多的缺失，选取工业总产值指标。为了减小通货膨胀对统计数据的影响，选取的全部都是比例数值，即某地市工业的比重＝某地市工业的总产值/全省工业的总产值。

（一）青海各地区的工业比重

表6-2　　　2001年和2012年青海各地州工业占比情况　　　（单位：％）

	2001年	2001年占比排序	2012年	2012年占比排序
西宁市	29.87	2	53.26	1
海西州	38.12	1	33.39	2
海东地区	11.38	3	7.94	3
海北州	2.31	6	3.75	4
海南州	4.39	5	0.73	5
果洛州	0.18	7	0.65	6
黄南州	6.09	4	0.28	7

注：根据《青海统计年鉴（2013年）》数据计算而得。

根据青海省7个地州市工业占比的计算结果表6-2，横向来看，2001年工业占比从高到低依次是：海西州、西宁市、海东地区、黄南州、海南州、海北州和果洛州,其中海西州和西宁市的工业总产值占到全省的67.98%,海西州主要以盐化工、煤炭、石油天然气和有色金属等资源型产业为主,西宁市主要以机械、轻纺、化工、建材、冶金、皮革皮毛、食品等产业为主导产业。经过10多年的发展,青海省的工业在空间上发生了比较大的变化,西宁市工业占比从2001年的29.87%上升到2012年的53.26%,其他地区的工业占比变化不大,其中黄南州工业占比从2001年的6.09%下降为2012年的0.28%,黄南州主要以资源能源型产业为主,工业水平较低,增长相对比较缓慢。

(二)宁夏各地区的工业比重

表6-3　　2001年和2012年宁夏各地州工业占比情况　　(单位:%)

	2001年	2001年占比排序	2012年	2012年占比排序
银川市	37.37	1	45.54	1
石嘴山市	21.63	3	17.49	2
吴忠市	28.70	2	14.85	3
中卫市	6.94	4	10.10	4
固原地区	3.61	5	0.90	5

注:根据《宁夏统计年鉴(2013年)》数据计算而得。

根据5个地州市工业占比的计算结果表6-3,横向来看,2001年工业占比从高到低依次是:银川市、石嘴山市、吴忠市、中卫市和固原地区,其中银川市和吴忠市工业总产值占到全区的66.07%,银川市目前有能源、化工、机电、建材、冶金、制药、食品、造纸和农副产品加工等30多个门类的现代工业生产体系,而吴忠市拥有以能源、电力、新材料、造纸、乳制品、葡萄酒、皮毛绒、建材等产业为主的工业体系。经过10多年的发展,宁夏工业布局在空间上发生了比较大的变化,银川市工业占比从2001年的37.37%上升到2012年的45.54%,石嘴山市依靠石油加工、炼焦及核燃料加工业,化学原料及化学制品制造业,非金属矿物制品业,黑色金属冶炼及压延加工业,有色金属冶炼及压延加工业,电力、热力的生产和供应业等主导产业成了宁夏第二大工业城市,其他地区的工业占比变化不大。

(三) 新疆各地区的工业比重

表 6-4　　　　2001 年和 2012 年新疆各地州工业占比情况　　　（单位: %）

	2001 年	2001 年占比排序	2012 年	2012 年占比排序
克拉玛依市	29.31	1	21.48	2
乌鲁木齐市	27.50	2	27.27	1
巴音郭楞蒙古自治州	10.40	3	10.42	3
伊犁哈萨克自治州	8.21	4	7.78	4
昌吉回族自治州	8.00	5	7.66	5
吐鲁番地区	5.21	6	3.45	9
伊犁州直属县（市）	4.15	7	4.65	8
阿克苏地区	3.38	8	5.71	6
塔城地区	3.06	9	1.73	11
石河子市	2.98	10	4.69	7
哈密地区	1.79	11	2.39	10
喀什地区	1.61	12	1.31	13
阿勒泰地区	1.00	13	1.40	12
博尔塔拉蒙古自治州	1.00	14	0.60	14
和田地区	0.47	15	0.25	16
克孜勒苏柯尔克孜自治州	0.14	16	0.28	15

注: 根据《新疆统计年鉴（2013 年）》数据计算而得。

根据新疆 16 个地州市工业占比的计算结果表 6-4，横向来看，2001 年工业占比前三位的是: 克拉玛依市、乌鲁木齐市和巴音郭楞蒙古自治州，其中克拉玛依市依靠丰富的石油、天然气资源，形成了石油勘探、钻井、采油、输油、炼油、科研、建筑、电力、通信、运输、机械制造等门类比较齐全的石油工业生产基地和医疗、卫生、文化、体育、轻工、商贸以及公用事业基本配套的现代化石油工业新城，其工业产值占到了全区工业总产值的 29.31%；乌鲁木齐凭借新疆能源资源和交通等区位优势，形成了以石化、冶金、纺织、机械制造、高新技术、建材、医药、食品、轻工业、电子信息等产业门类比较齐全的十大产业集群，尤其是在石化、冶金等产业的发展在同行业内处于领先地位，已成为乌鲁木齐市第二产业的支柱；巴音郭楞蒙古自治州拥有以石油、天然气和煤炭资源为主的工业体系,成为新疆第三大工业城市。经过 10 多年的发展,新疆工业布局变化不大,乌鲁木齐借助区位优势成为新疆第一大工业城市,但相对占比变化不大,克拉玛依市工业占比从 2001 年的 29.31% 下降为 2012 年的 21.48%。

二 青海、宁夏、新疆三省区工业布局特点

(一) 共性分析

就省会城市来看,西宁市、银川市和乌鲁木齐市都以机械加工、化工、建材、冶金、食品及轻工业为主;地州市凭借丰富的资源和能源形成了以能源、石油、天然气、煤炭、有色金属等产业为主的工业体系;各地州市拥有各自的特色工业产业,如吴忠市的葡萄酒产业。省会城市是各省区工业与内地工业交流合作的中转站,各省区大多数工业企业都与省会城市工业有各省区产业联系,可以说省会城市的工业是各省区工业的龙头和产业联系的枢纽。

(二) 差异性分析

通过对青海、宁夏和新疆三省区 28 个地州市的工业占比进行分析,并结合各地州市主导产业发展情况,青海的工业主要集中在海西州和西宁市,宁夏的工业主要集中在银川市、石嘴山市和吴忠市,新疆主要集中在乌鲁木齐市、克拉玛依市和巴音郭楞蒙古自治州,具体的工业主导产业见表 6-5。

表 6-5　2012 年青海、宁夏和新疆三省区工业占比 65% 以上的地州市及主导产业情况

地区	主导产业
西宁市	机械、轻纺、化工、建材、冶金、皮革皮毛、食品等产业
海西州	盐化工、煤炭、石油天然气和有色金属等产业
银川市	能源、化工、机电、建材、冶金、制药、食品、造纸和农副产品加工等
吴忠市	能源、电力、新材料、造纸、乳制品、葡萄酒、皮毛绒、建材等产业
石嘴山市	石油加工、炼焦及核燃料加工业,化学原料及化学制品制造业,非金属矿物制品业,黑色金属冶炼及压延加工业,有色金属冶炼及压延加工业,电力、热力的生产和供应业

续表

地区	主导产业
乌鲁木齐市	石化、冶金、纺织、机械制造、高新技术、建材、医药、食品、轻工业、电子信息等产业
克拉玛依市	石油勘探、钻井、采油、输油、炼油、科研、建筑、电力、通信、运输、机械制造和医疗卫生等轻工业
巴音郭楞蒙古自治州	以石油、天然气和煤炭资源为主的工业体系

三 工业分行业集中度分析

(一)数据来源及指标选取

为了便于比较某产业在地区上的优势地位,采用区位商,即某省某产业的区位商=(某省某产业的总产值/全省某产业的总产值)/(某省的工业产业总值/全省的工业产业总值)。数据的来源主要有:《全国统计年鉴(2009—2013年)》《国家工业统计年鉴(2009—2013年)》《青海统计年鉴(2009—2013年)》《宁夏统计年鉴(2009—2013年)》《新疆统计年鉴(2009—2013年)》及各省区的统计公报。根据青海、宁夏和新疆2009—2013年的统计年鉴和国家关于规模以上工业企业划分标准《国民经济行业分类》(GB/T4754—2011)来看,41个规模以上工业行业分类中,青海、宁夏和新疆有41个门类中的37个,选取以上三省区的37个工业行业进行实证分析,具体数据见附表。区位商又称区位基尼系数或地方专业化水平。是用来衡量某一特定区域的产业相对集中程度。该指数的计算公式如下:

$$LQ_{IJ} = \frac{\frac{R_{IJ}}{R_J}}{\frac{N_I}{N}} \quad (6-1)$$

上式中,LQ_{IJ}为区位商,分子是地区J的产业I占该地区规模以上工业总产值的份额,分母是全国(全省)产业I占全国(全省)规模以上工业总产值的份额,所以区位商指数也可以用来反映某地区的产业结构同全国(或全省)平均水平之间的差异。LQ_{IJ}值越大,表示该区域该产业的集中程度越高,该产业在全国的专业化程度也越高,反之越低。

(二) 工业分行业集中度分析

1. 青海工业分行业集中度分析

根据区位商计算公式,从青海 2008 年到 2012 年 37 个规模以上工业行业区位商计算的结果表 6-6 来看,石油和天然气开采业,有色金属矿采选业,有色金属冶炼及压延加工业,煤炭开采和洗选业,电力、热力的生产和供应业,化学原料及化学制品制造业,石油加工、炼焦及核燃料加工业等产业集中度比较高,而通信设备计算机、橡胶制品、造纸等产业的集中度较低。纵向来看,2008—2012 年煤炭开采、石油开采加工、有色金属等产业集中度呈现不断提高的趋势,青海规模以上工业产业区位商大于 1 的有 10 个产业。

表 6-6　　2012 年青海区位商前 10 位的规模以上工业产业情况

排名	行业	区位商
1	石油和天然气开采业	8.1104
2	有色金属矿采选业	5.3374
3	有色金属冶炼及压延加工业	4.4053
4	煤炭开采和洗选业	4.0782
5	电力、热力的生产和供应业	2.3373
6	化学原料及化学制品制造业	2.1915
7	石油加工、炼焦及核燃料加工业	1.7520
8	非金属矿采选业	1.6298
9	酒、饮料和精制茶制造业	1.1144
10	医药制造业	1.0249

注:根据《青海统计年鉴 (2013 年)》计算而得。

青海规模以上工业产业区位商大于 1 的前 10 位产业,主要以石油天然气开采业、有色金属、煤炭开采洗选业、电力热力等产业为主,产业集中度较高,从时间序列上来看,石油加工、有色金属、通信计算机等产业集中度较高的产业优势不断加强,部分产业集中度呈现下降趋势,像纺织业、非金属采矿、装备制造、机械制造等产业。但从未来趋势来看,青海仍然将以煤炭开采、石油加工、有色金属等产业为主,造纸、橡胶制品、计算机通信产业等产业相对薄弱,产业集中度较低,见

表 6-7。

表 6-7 2012 年青海区位商小于 1 的规模以上工业产业情况

排名	行业	区位商
11	金属制品业	0.0866
10	电气机械及器材制造业	0.0838
9	通用设备制造业	0.0455
8	专用设备制造业	0.0403
7	塑料制品业	0.0321
6	交通运输设备制造业	0.0223
5	通信设备、计算机及其他电子设备制造业	0.0113
4	水的生产和供应业	0.0088
3	橡胶制品业	0.0043
2	造纸及纸制品业	0.0006
1	皮革、毛皮、羽毛及其他制品	0.0005

注：根据《青海统计年鉴（2013 年）》数据计算而得。

根据计算结果来看，区位商小于 1 的产业有 11 个。因此，青海在皮革、造纸、橡胶、通信计算机及装备制造等产业方面产业集中度较低，主要还是以能源资源等产业为主，也面临着产业转型升级的压力。

2. 宁夏工业分行业集中度分析

根据区位商计算公式，计算的宁夏 2008—2012 年 37 个规模以上工业行业区位商的结果来看，煤炭开采、电力热力生产供应、石油加工、有色金属等产业集中度比较高，而通信设备、计算机等产业的集中度较低。宁夏规模以上工业产业区位商大于 1 的有 9 个产业，见表 6-8。

表 6-8 2012 年宁夏区位商前 9 位的规模以上工业产业情况

排名	行业	区位商
1	煤炭开采和洗选业	4.3799
2	电力、热力的生产和供应业	3.479961
3	石油加工、炼焦及核燃料加工业	3.393736
4	有色金属冶炼及压延加工业	2.910523
5	食品制造业	2.145679

续表

排名	行业	区位商
6	燃气生产和供应业	1.709811
7	化学原料及化学制品制造业	1.176181
8	橡胶制品业	1.132254
9	纺织业	1.074498

注：根据《宁夏统计年鉴（2013年）》数据计算而得。

宁夏规模以上工业产业区位商大于1的前9位产业，主要以煤炭开采、电力热力产业、石油加工、有色金属等资源密集型产业为主，产业集中较高。从时间序列上来看，石油加工、食品制造等产业集中度较高的产业优势在不断加强，部分产业集中度呈现下降趋势，像纺织业、造纸业、化学制品业等。但从未来趋势来看，宁夏仍然将以煤炭开采、石油加工、有色金属等产业为主，计算机通信产业、服装产业、工艺品制造等产业相对薄弱，产业集中度较低，见表6-9。

表6-9　　2012年宁夏区位商小于1的规模以上工业产业情况

排名	行业	区位商
7	非金属矿采选业	0.074818
6	交通运输设备制造业	0.032475
5	石油和天然气开采业	0.031995
4	纺织服装、鞋帽制造业	0.01911
3	水的生产和供应业	0.013342
2	工艺品及其他制造业	0.012877
1	烟草制造业	0.009259

区位商小于1的产业有7个，烟草制造、工艺品制造、服装制造等方面产业集中度较低。从产业产值来看，宁夏在计算机等高新技术产业方面缺乏竞争力，主要还是以能源资源等产业为主，面临着产业转型升级的压力。

3. 新疆工业分行业集中度分析

根据区位商计算公式，以2008年到2012年数据计算新疆规模以上工业产业区位商，根据区位商的公式含义，LQ_{IJ}值越大，表示该区域该产业的集中程度越高,该产业在全国的专业化程度也越高,反之越低。结合所计算的新疆2008—2012年37个规模以上工业行业区位商的结果来看,产业集中度比较高的行业主要是石油和天然气开采业,石油加工、炼焦及核燃料加工业,黑色金属矿采选业,化学纤维制造业,电力、热力的生产和供应业,有色金属矿采选业,燃气生产和供应业,黑色金属冶炼及压延加工业,食品制造业等行业,具体见表6-10。

表6-10　2012年新疆区位商前9位的规模以上工业产业情况

排名	行业	区位商
1	石油和天然气开采业	14.7755
2	石油加工、炼焦及核燃料加工业	5.4422
3	黑色金属矿采选业	1.8353
4	化学纤维制造业	1.6974
5	电力、热力的生产和供应业	1.5331
6	有色金属矿采选业	1.4261
7	燃气生产和供应业	1.3976
8	黑色金属冶炼及压延加工业	1.3792
9	食品制造业	1.0326

注:根据《新疆统计年鉴(2013年)》数据计算而得。

新疆规模以上工业产业区位商大于1的前9位产业中,石油开采加工方面具有很高的产业集中度,这也与新疆丰富的石油资源有关。从时间序列上来看,新疆未来仍然以石油、天然气等资源型产业为主,工艺品制造,机械制造等产业相对薄弱,产业集中度较低,见表6-11。

表6-11　2012年新疆区位商小于1的规模以上工业产业情况

排名	行业	区位商
9	木材加工及木、竹、藤、棕、草制品业	0.0902
8	皮革、毛皮、羽毛及其他制品	0.0714
7	交通运输设备制造业	0.0555
6	通用设备制造业	0.0393
5	通信设备、计算机及其他电子设备制造业	0.0393

续表

排名	行业	区位商
4	纺织服装、鞋帽制造业	0.0390
3	工艺品及其他制造业	0.0346
2	仪表仪器及文化、办公用机械制造业	0.0084
1	水的生产和供应业	0.0062

注：根据《新疆统计年鉴（2013年）》数据计算而得。

区位商小于1的产业有9个，木材加工、通信计算机及设备制造、仪表仪器及机械制造等产业缺乏优势，因此，新疆产业发展政策应该向高新技术产业及新兴产业转型。

（三）青海、宁夏、新疆三省区工业集中度

1. 产业集中度共性分析

总体上来看，西北少数民族地区的工业主要以石油开采加工业、煤炭开采业、电力热力等资源密集型产业为主，通信设备、计算机及其他电子设备制造业集中度很低。西北少数民族地区的发展以能源资源产业为主，转型发展内生动力不强。部分地区开发强度过大，资源综合利用水平低。高耗能、高污染、高排放项目低水平重复建设，接续替代产业发展滞后。资源开发与经济社会发展、生态环境保护之间不平衡、不协调的矛盾突出。

2. 产业集中度差异性分析

西北少数民族地区在工业布局集中度上又各有不同，青海省的工业经济发展在立足资源优势的同时，依靠技术进步，不断提高资源的综合开发利用水平、工业经济的整体素质和竞争能力，延长产业链条，转变经济增长方式，努力走科技含量高、经济效益好、资源消耗低、环境污染少、人力资源得到充分发挥的新型工业化道路，初步形成具有青海特色的工业经济框架；宁夏工业更多地依附于工业园区的发展，全区21个工业园区，其中由国务院批准的1个，由自治区政府批准的9个，由各市、县、区政府批准的11个。从行业分布来看，银川经济技术开发区以高新技术产业为主；银川兴庆科技园以新技术和新材料为主；望远工业园以生物制药和特色医药为主；德胜工业园区以清真食品和机电为主；暖泉工业园区以冶金和化工为主；灵武羊绒工业园区以羊绒深加工为主；宁东能源化工基地以煤炭、电力和化工为主；宁夏新材料工业科技园以新材料为主；石嘴山市大武口工业园区以煤基炭材煤化工和机械为主；石嘴山市河滨工业园区以电力及高耗能产业为主；红果子工业园区以冶金、煤基炭材和化工为主；平罗县太沙工业园区以冶金和煤化工为主；吴忠市金积工业园区以食品加工和建材为主；盐池县东顺工业园区以特色医药和化工为主；同心县羊绒工业园区以羊绒加工为主；红寺堡工业园区以农副产品加工为主；原州区清水河工业园区以农副产品加工为主；固原市扶贫经济发展实验区以食品、建材和医药为主；宁夏美利纸业工业园区以造纸为主；中宁县宁新工业园区以建材和化工为主；中宁县石空工业园区以冶金和煤炭深加工为主，工业园区聚集效应明显，成为推动宁夏经济发展的新亮点。

第二节　西北少数民族地区的工业布局特点及存在的问题

为了进一步说明西北少数民族地区工业布局的变化情况，采取工业布局分类测算指标，对青海、宁夏和新疆的 28 个地州市工业布局现状进行测算和分类。

一　工业布局分类指标

考虑工业布局的具体效果，构建某地区工业对全省工业产业的综合影响率，作为考查工业布局的基本指标。包括：某地区工业对工业总产值的静态影响率（SR）、某地区某产业对工业总产值的动态影响率（DR）、某地区某产业对全省工业产业的综合影响率（CR）等。在对地区的分类中，我们主要从某地区某产业对全省工业产业的综合影响率（CR）值考虑，总体上将某地区中 CR 值最突出的地区归为一类，CR 值处于中间的地市根据具体情况以及 SR、DR 的值详细分类，最后将 CR 值偏低的地区，工业所占份额明显偏低的地区归为一类。

（一）某地区工业对工业总产值的静态影响率（SR）

$$SR = \frac{A_{I0} + A_{I1}}{A_0 + A_1} \times 100\% \qquad (6-2)$$

式中，A_{I0} 表示 2001 年某地区的工业总产值，A_{I1} 表示 2012 年某地区的工业总产值，A_0 表示 2001 年全省的工业总产值，A_1 表示 2012 年全省的工业总产值。

(二) 某地区某产业对工业总产值的动态影响率 (DR)

$$DR = \frac{\frac{(A_{I1} - A_{I0})}{A_{I0}}}{\frac{(A_1 - A_0)}{A_0}} \tag{6-3}$$

(三) 某地区某产业对全省工业产业的综合影响率 (CR)

$$CR = SR \times DR \tag{6-4}$$

SR 的值越大，代表某地区在全省工业产业当中所占的比重就越大，DR 的值越大，代表某地区的工业产业发展的速度越快，CR 的值越大，代表某地区的工业在全省中所占的地位越大，它既考虑了量的因素又考虑了速度因素，将静态因素与动态因素结合起来构成一个综合指标。

用 2001 年和 2012 年的数据为基数，分别计算青海、宁夏和新疆三省区 28 个地州市工业布局分类指标值，并进行横向与纵向比较。

二 西北少数民族地区工业布局分类结果

(一) 青海工业布局分类

表 6-12　青海省各地州市工业布局分类指标值

地区	SR	SR 排序	DR	DR 排序	CR	CR 排序
西宁市	52.35	1	1.82	2	95.09	1
海西州	33.58	2	0.87	4	29.24	2
海北州	3.70	4	1.65	3	6.10	3
海东地区	8.07	3	0.69	5	5.53	4
果洛州	0.63	6	3.75	1	2.38	5
海南州	0.87	5	0.13	6	0.11	6
黄南州	0.50	7	0.0049	7	0.0025	7

注：根据《青海统计年鉴 (2002 年、2013 年)》数据计算而得。

根据工业布局分类指标的测算结果，对青海省 7 个地州市的静态影响率 (SR)、动态影响率 (DR) 和综合影响率 (CR) 进行分析。

从静态影响率（SR）来看，7个地州市的静态影响率从大到小依次为：西宁市、海西州、海东地区、海北州、海南州、果洛州和黄南州，由于静态影响率衡量的是代表某地区在全省工业当中所占的比重，其值越大，工业占比就越大，说明目前青海省工业布局的空间分布情况，主要在西宁和海西地区。从动态影响率（DR）来看，7个地州市的动态影响率从大到小依次为：果洛州、西宁市、海北州、海西州、海东州、海南州、黄南州，由于动态影响率是用来衡量工业发展速度的，从结果来看，果洛州在工业占比上虽然排名第6位，但是从2001年到2012年，果洛州的工业发展速度是地州市最快的，说明其发展潜力较大，西宁市的发展速度位列第二，占比排名第一的海西州在发展速度上相对缓慢，位列第四位，说明海西的发展潜力相对较弱，其他地州市的发展速度排名和工业比重排名大体相同。从综合影响率（CR）来看，7个地州市的综合影响率从大到小依次为：西宁市、海西州、海北州、海东地区、果洛州、海南州、黄南州，综合影响率主要用来衡量该地区工业在全省的地位，结合工业占比情况，西宁市、海西州和海北州是目前及未来青海省工业发展的重点区域，具有较强的综合竞争力和发展潜力。

经过以上2001年和2012年的对比分析，将青海省的工业产业布局大致划分为四类地区。第一类，西宁市。无论是从量还是从质上来说，西宁都是当之无愧的青海省工业经济核心，其拥有众多的开发园区，包括4个国家级工业园区、东川工业园、甘河工业园区、南川工业园区和东川工业园区，园区的优惠政策条件和良好的基础设施为工业布局奠定了良好的基础，其在全省工业总产值的比重由2001年的29.87%上升到2012年的53.26%，CR值高达95.09。第二类，海西州。海西州是青海重要的工业经济中心之一，各工业产业的比较竞争优势不明显，在青海省整体所占的份额由2001年的38.12%下降到2012年的33.39%，产业升级换代的缓慢、核心产业的缺乏、资源的枯竭以及技术引进和技术创新的效果不明显，海西州的SR为33.58，而DR值小于1，CR值处于29左右。第三类，海北州、海东地区、果洛州3个地州、市，它们的CR都大于1小于10，可以看出这三个地区工业基数大，增长速度一般。第四类，海南州和黄南州，它们的是SR、DR和CR都小于1。

综合分析可见，整个青海省的工业产业布局严重的不平衡，过度集中在青海的东部及中东部，该区域是全国重要的非金属矿产基地、煤炭基地、钢铁基地、盐湖矿产基地，有着全省较为优越的交通和人力资源优势。将青海工业布局分为四个层次（见图6-1，地区分类层次颜色由浅到深）。

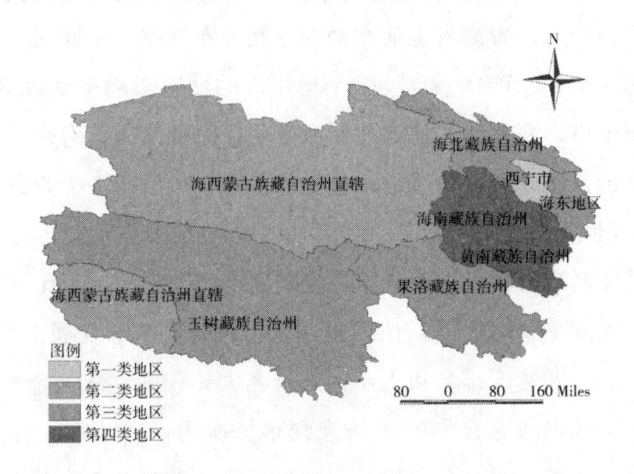

图6-1 青海工业布局层次分布图

通过对工业布局分类指标的计算，较为详细地分析了青海工业布局现状，青海经济已由过去单一的农牧业自然经济与半自然经济的落后状态走上了工业化发展道路，青海的政治、经济、文化、信息、科技中心和交通枢纽仍以西宁为，西部主要的资源开发区位于海西，南部则相对落后多为农牧业经济功能区。青海工业布局集中过渡，当前应鼓励技术革新和发明创造，重点培育和发展工业主导产业，大力发展现代服务业。

（二）宁夏工业布局分类

表6-13　　　　　宁夏各地州市工业布局分类指标

地区	SR	SR排序	DR	DR排序	CR	CR排序
银川市	44.74	1	1.25	2	55.71	1
中卫市	9.80	4	1.51	1	14.81	2
石嘴山市	17.89	2	0.79	3	14.05	3
吴忠市	16.20	3	0.46	4	7.43	4
固原地区	1.17	5	0.16	5	0.18	5

注：根据《宁夏统计年鉴（2002年、2013年）》数据计算而得。

根据工业布局分类指标的测算结果，对宁夏5个地州市的静态影响率

(SR)、动态影响率（DR）和综合影响率（CR）进行分析。

从静态影响率（SR）来看，5 个地州市的静态影响率从大到小依次为：银川市、石嘴山市、吴忠市、中卫市、固原地区，由于静态影响率衡量的是某地区在全省工业当中所占的比重，其值越大，工业占比就越大，表 6-3 中的工业占比计算结果，5 个地州市的静态影响率和工业占比计算结果排名相一致，说明宁夏工业布局，重点在银川市、石嘴山市和吴忠市。从动态影响率（DR）来看，5 个地州市的动态影响率从大到小依次为：中卫市、银川市、石嘴山市、吴忠市、固原地区。中卫市的工业发展速度最快，其次是银川市，其他地州市的排序与工业占比排序一样。从综合影响率（CR）来看，5 个地州市的综合影响率从大到小依次为：银川市、中卫市、石嘴山市、吴忠市、固原地区。结合工业占比情况，银川市、中卫市和石嘴山市是宁夏工业发展的重点区域，具有较强的综合竞争力和发展潜力。

经过对 2001 年和 2012 年的对比分析，将宁夏的工业产业布局划分为四类。第一类，银川市。无论是从量还是质上看，银川都是宁夏工业经济核心，拥有众多的开发园区，包括银川经济技术开发区、宁东能源化工基地（含临河工业园区）、兴庆科技园、银川西夏工业集中区、银川金凤工业集中区、银川灵武羊绒园区、银川德胜工业园区、银川暖泉工业园区和银川望远工业园区 9 个工业园区。银川在全省工业总产值的比重由 2001 年的 37.37% 上升到 2012 年的 45.54%，CR 值高达 55.71。第二类，中卫市和石嘴山市。中卫市产业主要集中在造纸工业、冶炼高耗能产业、建筑材料产业和机械制造产业等，在银川整体所占的份额由 2001 年的 6.94% 上升到了 2012 年的 10.1%，中卫市的 CR 值处于 14 左右。石嘴山市同中卫市 CR 值接近，行业主要分布在：煤炭采选业、金属冶炼及制品业、高耗能金属冶炼业、电石化工业、炼焦业、电力生产供应业、建筑材料业等方面，仍然是一个依靠资源发展的工业城市，能源和原材料工业占重要位置。第三类，吴忠市。CR 大于 1 小于 10，工业基数大，比重由 2001 年的 28.7% 降低到 2012 年的 14.85%，主要以初级产品为主，资源消耗量大，产品附加值低。第四类，固原地区。SR 大于 1，到 2012 年工业比重小于 1。

综合分析可见，整个宁夏地区的工业产业布局不平衡，集中在银川的北部、中北部和西部，工业资源型产业比重高，现代工业基础相对薄弱。宁夏的工业布局分为四个层次（见图6-2，地区分类层次颜色由浅到深）。

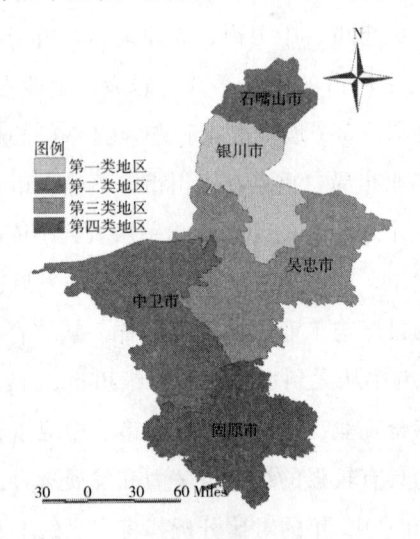

图6-2 宁夏工业布局层次分布图

通过对工业布局分类指标的计算，较为详细地分析了宁夏工业布局现状，宁夏工业化水平较低，工业经济实力总体较弱，工业资产贡献率较低，工业企业经济效益相对较低。与全区总体水平相比，宁夏规模以上工业企业经济效益状况不合理，工业消耗严重偏高。

（三）新疆工业布局分类

表6-14　　　　新疆各地州市工业布局分类指标值

地区	SR	SR排序	DR	DR排序	CR	CR排序
乌鲁木齐市	27.30	1	0.99	8	27.04	1
克拉玛依市	22.36	2	0.69	12	15.52	2
巴音郭楞蒙古自治州	10.41	3	1.00	7	10.43	3
阿克苏地区	5.44	6	1.79	2	9.73	4
石河子市	4.50	8	1.66	3	7.45	5
伊犁哈萨克自治州	7.83	4	0.94	10	7.36	6
昌吉回族自治州	7.70	5	0.95	9	7.33	7
伊犁州直属县（市）	4.59	7	1.14	6	5.23	8

续表

地区	SR	SR 排序	DR	DR 排序	CR	CR 排序
哈密地区	2.32	10	1.39	5	3.21	9
吐鲁番地区	3.65	9	0.61	13	2.23	10
阿勒泰地区	1.35	12	1.45	4	1.96	11
喀什地区	1.34	13	0.78	11	1.05	12
塔城地区	1.88	11	0.50	15	0.95	13
克孜勒苏柯尔克孜自治州	0.26	16	2.16	1	0.57	14
博尔塔拉蒙古自治州	0.64	14	0.54	14	0.35	15
和田地区	0.27	15	0.46	16	0.12	16

注：根据《新疆统计年鉴（2002年、2013年）》数据计算而得。

根据工业布局分类指标的测算结果表6-14，从静态影响率（SR）来看，16个地州市的静态影响率排名前五位的是：乌鲁木齐市、克拉玛依市、巴音郭楞蒙古自治州、伊犁哈萨克自治州、昌吉回族自治州，其值越大，工业占比就越大。新疆的工业布局重点在乌鲁木齐市、克拉玛依市和巴音郭楞蒙古自治州资源能源丰富的城市。从动态影响率（DR）来看，16个地州市的动态影响率前五位的是：克孜勒苏柯尔克孜自治州、阿克苏地区、石河子市、阿勒泰地区、哈密地区，这些地州市工业比重并不高，但具有较高的发展速度和发展潜力，乌鲁木齐市、克拉玛依市和巴音郭楞蒙古自治州的动态影响率排名依次为第八、十二、七位，发展速度和发展潜力相对较弱。从综合影响率（CR）来看，16个地州市的综合影响率前五位的是：乌鲁木齐市、克拉玛依市、巴音郭楞蒙古自治州、阿克苏地区和石河子市。乌鲁木齐市、克拉玛依市和巴音郭楞蒙古自治州的工业占比高，综合影响率高，从工业发展的综合实力来看，这三个地区是新疆工业发展的重点区域。

经过对2001年和2012年的对比分析，将新疆的工业布局划分为四类地区。第一类，乌鲁木齐市。作为新疆工业经济核心工业占比到2012年居第一位；从CR来看，乌鲁木齐市处于高度领先的位置，主要产业有金属制品业、黑色金属冶炼及压延加工业（钢铁）、印刷业、专用设备制造业、电力热力的生产和供应业等。第二类，克拉玛依市、巴音郭楞蒙古自治州、阿克苏地区、石河子市、伊犁哈萨克自治州、昌吉回族自治州和伊犁州直属县（市）七个地州。它们的 CR 值都大于 5。克拉玛依市、巴音郭楞蒙古自治州、伊犁哈萨克自治州、昌吉回族自治州和伊犁州直属县（市）工业基数大，增长速度一般。阿克苏地区、石河子市的增长速度分别排在第二位和第三位。第三类，哈密地区、吐鲁番地区、阿勒泰地区和喀什地区。哈密地区、阿勒泰地区的 SR 和 DR 都大于 1，工业占比在全区处于中间，增长速度相对较快。吐鲁番地区和喀什地区的 DR 都大于 1，SR 小于 1，CR 都大于 1 小于 5。第四类，塔城地区、克孜勒苏柯尔克孜自治州、博尔塔拉蒙古自治州和和田地区，CR 都在 1 以下。

综合分析可见，工业产业布局集中在新疆的东北部和中部，以资源型产业为主，需要依靠技术进步实施优势资源转换战略实现新疆新型工业化发展。将新疆工业布局分为四个层次（见图 6-3，地区分类层次颜色由浅到深）。

图 6-3 新疆工业布局层次分布图

新疆工业布局主要集中在能源资源型城市。新疆矿产资源丰富，种类全、储量大，开发前景广阔，当前应鼓励技术革新和发明创造，增强自主创新能力，广泛运用先进适用技术和高新技术改造提升新疆支柱产业和传统优势产业。

(三) 青海、宁夏、新疆工业布局综合分析

1. 工业布局的共性

根据工业布局分类指标所计算的三省区 28 个地州市的结果来看，工业布局重点区域还是以省会城市及资源和能源比较丰富的城市为主，主要以资源能源开采开发及加工等产业为主。从发展速度和发展潜力来看，发展速度最快的并不一定是工业占比最高的区域，而是既有丰富的资源能源又具有较好的工业发展基础和条件的区域。例如克孜勒苏柯尔克孜自治州除了丰富的矿产资源，与中亚、南亚等 6 个国家相邻，并与吉尔吉斯斯坦、塔吉克斯坦接壤，约 1200 公里的边境线上有 254 个通外山口和二个国家一类口岸。从中长期来看，西北少数民族地区的工业布局主要依靠本地区的资源能源，分布在交通等基础设施比较完善的城市。

2. 工业布局的差异性

西北少数民族地区的工业布局又有各自的特点。从 DR 的值来看，青海很多地区工业占比低，但工业发展速度很快，宁夏的 SR、DR、CR 的值差别不大，在一定时间段内无论是工业的比重还是发展速度都没有明显的变化；新疆的北疆地区工业明显高于南疆地区，能源资源集中的城市工业占比高，发展速度相比其他地区缓慢。

第三节　西北少数民族地区工业布局优化思路及对策建议

西北少数民族地区（青海、宁夏、新疆）的工业比重、区位商和工业布局分类指标的计算显示，工业产业布局的区域间不平衡，工业布局趋同。

一　工业布局存在的问题

(一) 从分地区工业比重来看

1. 产业集聚不明显

西北少数民族地区的工业主要在省会及周边地区，工业集中是指若干工业企业或同类生产集中于一定地域或地点；但是集中不能等同于集聚，而工业集聚更强调的是企业之间具有空间联系，这种紧密的关系可以共享

先进的技术成果、形成紧密相连的供应链、优化物流系统,节约成本、共享规模效应、提高经济效益。就整个西北少数民族地区来说,工业集聚不明显。

2. 资源型产业比重高

根据西北少数民族地区(青海、宁夏、新疆)工业比重和区位商计算结果,选取三省区区位商排名前十的工业中的三类行业,如表6-15所示。

表6-15 青海、宁夏、新疆三省区2012年主要工业产业门类比重(单位:%)

省份	石油	煤炭	有色金属	合计
青海	17.67	13.28	21.02	51.97
宁夏	14.30	14.26	11.77	40.33
新疆	41.64	3.21	4.14	48.99

资料来源:由三省区《2013年统计年鉴》中的数据计算而得。
注:石油包括:石油和天然气开采业,石油加工、炼焦及核燃料加工业;煤炭包括:煤炭开采和洗选业;有色金属包括:有色金属矿采选业、有色金属冶炼及压延加工业。

石油在整个西北少数民族地区(青海、宁夏、新疆)工业体系中占有举足轻重的地位,32.37%的工业产值来自石油类,其中新疆的比例更是高达41.64%,可见石油是西北少数民族地区(青海、宁夏、新疆)的第一支柱产业;其次是有色金属类,工业产值中的份额为7.54%,这一比例超过了全国很多省份,占青海的产值比重达21.02%;最后是煤炭类行业,工业产值中的份额为6.99%,是西北少数民族地区(青海、宁夏、新疆)主要的工业产业。综合来看,这三类主要的产业,占据着全区工业总产值的46.9%,青海的比例超过了50%。可见西北少数民族地区(青海、宁夏、新疆)的工业过度依赖自然资源能源,随着矿产资源的逐步枯竭,西北少数民族地区(青海、宁夏、新疆)的工业将面临发展的瓶颈。

(二)从各地区工业分行业集中度来看

1. 主导产业相似度较高

根据青海、宁夏、新疆37个规模以上工业行业区位商的测算结果来看,石油加工、炼焦及核燃料加工业,电力、热力的生产和供应业两大产业是青海、宁夏、新疆共同的优势产业,区位商都在 1.5 以上。尤其是新疆的石油加工,集中程度较高区位商达到 5.44,在全国具有较强的比较优势,是新疆产业发展的重点;宁夏煤炭开采洗选业、有色金属冶炼及压延加工业、化学原料及化学制品制造业和青海具有相似的产业集中度,食品制造业、橡胶制品业和纺织业具有优势;青海石油加工业优势相对较低,石油、天然气开采业的区位商达到 8.11,只略低于新疆的 14.77,青海有色金属加工及开采业比较发达。

表 6-16 2012 年青海、宁夏、新疆规模以上工业产业前 9 位区位商及比较

排名	行业	新疆	行业	宁夏	行业	青海
1	石油和天然气开采业	14.7755	煤炭开采和洗选业	4.3799	石油和天然气开采业	8.1104
2	石油加工、炼焦及核燃料加工业	5.4422	电力、热力的生产和供应业	3.47996	有色金属矿采选业	5.3374
3	黑色金属矿采选业	1.8353	石油加工、炼焦及核燃料加工业	3.39374	有色金属冶炼及压延加工业	4.4053
4	化学纤维制造业	1.6974	有色金属冶炼及压延加工业	2.91052	煤炭开采和洗选业	4.0782
5	电力、热力的生产和供应业	1.5331	食品制造业	2.14568	电力、热力的生产和供应业	2.3373
6	有色金属矿采选业	1.4261	燃气生产和供应业	1.70981	化学原料及化学制品制造业	2.1915
7	燃气生产和供应业	1.3976	化学原料及化学制品制造业	1.17618	石油加工、炼焦及核燃料加工业	1.752
8	黑色金属冶炼及压延加工业	1.3792	橡胶制品业	1.13225	非金属矿采选业	1.6298
9	食品制造业	1.0326	纺织业	1.0745	酒、饮料和精制茶制造业	1.1144

2. 产业竞争力不强

青海、宁夏、新疆区位商较低的大都是以计算机通信及电子制造业、装备制造等高新技术产业为主,高新技术产业发展缓慢,装备制造业产业集中度较低,具有民族特色的工艺品制造业缺乏优势。但是从三省区的资源禀赋和产业状况来看,高新技术产业、装备制造业及工艺品制造业方面具有较高的合作优势与潜力,在"丝绸之路经济带"建设背景下,高新技术产业及民族特色产业发展面临较好的机遇。

表 6-17 2012 年青海、宁夏、新疆规模以上工业产业区位商小于 1 的产业情况

排名	行业	新疆	行业	宁夏	行业	青海
9	木材加工及木、竹、藤、棕、草制品业	0.0902	非金属矿采选业	0.07482	通用设备制造业	0.0455
8	皮革、毛皮、羽毛及其他制品	0.0714	交通运输设备制造业	0.03248	专用设备制造业	0.0403
7	交通运输设备制造业	0.0555	石油和天然气开采业	0.032	塑料制品业	0.0321
6	通用设备制造业	0.0393	纺织服装、鞋帽制造业	0.01911	交通运输设备制造业	0.0223
5	通信设备、计算机及其他电子设备制造业	0.0393	水的生产和供应业	0.01334	通信设备、计算机及其他电子设备制造业	0.0113
4	纺织服装、鞋帽制造业	0.039	工艺品及其他制造业	0.01288	水的生产和供应业	0.0088
3	工艺品及其他制造业	0.0346	烟草制造业	0.00926	橡胶制品业	0.0043
2	仪表仪器及文化、办公用机械制造业	0.0084	黑色金属矿采选业	—	造纸及纸制品业	0.0006
1	水的生产和供应业	0.0062	有色金属矿采选业	—	皮革、毛皮、羽毛及其他制品	0.0005

(三) 各地区工业布局分类

从 2008 年到 2012 年西北少数民族地区工业布局不平衡，主要体现在以下三个方面：从区域分布方面看，主要聚集在西北部和东部区域，西部和北部区域比较少；从地区分布方面看，工业布局主要集中在省会等大城市和资源能源型城市，而其他城市较少且较为分散；从城乡分布方面看，一些大中企业主要集中于城市，农村的乡镇企业规模较小，生产水平较低。西北少数民族地区工业发展优先选择走科技含量高、经济效益好、资源消耗低、环境污染少、人力资源优势得到充分发挥的新型工业化道路，发展具有特色的新型工业和劳动密集型产业。

二　西北少数民族地区工业布局优化的总体思路

优化西北少数民族地区工业布局，是实现西北少数民族地区产业转型升级与结构调整，促进西北少数民族地区经济社会发展的主要推动力。在现有产业布局背景下，以市场为导向，以体制创新和技术创新为动力，立

足于现有的产业优势与资源能源优势,将有限的财力、物力、人力优先放在对解决西北少数民族地区发展起主要作用的关键产业和关键环节。

（一）打造工业现代城

在对西北少数民族地区（青海、宁夏、新疆）工业比重分析的基础上,综合其空间布局、功能组织、交通运输建设的现状,判断其发展模式,并提出发展模式的规划对策。一般来说,工业城与主城区的空间位置关系主要有"边缘生长式""子城扩展式""独立式"三种。西北少数民族地区更适用于"边缘生长式",所谓"边缘生长式",如图 6-4 所示,即工业用地相对集中地位于主城区的边缘,充分利用主城区居住、消费性服务业等基础设施和生活服务设施,使工业区和主城区融合成为一个整体。

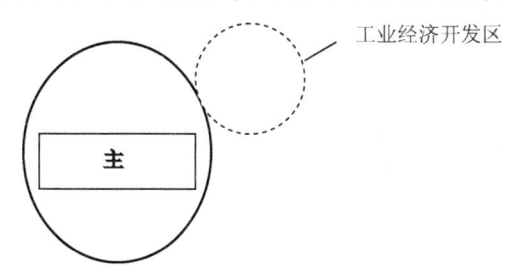

图 6-4 边缘生长式布局形态

（二）提高工业集中度

西北少数民族地区的产业集中度总的变化趋势是下降的。不同产业的变化趋势有所不同,一些寡占型的产业、集中度高的产业的集中度变化不是很大,尤其是那些具有规模经济的和带有公用性质的行业,比如电力、热力的生产和供应业,燃气生产和供应业,水的生产和供应业,有色金属矿采选业等行业,其变化程度不明显。这些产业规模很大,可以容纳更多企业,原来的集中度水平上可能已经存在规模不经济,而一些小的、不重要的、集中度高的产业趋向更加集中。更高的产业集中度可能意味着规模经济,提高那些规模大而集中度极低的工业的集中度,可能可以缓解"过度竞争"的情况。

（三）资源能源型工业产业与环境保护

研究表明,凡是具有完整经济体系的发达国家,资源能源工业均在国民经济中占有重要的位置,资源能源工业对于提高一国综合竞争力起着不可替代的作用。生态保护的目的是为了给人们的生存和发展提供一个可持续的环境,通过环境的保护,不断再生产出和谐的自然环境,同时也持续地实现资源能源生产与利用的良性循环,即协调地实现生态、经济和社会三大效益。如何处理好资源能源产业发展与生态环境保护的协调关系,如何引导资源能源产业进入良性发展,是西北少数民族地区应当关心的问题。

三 西北少数民族地区工业布局的优化途径

(一)做好工业布局的"点—面"结合

就西北少数民族地区工业布局来说,做到"点—面"结合是必需的,首先各省各地区的工业经济基础、交通条件、自然资源禀赋等都各不同,某些地方更有利于工业的发展,以条件较好的地区作为工业发展的重心,发展一批工业基地,形成战略支撑产业,以此来带动周围一定区域内的工业经济发展,以"点"为中心,以"面"为辐射半径的工业布局。形成"铁路沿线工业带""高速公路沿线工业带""中心城市工业区"等形式。优先发展西宁、银川、乌鲁木齐等核心城市周围形成的产业群。

(二)构筑梯度产业体系,协调区域工业布局

通过发展核心主导优势产业,承接区内外和国内外产业转移,构建多布局模式的工业布局,从资源能源的开采加工到工业品的精深加工,构筑工业体系,借助大城市及城市群的交通网络,形成以资源型初级加工产业、资源型精深加工产业、新能源产业、高新技术产业为梯度的区域工业布局,重点发展资源环境承载能力较强,经济和人口集聚条件较好的地区,规划为重点开发地区,以此带动其他地区产业发展。

(三)工业布局与城镇化相结合

工业布局必须与西北少数民族地区自身的城镇化发展相一致。城镇化和工业化的关系是一种相辅相成的关系,工业化的发展促进了地区的城市化进程,城市化的进程又是对工业化的引导和逐步提高的过程。尤其是新型工业化是城镇化的支撑,适度超前的城镇化是新型工业化的基础。正是基于这样的考虑,青海、宁夏、新疆在加快发展的过程中,要特别重视工

业化与城镇化的有机结合、协调发展,并把项目建设作为工业化与城镇化相结合的有效载体,在考虑整体工业布局时,就要依据当前的城市化水平和将来的城市规划来做出最合理的工业布局。

(四) 合理科学开发自然资源

与环境改善相协调是工业布局所必须考虑和重视的一点。西北少数民族地区的生态环境虽然多样,但都十分脆弱,青海、宁夏、新疆大部分的工业布局也都和自然资源有关,尤其是青海和新疆两省区,不是对自然资源的直接开发就是对自然资源的间接利用,在生产过程中往往会出现因为过度重视经济利益而忽视了对生态环境的保护,会因投资不足、保护不力而造成了对环境的损害,又因为重工业当中时常伴随着大量对自然环境有害的有毒物质,一旦环境受到损害,将长时间难以恢复。最终不仅会对周围的生态环境、居民的正常生活造成影响,久而久之也会伤害到工业自身的发展。要时刻注意工业与环境的协调,通过经济转型与结构调整形成资源型的精深加工主导优势产业。

附表 1　2001 年和 2012 年青海、宁夏、新疆各地州市规模以上工业总产值

(单位:万元)

青海	2001 年	2012 年
全区	892000	21998133
西宁市	266400	11716672
海东地区	101500	1746790
海北州	20600	825262
黄南州	54300	60637
海南州	39200	159669
果洛州	1600	143582
海西州	340000	7345520
宁夏	2001 年	2012 年
全区	3273074	30239996
银川市	1223233	13771916
石嘴山市	707875	5288620
吴忠市	939364	4489324

续表

宁夏	2001年	2012年
固原地区	118171	272372
中卫市	227035	3055644

新疆	2001年	2012年
全区	10038215.3	78862500
乌鲁木齐市	2760241.9	21508375.4
克拉玛依市	2942355.5	16938759.3
石河子市	299377.2	3699463.3
吐鲁番地区	523224.4	2718117
哈密地区	179202.6	1881062.4
昌吉回族自治州	802881.9	6042233.4
伊犁哈萨克自治州	824513.3	6137119.2
伊犁州直属县（市）	416666	3667857.5
塔城地区	307202.6	1367052.3
阿勒泰地区	100644.7	1102209.4
博尔塔拉蒙古自治州	100307.5	471085.7
巴音郭楞蒙古自治州	1043988.7	8213541.7
阿克苏地区	339509.2	4499436.7
克孜勒苏柯尔克孜自治州	13910.9	219473.2
喀什地区	161607.8	1031071.4
和田地区	47094.4	194628.9

附表2　　2008—2012年中国规模以上工业总产值　　（单位：亿元）

行业	2008年	2009年	2010年	2011年	2012年
规模以上工业总产值	507448	548311	698591	844269	928696
煤炭开采和洗选业	14625.92	16404.27	22109.27	28919.81	30240.63
石油和天然气开采业	10615.96	7517.54	9917.84	12888.76	11800.53
黑色金属矿采选业	3760.65	3802.45	5999.33	7904.3	8416.39
有色金属矿采选业	2727.84	2814.67	3799.41	5034.68	5573.71
非金属矿采选业	1869.49	2302.36	3093.54	3847.66	4173.3
农副食品加工业	23917.37	27961.03	34928.07	44126.1	51601.59
食品制造业	7716.54	9219.24	11350.64	14046.96	15573.5

续表

行业	2008年	2009年	2010年	2011年	2012年
酒、饮料和精制茶制造业	6250.46	7465.03	9152.62	11834.84	13233.13
烟草制造业	4488.87	4924.97	5842.51	6805.68	7940.39
纺织业	21393.12	22971.38	28507.92	32652.99	31776.73
纺织服装、鞋帽制造业	9435.76	10444.8	12331.24	13538.12	17200.28
皮革、毛皮、羽毛及其他制品	5871.43	6425.57	7897.5	8927.54	11145.78
木材加工及木、竹、藤、棕、草制品业	4803.6	5759.6	7393.18	9002.3	10283.81
家具制造业	3072.8	3431.12	4414.81	5089.84	5647.49
造纸及纸制品业	7873.87	8264.36	10434.06	12079.53	12559.01
印刷业和记录媒介的复制	2685.01	2972.9	3562.91	3860.99	4533.55
文教体育用品制品业	2498.39	2630.16	3135.43	3212.38	10076.59
石油加工、炼焦及核燃料加工业	22626.68	21492.59	29238.79	36889.17	39023.35
化学原料及化学制品制造业	33955.07	36908.63	47920.02	60825.06	66432.85
医药制造业	7874.98	9443.3	11741.31	14941.99	16935.68
化学纤维制造业	3970.16	3828.32	4953.99	6673.67	6613.1
橡胶制品业	4228.61	4767.86	5906.67	7330.66	7765.28
塑料制品业	9897.17	10969.42	13872.22	15579.54	16534.67
非金属矿物制品业	20943.45	24843.9	32057.26	40180.26	44156.17
黑色金属冶炼及压延加工业	44727.96	42636.15	51833.58	64066.98	68173.89
有色金属冶炼及压延加工业	20948.74	20567.21	28119.02	35906.82	37551.56
金属制品业	15029.61	16082.95	20134.61	23350.81	28970.62
通用设备制造业	24687.56	27361.52	35132.74	40992.55	37813.12
专用设备制造业	14521.3	16784.4	21561.83	26149.13	28421.16
交通运输设备制造业	33395.28	41730.32	55452.63	63251.3	71323.87
电气机械及器材制造业	30428.84	33757.99	43344.41	51426.42	59876.21
通信设备、计算机及其他电子设备制造业	43902.82	44562.63	54970.67	63795.65	72314.23
仪表仪器及文化、办公用机械制造业	4984.49	5083.31	6399.07	7633.01	6620.71
工艺品及其他制造业	4088.63	4465.2	5662.66	7189.51	7732.12
电力、热力的生产和供应业	30060.51	33435.1	40550.83	47352.67	51273.58
燃气生产和供应业	1506.55	1809.12	2393.42	3142.03	3277.82
水的生产和供应业	912.62	1012.28	1137.1	1178.11	1278.01

附表 3　　　　　2008—2012 年青海规模以上工业总产值　　　（单位：万元）

行业	2008 年	2009 年	2010 年	2011 年	2012 年
规模以上工业总产值	4388280.00	4401003.00	5717576.00	7806931.00	8971616.95
煤炭开采和洗选业	231986.00	291205.00	518060.00	950983.00	1191388.33
石油和天然气开采业	640051.00	415883.00	726575.00	1019384.00	924572.36
黑色金属矿采选业	16430.00	13184.00	33444.00	19946.00	70717.24
有色金属矿采选业	176381.00	131808.00	149946.00	167164.00	287389.71
非金属矿采选业	35292.00	40180.00	38098.00	56505.00	65705.02
农副食品加工业	39317.00	43727.00	44734.00	83437.00	116654.07
食品制造业	24903.00	40724.00	37094.00	61927.00	70210.08
酒、饮料和精制茶制造业	51080.00	62482.00	101069.00	68085.00	142458.23
烟草制造业	—	—	—	—	—
纺织业	34338.00	69143.00	63396.00	37553.00	41777.66
纺织服装、鞋帽制造业	20540.00	26114.00	19329.00	41474.00	81543.56
皮革、毛皮、羽毛及其他制品	431.00	536.00	583.00	67.00	50.36
木材加工及木、竹、藤、棕、草制品业	—	—	189.00	11024.00	0.00
家具制造业	590.00	424.00	500.00	0.00	D0.00
造纸及纸制品业	541.00	117.00	89.00	117.00	77.07
印刷业和记录媒介的复制	12636.00	25251.00	11886.00	17245.00	19229.77
文教体育用品制品业	—	—	—	—	65345.90
石油加工、炼焦及核燃料加工业	329492.00	282178.00	446270.00	716667.00	660473.39
化学原料及化学制品制造业	754141.00	899316.00	877748.00	1113144.00	1406453.25
医药制造业	86411.00	107533.00	96722.00	114040.00	167683.47
化学纤维制造业	154.00	0.00	0.00	0.00	0.00
橡胶制品业	272.80	214.00	204.00	232.00	324.06
塑料制品业	3267.00	3078.00	1952.00	1202.00	5123.62
非金属矿物制品业	150049.00	163053.00	218510.00	268053.00	270163.02
黑色金属冶炼及压延加工业	466771.00	354654.00	353683.00	561639.00	470192.75

续表

行业	2008 年	2009 年	2010 年	2011 年	2012 年
有色金属冶炼及压延加工业	675725.00	720319.00	1168901.00	1531748.00	1598069.70
金属制品业	23666.00	26542.00	26851.00	10761.00	24230.35
通用设备制造业	50549.00	66306.00	44061.00	56233.00	16610.65
专用设备制造业	7916.00	5706.00	11852.00	7692.00	11074.14
交通运输设备制造业	8404.00	8488.00	9226.00	20461.00	15397.00
电气机械及器材制造业	36775.00	37859.00	22822.00	45557.00	48475.92
通信设备、计算机及其他电子设备制造业	1734.00	3398.00	3895.00	3384.00	7891.63
仪表仪器及文化、办公用机械制造业	11405.00	7895.00	4338.00	5788.00	6669.46
工艺品及其他制造业	15093.00	14394.00	68146.00	71917.00	0.00
电力、热力的生产和供应业	467504.00	527385.00	610257.00	720480.00	1157706.33
燃气生产和供应业	2666.00	2196.00	0.00	0.00	0.00
水的生产和供应业	9006.00	5904.00	4480.00	8366.00	10855.31

附表 4　　2008—2012 年宁夏规模以上工业总产值　　（单位：万元）

行业	2008 年	2009 年	2010 年	2011 年	2012 年
规模以上工业总产值	13690370	14644914	19243865	24914433	30239996
煤炭开采和洗选业	1970305	2098336	2662438	3764303	4312838
石油和天然气开采业	20058	12118	16125	12776	12294
黑色金属矿采选业	—	—	—	7599	—
有色金属矿采选业	—	—	—	—	—
非金属矿采选业	1969	8514	7875	9549	10167
农副食品加工业	300012	396590	503424	561087	754373
食品制造业	339399	412349	467129	632598	1088076
酒、饮料和精制茶制造业	133617	192673	214121	246440	261183
烟草制造业	26885	31249	46728	70656	2394
纺织业	630197	746769	888415	1016126	1111791
纺织服装、鞋帽制造业	6041	7288	10113	10560	10703

续表

行业	2008年	2009年	2010年	2011年	2012年
皮革、毛皮、羽毛及其他制品	14787	19150	66549	62300	93549
木材加工及木、竹、藤、棕、草制品业	2297	8855	8347	26065	46775
家具制造业	6311	10275	25542	20510	29054
造纸及纸制品业	394318	424394	449024	433705	321353
印刷业和记录媒介的复制	27567	31344	23240	32082	40127
文教体育用品制品业	—	—	—	—	—
石油加工、炼焦及核燃料加工业	1200783	1681029	2179048	1951334	4312318
化学原料及化学制品制造业	1731212	1492544	1707334	2367438	2544281
医药制造业	185993	228019	263024	317499	305194
化学纤维制造业	—	—	—	—	—
橡胶制品业	254519	236955	250689	276542	286292
塑料制品业	79505	81635	98169	117321	132313
非金属矿物制品业	599891	728803	1073476	1155363	1115553
黑色金属冶炼及压延加工业	912669	708582	1166383	2131938	2200354
有色金属冶炼及压延加工业	1659006	1621723	2287312	2756845	3558829
金属制品业	166034	228073	231865	271306	284007
通用设备制造业	341037	297568	417425	327346	350695
专用设备制造业	263503	258236	321434	414563	513891
交通运输设备制造业	5348	3676	9473	12825	75422
电气机械及器材制造业	203204	363001	541393	529669	434682
通信设备、计算机及其他电子设备制造业	—	—	—	—	—
仪表仪器及文化、办公用机械制造业	63898	86474	97508	99586	95432
工艺品及其他制造业	181	—	889	6600	3242
电力、热力的生产和供应业	2088505	2147772	3035053	5196486	5810001
燃气生产和供应业	28554	47524	112928	97485	182491
水的生产和供应业	25030	33397	42590	53657	55521

附表5　　　　2008—2012年新疆规模以上工业总产值　　　（单位：万元）

行业	2008年	2009年	2010年	2011年	2012年
规模以上工业总产值	42000865.30	39054032.70	53408187.70	65808445.93	73165174.05
煤炭开采和洗选业	935456.50	1333269.70	1504627.90	1891207.70	2347353.40
石油和天然气开采业	13501303.90	8554229.40	11442905.60	14130667.70	13736414.30
黑色金属矿采选业	719870.20	549739.20	877567.90	1043029.90	1216929.30
有色金属矿采选业	369971.40	298993.40	460091.10	567792.10	626231.10
非金属矿采选业	63838.00	64067.10	143433.30	180196.20	157574.70
农副食品加工业	1611197.60	1767111.20	2371733.40	2689141.90	3208192.50
食品制造业	728975.40	904873.20	1103349.20	1145998.60	1266942.40
酒、饮料和精制茶制造业	370711.00	480823.30	648051.40	753181.20	878001.70
烟草制造业	171249.40	208803.30	236475.50	302740.40	357066.40
纺织业	866001.40	775562.40	1204723.90	1217671.90	1306516.20
纺织服装、鞋帽制造业	16876.40	14534.70	13984.90	31802.50	52796.80
皮革、毛皮、羽毛及其他制品	39010.30	22161.80	48228.80	71943.00	62703.30
木材加工及木、竹、藤、棕、草制品业	79769.60	56822.90	94474.30	65059.90	73098.80
家具制造业	93073.50	79919.80	94738.80	71795.70	80961.50
造纸及纸制品业	138262.40	144535.60	195070.10	182908.40	211025.20
印刷业和记录媒介的复制	55126.60	57315.10	65060.20	45481.40	49337.10
文教体育用品制品业	—	—	—	—	—
石油加工、炼焦及核燃料加工业	9043414.30	8597993.80	12450842.00	15720006.40	16731304.50
化学原料及化学制品制造业	2064767.90	2436269.90	3166536.60	4548905.20	5155131.10
医药制造业	67226.20	97106.80	113384.10	133602.60	188396.20
化学纤维制造业	357736.80	700098.60	952127.30	1073793.00	884342.60
橡胶制品业	16064.10	20764.90	67329.40	84903.00	180572.10
塑料制品业	403628.30	367823.30	565844.80	618762.23	832541.45
非金属矿物制品业	1161941.20	1536165.40	2051822.00	2715796.30	3187246.60
黑色金属冶炼及压延加工业	4067096.10	3811228.70	5531476.40	6795822.60	7407811.50
有色金属冶炼及压延加工业	450403.90	336675.00	694500.80	1299808.20	2402504.40

续表

行业	2008年	2009年	2010年	2011年	2012年
金属制品业	372133.70	481830.50	489679.60	825426.40	767767.20
通用设备制造业	103531.40	103260.20	127956.40	59801.80	117167.00
专用设备制造业	130079.20	156648.00	208709.40	283766.00	310418.20
交通运输设备制造业	116105.10	69171.40	94925.50	72839.30	311841.40
电气机械及器材制造业	1168376.60	1896813.10	2604813.60	2141944.30	2192035.40
通信设备、计算机及其他电子设备制造业	120688.30	127573.20	156824.60	191767.00	223724.20
仪表仪器及文化、办公用机械制造业	10508.50	12041.20	11324.60	10306.10	4375.80
工艺品及其他制造业	11692.50	5743.60	13548.00	15350.70	21048.40
电力、热力的生产和供应业	2420544.80	2824490.10	3385869.00	4593579.50	6192713.30
燃气生产和供应业	110324.40	108930.60	149656.80	182362.40	360904.10
水的生产和供应业	43908.40	50642.30	66500.50	49284.40	62183.90

附表6　2008—2012年青海规模以上工业行业区位商计算结果

序号	行业	2008年	2009年	2010年	2011年	2012年
1	煤炭开采和洗选业	1.8342	2.2117	2.8630	3.5561	4.0782
2	石油和天然气开采业	6.9719	6.8924	8.9511	8.5532	8.1104
3	黑色金属矿采选业	0.5052	0.4320	0.6811	0.2729	0.8698
4	有色金属矿采选业	7.4770	5.8343	4.8220	3.5906	5.3374
5	非金属矿采选业	2.1830	2.1743	1.5047	1.5881	1.6298
6	农副食品加工业	0.1901	0.1948	0.1565	0.2045	0.2340
7	食品制造业	0.3732	0.5503	0.3993	0.4768	0.4667
8	酒、饮料和精制茶制造业	0.9450	1.0428	1.3492	0.6221	1.1144
9	烟草制造业	0.0000	0.0000	0.0000	0.0000	0.0000
10	纺织业	0.1856	0.3750	0.2717	0.1244	0.1361
11	纺织服装、鞋帽制造业	0.2517	0.3115	0.1915	0.3313	0.4907
12	皮革、毛皮、羽毛及其他制品	0.0085	0.0104	0.0090	0.0008	0.0005
13	木材加工及木、竹、藤、棕、草制品业	0.0000	0.0000	0.0031	0.1324	0.0000
14	家具制造业	0.0222	0.0154	0.0138	0.0000	0.0000

续表

序号	行业	2008年	2009年	2010年	2011年	2012年
15	造纸及纸制品业	0.0079	0.0018	0.0010	0.0010	0.0006
16	印刷业和记录媒介的复制	0.5442	1.0582	0.4076	0.4830	0.4391
17	文教体育用品制造业	0.0000	0.0000	0.0000	0.0000	0.6713
18	石油加工、炼焦及核燃料加工业	1.6839	1.6357	1.8649	2.1010	1.7520
19	化学原料及化学制品制造业	2.5683	3.0357	2.2380	1.9791	2.1915
20	医药制造业	1.2689	1.4187	1.0065	0.8254	1.0249
21	化学纤维制造业	0.0045	0.0000	0.0000	0.0000	0.0000
22	橡胶制品业	0.0075	0.0056	0.0042	0.0034	0.0043
23	塑料制品业	0.0382	0.0350	0.0172	0.0083	0.0321
24	非金属矿物制品业	0.8285	0.8177	0.8328	0.7215	0.6333
25	黑色金属冶炼及压延加工业	1.2068	1.0363	0.8337	0.9480	0.7139
26	有色金属冶炼及压延加工业	3.7300	4.3634	5.0791	4.6133	4.4053
27	金属制品业	0.1821	0.2056	0.1629	0.0498	0.0866
28	通用设备制造业	0.2368	0.3019	0.1532	0.1483	0.0455
29	专用设备制造业	0.0630	0.0424	0.0672	0.0318	0.0403
30	交通运输设备制造业	0.0291	0.0253	0.0203	0.0350	0.0223
31	电气机械及器材制造业	0.1398	0.1397	0.0643	0.0958	0.0838
32	通信设备、计算机及其他电子设备制造业	0.0046	0.0095	0.0087	0.0057	0.0113
33	仪表仪器及文化、办公用机械制造业	0.2646	0.1935	0.0828	0.0820	0.1043
34	工艺品及其他制造业	0.4269	0.4016	1.4704	1.0818	0.0000
35	电力、热力的生产和供应业	1.7984	1.9652	1.8388	1.6454	2.3373
36	燃气生产和供应业	0.2046	0.1512	0.0000	0.0000	0.0000
37	水的生产和供应业	1.1411	0.7266	0.4814	0.7679	0.0088

附表 7 2008—2012 年宁夏规模以上工业行业区位商计算结果

序号	行业	2008年	2009年	2010年	2011年	2012年
1	煤炭开采和洗选业	4.9933	4.7891	4.3716	4.4108	4.3799

续表

序号	行业	2008年	2009年	2010年	2011年	2012年
2	石油和天然气开采业	0.0700	0.0604	0.0590	0.0336	0.0320
3	黑色金属矿采选业	—	—	—	0.0326	—
4	有色金属矿采选业	—	—	—	—	—
5	非金属矿采选业	0.0390	0.1385	0.0924	0.0841	0.0748
6	农副食品加工业	0.4649	0.5310	0.5232	0.4309	0.4490
7	食品制造业	1.6303	1.6746	1.4940	1.5261	2.1457
8	酒、饮料和精制茶制造业	0.7924	0.9663	0.8493	0.7056	0.6061
9	烟草制造业	0.2220	0.2376	0.2903	0.3518	0.0093
10	纺织业	1.0919	1.2171	1.1313	1.0545	1.0745
11	纺织服装、鞋帽制造业	0.0237	0.0261	0.0298	0.0264	0.0191
12	皮革、毛皮、羽毛及其他制品	0.0933	0.1116	0.3059	0.2365	0.2578
13	木材加工及木、竹、藤、棕、草制品业	0.0177	0.0576	0.0410	0.0981	0.1397
14	家具制造业	0.0761	0.1121	0.2100	0.1365	0.1580
15	造纸及纸制品业	1.8562	1.9226	1.5622	1.2167	0.7858
16	印刷业和记录媒介的复制	0.3806	0.3947	0.2368	0.2816	0.2718
17	文教体育用品制品业	—	—	—	—	—
18	石油加工、炼焦及核燃料加工业	1.9671	2.9284	2.7054	1.7925	3.3937
19	化学原料及化学制品制造业	1.8898	1.5140	1.2934	1.3189	1.1762
20	医药制造业	0.8754	0.9040	0.8132	0.7201	0.5534
21	化学纤维制造业	—	—	—	—	—
22	橡胶制品业	2.2310	1.8607	1.5407	1.2783	1.1323
23	塑料制品业	0.2978	0.2786	0.2569	0.2552	0.2458
24	非金属矿物制品业	1.0617	1.0983	1.2156	0.9744	0.7759
25	黑色金属冶炼及压延加工业	0.7563	0.6222	0.8169	1.1276	0.9912
26	有色金属冶炼及压延加工业	2.9354	2.9522	2.9529	2.6017	2.9105
27	金属制品业	0.4095	0.5309	0.4180	0.3937	0.3011
28	通用设备制造业	0.5120	0.4072	0.4313	0.2706	0.2848

续表

序号	行业	2008年	2009年	2010年	2011年	2012年
29	专用设备制造业	0.6726	0.5760	0.5412	0.5372	0.5553
30	交通运输设备制造业	0.0059	0.0033	0.0062	0.0069	0.0325
31	电气机械及器材制造业	0.2475	0.4026	0.4534	0.3490	0.2230
32	通信设备、计算机及其他电子设备制造业	—	—	—	—	—
33	仪表仪器及文化、办公用机械制造业	0.4752	0.6369	0.5532	0.4421	0.4427
34	工艺品及其他制造业	0.0016	—	0.0057	0.0311	0.0129
35	电力、热力的生产和供应业	2.5752	2.4051	2.7170	3.7187	3.4800
36	燃气生产和供应业	0.7025	0.9835	1.7128	1.0514	1.7098
37	水的生产和供应业	1.0166	1.2352	1.3597	1.5434	0.0133

附表8 2008—2012年新疆规模以上工业行业区位商计算结果

序号	行业	2008年	2009年	2010年	2011年	2012年
1	煤炭开采和洗选业	0.7727	1.1411	0.8902	0.8390	0.9853
2	石油和天然气开采业	15.3656	15.9759	15.0916	14.0654	14.7755
3	黑色金属矿采选业	2.3127	2.0298	1.9133	1.6929	1.8353
4	有色金属矿采选业	1.6386	1.4914	1.5840	1.4468	1.4261
5	非金属矿采选业	0.4126	0.3907	0.6065	0.6008	0.4793
6	农副食品加工业	0.8139	0.8873	0.8882	0.7818	0.7892
7	食品制造业	1.1414	1.3780	1.2715	1.0466	1.0326
8	酒、饮料和精制茶制造业	0.7166	0.9043	0.9261	0.8165	0.8422
9	烟草制造业	0.4609	0.5952	0.5294	0.5707	0.5708
10	纺织业	0.4891	0.4740	0.5528	0.4784	0.5219
11	纺织服装、鞋帽制造业	0.0216	0.0195	0.0148	0.0301	0.0390
12	皮革、毛皮、羽毛及其他制品	0.0803	0.0484	0.0799	0.1034	0.0714
13	木材加工及木、竹、藤、棕、草制品业	0.2006	0.1385	0.1671	0.0927	0.0902
14	家具制造业	0.3660	0.3270	0.2807	0.1810	0.1820
15	造纸及纸制品业	0.2122	0.2455	0.2445	0.1943	0.2133

续表

序号	行业	2008年	2009年	2010年	2011年	2012年
16	印刷业和记录媒介的复制	0.2481	0.2707	0.2389	0.1511	0.1381
17	文教体育用品制品业	—	—	—	—	—
18	石油加工、炼焦及核燃料加工业	4.8289	5.6165	5.5700	5.4670	5.4422
19	化学原料及化学制品制造业	0.7347	0.9267	0.8643	0.9595	0.9850
20	医药制造业	0.1031	0.1444	0.1263	0.1147	0.1412
21	化学纤维制造业	1.0887	2.5675	2.5139	2.0642	1.6974
22	橡胶制品业	0.0459	0.0611	0.1491	0.1486	0.2952
23	塑料制品业	0.4927	0.4708	0.5335	0.5095	0.6391
24	非金属矿物制品业	0.6703	0.8681	0.8372	0.8671	0.9162
25	黑色金属冶炼及压延加工业	1.0986	1.2550	1.3959	1.3608	1.3792
26	有色金属冶炼及压延加工业	0.2598	0.2298	0.3231	0.4644	0.8121
27	金属制品业	0.2991	0.4206	0.3181	0.4535	0.3364
28	通用设备制造业	0.0507	0.0530	0.0476	0.0187	0.0393
29	专用设备制造业	0.1082	0.1310	0.1266	0.1392	0.1386
30	交通运输设备制造业	0.0420	0.0233	0.0224	0.0148	0.0555
31	电气机械及器材制造业	0.4639	0.7889	0.7861	0.5343	0.4647
32	通信设备、计算机及其他电子设备制造业	0.0332	0.0402	0.0373	0.0386	0.0393
33	仪表仪器及文化、办公用机械制造业	0.0255	0.0333	0.0231	0.0173	0.0084
34	工艺品及其他制造业	0.0346	0.0181	0.0313	0.0274	0.0346
35	电力、热力的生产和供应业	0.9729	1.1860	1.0922	1.2445	1.5331
36	燃气生产和供应业	0.8848	0.8454	0.8179	0.7446	1.3976
37	水的生产和供应业	0.5813	0.7024	0.7650	0.5367	0.6176

注：文教体育用品制品业由于没有统计数据，因此没有计算该产业的区位商。

参考文献

1. 贾益东：《产业经济学》，中国财政经济出版社 2003 年版。
2. 王志电：《当代中国产业布局》，中国城市经济社会出版社 1990 年版。
3. 中国人民大学区域经济研究所：《产业布局学原理》，中国人民大学出版社 1996 年版。
4. 袁中金：《"十一五"国家图书重大工程出版规划——中国小城镇发展理论重构与战略研究丛书——中国小城镇发展战略》，东南大学出版社 2007 年版。
5. 藤田昌久等：《空间经济学——城市、区域与国际贸易》，中国人民大学出版社 2011 年版。
6. 李小建：《经济地理学》，高等教育出版社 1999 年版。
7. 方创琳：《区域经济发展战略》，经济科学出版社 2000 年版。
8. 安虎森：《区域经济学》，经济科学出版社 2004 年版。
9. 张可云：《区域经济政策》，商务印书馆 2003 年版。
10. 孙久文：《区域经济规划》，商务印书馆 2003 年版。
11. 陈秀山、张可云：《区域经济学理论》，商务印书馆 2003 年版。
12. 安虎森：《空间经济学》，经济科学出版社 2005 年版。
13. 苏东水：《产业经济学》，高等教育出版社 2007 年版。
14. 张敦富：《区域经济学原理》，中国轻工业出版社 1999 年版。
15. 中国科技发展战略研究小组：《中国区域创新能力报告》，科学出版社

2010 年版。
16. 梁仁彩：《工业区与工业布局研究》，经济科学出版社 2010 年版。
17. 丁任重：《西部经济发展与资源承载力研究》，人民出版社 2005 年版。
18. 聂华林、赵超：《区域空间结构概论》，中国社会科学出版社 2008 年版。
19. 陈耀、安树伟、石碧华：《西部地区承接产业转移的若干问题研究》，中国经济出版社 2010 年版。
20. 陈伟鸿、王会龙：《企业迁移理论研究文献综述》，《集团经济研究》2006 年第 12 期。
21. 王业强：《国外企业迁移研究综述》，《经济地理》2007 年第 1 期。
22. 马子红：《区际产业转移：理论评述》，《经济问题探索》2008 年第 5 期。
23. 陈云：《当前基本建设工作中的几个重大问题》，《红旗》1959 年第 3 期。
24. 刘希宋：《老工业基地产业调整与改造的几点战略思考》，《学术交流》2003 年第 8 期。
25. 魏后凯：《西部开发亟须产业支撑》，《西部大开发》2008 年第 6 期。
26. 蒋金荷：《我国高技术产业同构性与集聚的实证分析》，《数量经济技术研究》2005 年第 12 期。
27. 汪若君、张效莉：《海岸带区域产业布局评价指标体系设计》，《财贸研究》2009 年第 6 期。
28. 赵彦超：《基于产业梯度系数分析的江西经济带产业布局》，《市场论坛》2010 年第 7 期。
29. 陈仲常、丁加栋、郭雅：《中国工业布局变动趋势及其主要影响因素研究——基于省际面板数据的实证分析》，《上海财经大学学报》2010 年 10 月。
30. 刘涛、曹广忠等：《区域产业布局模式识别：指标体系与实证检验》，《地理科学》2010 年第 2 期。
31. 刘文桂：《优化河南工业布局研究》，《开放导报》2011 年第 3 期。
32. 张德升：《广西北部湾经济区工业布局优化路径研究》，《地方经济》2009 年第 25 期。
33. 赵彦贵：《基于阿拉善盟资源差异化战略的工业布局研究》，《北方经济》2012 年第 3 期。

34. 徐建龙：《青海工业布局"点线面"模式研究》，《青海社会科学》1997 年第 1 期。

35. 卢玉文：《新疆兵团工业布局调整优化对策研究》，《新疆农垦经济》2005 年第 8 期。

36. 司政、单葆国：《十二五期间我国区域产业布局和经济发展分析》，《战略与规划》2011 年 10 月。

37. 赵秀丽：《内蒙古区域经济空间规划与产业布局的联动分析》，《内蒙古师范大学学报》（哲学社会科学版）2011 年 11 月。

38. 吉敏全：《经济功能背景下青海省产业布局现状分析》，《区域经济与产业经济》2011 年第 12 期。

39. 黄辉：《从我国产业布局政策的演变看西部开发》，《西北工业大学学报》（社会科学版）2001 年第 4 期。

40. 黄蕙萍、杨肖：《区域经济可持续发展条件下的中部地区产业布局研究》，《社科纵横》2008 年 6 月。

41. 张其仔：《我国煤炭工业布局和结构的现状、问题及对策》，《产业政策》2005 年第 14 期。

42. 史丹：《我国石化工业布局和结构现状、问题及对策》，《产业政策》2005 年第 14 期。

43. 曹洪华、闫晓燕、洪王牙：《西部主体功能区产业布局——基于产业梯度转移理论的思考》，《资源开发与市场》2014 年第 4 期。

44. 吴殿廷、陈启英、楼武林、姜晔：《区域发展与产业布局的耦合方法研究》，《地域研究与开发》2014 年第 4 期。

45. 张小平、邓晓卫、焦军彩：《基于集聚效应的产业布局优化研究》，《商业时代》2013 年第 4 期。

46. 徐杰、段万春、张世湫：《西部地区产业布局合理化水平研究——以云南省为例》，《经济问题探索》2013 年第 5 期。

47. 盖美、张丽平、田成诗：《环渤海经济区经济增长的区域差异及空间格局演变》，《经济地理》2013 年第 4 期。

48. 汪若君、张效莉：《海岸带区域海洋产业布局评价指标体系设计》，《财贸研究》2013年第6期。

49. 安永刚、张合平：《长株潭核心区休闲产业布局研究》，《经济地理》2013年第11期。

50. 朱坚真、王骁：《珠三角海洋经济发展布局的基本原则目标和保障措施》，《海洋经济》2012年第3期。

51. 付冶：《云南省工业产业布局研究》，云南财经大学硕士论文，2010年。

52. 于谨凯、于海楠、刘曙光：《我国海洋经济区产业布局模型及评价体系分析》，《产业经济研究》2008年第2期。

53. 周晓蓉：《西北少数民族地区经济发展对策研究》，《管理科学》2005年第6期。

54. 毛伟、居占杰：《广东省战略性新兴海洋产业布局研究》，《河北渔业》2013年第1期。

55. 田甜、陈峥嵘：《广东省海洋产业布局的现状、问题及对策》，《经济视角（下）》2013年第5期。

56. 樊新生：《20世纪80年代以来河南省经济空间结构演变研究》，河南大学博士论文，2005年。

57. 杜宏茹、张小磊：《近年来新疆城镇空间集聚变化研究》，《地理科学》2005年第3期。

58. 耿明斋：《河南省经济空间结构特点及调整开发秩序的战略思路》，《企业活力》2005年第1期。

59. 龙叶先等：《产业选择及其指标体系的一种系统思考》，《系统科学学报》2011年第2期。

60. 郑坤法等：《战略支撑产业选择的指标体系与决策模型》，《统计与决策》2011年第2期。

61. 杨文选、李杰：《我国自然资源价格改革的理论分析与对策研究》，《价格月刊》2009年第1期。

62. 曾菊新：《试论空间经济结构》，《华中师范大学学报》（哲学社会科学版）1996年第2期。

63. 江曼琦：《聚集效应与城市空间结构的形成与演变》，《天津社会科学》2001年第4期。

64. 李小建、樊新生：《欠发达地区经济空间结构及其经济溢出效应的实证研究》，《地理科学》2006年第1期。

65. 陈修颖：《长江经济带空间结构演化及重组》，《地理学报》2007年第12期。

66. 张芳霞、朱志玲等：《银川市产业集聚与城市空间结构优化研究》，《干旱区资源与环境》2011年第2期。

67. 李指南、贾珂：《东部产业梯度性分析》，《现代商贸工业》2011年第6期。

68. 张黎黎、马文斌：《国内外产业转移的相关理论及研究综述》，《江淮论坛》2010年第5期。

69. 戴宏伟：《国际产业转移的新趋势及对我国的启示》，《国际贸易》2007年第2期。

70. 余东晖：《西部地区承接产业问题研究》，重庆大学硕士学位论文，2005年。

71. 唐智敏、陈福生：《东部地区产业转移的趋势与特点》，《理论导报》2008年11月。

72. 芦建红、郝玉峰：《浅析宁夏承接东部产业转移中的几个问题》，《科技风》2010年4月。

73. 王廷栋：《青海省交通运输发展现状及对策研究》，《青海交通科技》2010年增刊。

74. 何龙斌：《对西部地区承接国内产业转移热点的几点思考》，《现代经济探讨》2011年第2期。

75. 杨巧红：《宁夏承接产业转移问题研究》，《中共银川市委党校学报》2011年8月。

76. 项清云、蒋青、何海兵：《中国中部地区承接产业转移的行业选择》，《经济地理》2010年第6期。

77. 苏华：《西部地区产业迁入的基本原则》，《经济研究参考》1997年第

55期。

78. 梁春艳:《新疆承接产业转移问题研究》,石河子大学硕士学位论文,2009年。

79. 黄钟仪、吴良亚、马斌:《西部承接东部产业转移的产业选择研究》,《科技管理研究》2009年第8期。

80. 贺曲夫、刘友金:《基于产业梯度的中部六省承接东南沿海产业转移之重点研究》,《湘潭大学学报》(哲学社会科学版)2011年第5期。

81. 项清云、蒋青、何海兵:《中国中部地区承接产业转移的行业选择》,《经济地理》2010年第6期。

82. 何龙斌:《对西部地区承接国内产业转移热的几点思考》,《现代经济探讨》2011年第2期。

83. 刘碧:《基于产业梯度转移理论的我国产业转移问题研究》,《科技创业月刊》2011年第11期。